ADRIAN PLASS

STILL CRAZY

Immer noch verrückt

Neues aus der Welt des
FROMMEN CHAOTEN

BRUNNEN
Verlag GmbH · Giessen

Adrian Plass (geb. 1948) ist ein britischer Autor und Redner.
Seine populärsten Bücher sind die „Tagebücher eines frommen Chaoten"
eine humorvolle, fiktive Satire auf das christliche Leben,
die sich weltweit über eine Million Mal verkauft hat.
Er hat vier erwachsene Kinder und lebt
mit seiner Frau im County Durham (UK).

Die zitierten Bibelverse sind folgenden Übersetzungen entnommen:
Lutherbibel, revidiert 2017, © 2016 Deutsche Bibelgesellschaft, Stuttgart
BasisBibel, © 2021 Deutsche Bibelgesellschaft, Stuttgart

Originaltitel: „*Still Crazy: Love, laughter and tears from the world of the Sacred
Diarist*". Die englische Ausgabe erschien 2022 bei Hodder & Stoughton,
einem Unternehmen von Hachette UK. Copyright © Adrian Plass, 2022

Aus dem Englischen übersetzt von Christian Rendel

Deutsche Ausgabe:
© 2024 Brunnen Verlag GmbH, Gießen
Lektorat: Stefan Loß
Umschlagillustration: Billy J (Ageny Rush)
Umschlaggestaltung: Jonathan Maul
Druck: CPI Books GmbH, Leck
ISBN Buch: 978-3-7655-2183-6
ISBN E-Book: 978-3-7655-7867-0
www.brunnen-verlag.de

Dieses Buch ist Ken und Liz gewidmet,
unseren Partnern und Freunden,
die mit uns durch schöne und schwere Zeiten
gegangen sind und durch pandemische Dürrezeiten.
Und ebenso unserer wunderbaren Gemeinschaft
in der West Auckland Vineyard Church,
die uns durch diese schwierigen Zeiten
eine echte Gemeinde geblieben ist.

Inhalt

Einführung

Still Crazy – Immer noch verrückt. Also, was dieses Buch betrifft, wer genau ist da immer noch verrückt? Auf den wichtigsten Kandidaten komme ich gleich zu sprechen. Der andere bin ich. Verrückt genug, jeden Weg einzuschlagen, auf dem man womöglich Gottes Witterung aufnehmen oder gar einen Blick auf ihn erhaschen könnte, sind viele, aber vielleicht wird dieser Hang bei mir noch verstärkt durch die Art, wie ich gestrickt bin. Was ich damit meine? Zur Erklärung muss ich Ihnen zuerst ein etwas bizarres Geständnis machen.

Ich hatte schon immer Spaß daran, Dinge auf meinem Kopf zu balancieren. Das heißt, „Spaß" ist vielleicht nicht ganz das richtige Wort. Über die Jahre bin ich immer neugieriger darauf geworden, wie weit ich es wohl damit bringen könnte, was das Gewicht, die Höhe und die Vielfalt der balancierten Gegenstände angeht.

Was das für Dinge sind, die ich balanciere? Die Liste ist lang und wächst ständig. Darunter sind Teller, Schüsseln, Stühle, Haustiere (mit eher mäßigem Erfolg), umgedrehte Couchtische, zerbrechliche Deko-Gegenstände (womit ich beim Publikum zwar wenig Beifall, aber dafür umso größere Bestürzung ernte), große, schwere Nachschlagewerke in Stapeln unterschiedlicher Höhe, Flaschen, Holzbretter und riesige Blumentöpfe.

Warum ich das mache? Abgesehen von dem unwiderstehlichen Drang, mich in Sachen Höhe und Gewicht immer mehr zu steigern, liegt ein Schlüssel in den eben erwähnten zerbrechlichen Deko-Gegenständen. Es bereitet mir ein schwer erklärliches Vergnügen, Leute zu erschrecken und womöglich in leichte Panik zu versetzen, wenn sie ahnungslos ein Zimmer betreten und mich bei einer lautlosen, bizarren und möglicherweise katastrophale Folgen nach sich ziehenden Beschäftigung antreffen.

Eines Tages war es schließlich so weit, dass meine Frau Bridget ins Wohnzimmer kam und zwei oder drei Minuten lang mit mir redete, ohne erkennbar Notiz davon zu nehmen, dass ein umgedrehter dreibeiniger französischer Melkschemel unsicher mitten auf meinem Kopf balancierte.

Sie behauptete, es liege daran, dass sie sich an mein seltsames Verhalten so sehr gewöhnt hatte, dass so ein französischer Melkschemel kaum noch der Rede wert sei.

Das gab mir zu denken, und mir wurde klar, dass ich meinen Einsatz erhöhen musste.

Eines Morgens ein paar Tage später, als die Radiosendung beinahe zu Ende war, die Bridget sich, wie ich wusste, gerade im Wohnzimmer anhörte, setzte ich mich in der Küche auf einen Hocker und platzierte einen lächerlich großen Porzellanteller auf meinem Kopf. Mitten auf den Teller stellte ich eine entkorkte, noch zu drei Vierteln gefüllte Flasche Rotwein.

Wer je mutig oder dumm genug war, so etwas zu versuchen, weiß, dass die Fehlertoleranz unter solchen Bedingungen wahrscheinlich zu winzig ist, als dass man sie beziffern könnte. Nachdem ich für meinen Teller und meine Flasche genau die richtige, ausgewogene Position ermittelt hatte, musste ich meinen Rumpf vollkommen stillhalten, während ich mich an die furchterregende Aufgabe machte, meine beiden Hände Millimeter für Millimeter in meinen Schoß sinken zu lassen.

Danach kam es darauf an, in statuesker Reglosigkeit zu verharren, bis Bridget kam.

Minuten vergingen. Ich begann mich schon zu fragen, wie lange ich wohl noch überleben könnte, ohne mich zu bewegen oder wenigstens tief Luft zu holen, als ich aus dem Augenwinkel in Richtung des Fensters zu unserem Garten eine leichte Bewegung bemerkte. Mittels übermenschlicher Körperbeherrschung drehte ich, Zoll um hart erkämpften Zoll, meinen Rumpf herum, bis ich in den Garten schauen konnte.

Durchs Fenster beobachtete mich ein Mann. An einer seiner Hände baumelte ein Maßband. Sein Gesicht war zu einer Maske völliger Verständnislosigkeit erstarrt. Ich kannte ihn. Er hieß Tim, und wir hatten ihn gebeten, an diesem Tag vorbeizukommen und das Aufmaß für eine nötig gewordene Reparatur an unserem Gartenschuppen vorzunehmen. Tim und ich starrten uns lange durch die Fensterscheibe an. Es kam mir vor wie eine halbe Stunde, obwohl es nur ein paar Sekunden gewesen sein können. Dann wandte er sich abrupt ab und machte sich daran, mit größter Sorgfalt und Konzentration den Teil des Schuppens zu vermessen, der keiner Reparatur bedurfte.

Meine Beziehung zu Tim war danach nie wieder dieselbe. Über jenen Blickkontakt verlor keiner von uns je ein Wort, aber wann immer wir uns trafen, glaubte ich, eingegraben in seine grundehrlichen Gesichtszüge, eine Frage zu sehen, die weder unverfänglich zu stellen noch zufriedenstellend zu beantworten war. „Warum hast du mit einem riesigen Teller und einer offenen Flasche Wein auf deinem Kopf reglos in deiner Küche gesessen?"

Natürlich wäre Tim nicht allein damit gewesen, sich den Kopf darüber zu zerbrechen, wie man diese Frage formulieren könnte. Mit Bridget hätte er über dieses Thema ein angeregtes Gespräch führen können.

Ich erstatte diesen Bericht hier aus zwei Gründen. Erstens ist er wahr. Zweitens steht er beispielhaft für eine grundlegende Eigenschaft meiner Persönlichkeit – für einen schrägen Blickwinkel, der sich in meinem Glauben, meinem Schreiben, meinem öffentlichen Reden und meinen privaten Gesprächen bemerkbar macht. Ginge es ums Autofahren, so würde ich es vielleicht als ein intensives Verlangen beschreiben, die merkwürdigen, lustigen, verwirrend sinnlosen kleinen Seitenstraßen zu erkunden, für die wir im Allgemeinen nie Zeit haben.

Mein zweiter Kandidat für das Etikett „verrückt" wäre – Gott. Ich möchte – mit all der tiefen Demut, für die ich allenthalben so sehr bewundert werde – behaupten, dass Jesus in den Geschichten, die er erzählte, und in seinem Umgang mit Menschen und mit Gruppen mit ebensolch einem schrägen Blickwinkel ausgestattet (oder soll ich sagen gesegnet?) war. Wie er Gedanken auf den Kopf stellte, wie er unerwartete Wege einschlug, auf denen nie zuvor jemand gegangen war, wie er sich weigerte, sich von den zu falschen Fakten geronnenen Annahmen und Mutmaßungen anderer einfangen zu lassen: All das sind Neigungen und Talente, mit denen ich es niemals aufnehmen könnte; aber ich kann zumindest danach streben.

Diejenigen, die die Kirche lieben, und vermutlich auch die, die das nicht tun, würden es schwierig finden, der Behauptung zu widersprechen, dass ein radikaler Perspektivenwechsel notwendig ist.

Muss man tatsächlich verrückt sein, um so etwas zu versuchen? Genau genommen nicht, aber ich bin Zeuge dafür, dass man sich im Zuge dieses Unterfangens so manchen verdatterten Blick einfängt.

Es gibt immer neue und bisweilen verblüffende Dinge zu entdecken. Bridget wies mich kürzlich darauf hin, dass die ersten Worte aus dem wohl bekanntesten Vers des Neuen Testaments, Johannes 3,16, an die unerlöste Welt gerichtet sein müssen. Eigentlich offensichtlich, oder? Vielleicht aber auch nicht.

Als ich mir mit diesem Gedanken im Hinterkopf den Rest des Verses durchlas, fiel mir noch etwas auf. Sie können selbst nachprüfen, ob das Argument schlüssig ist, aber mir kam der Gedanke: Wenn Jesus imstande war, Versuchungen nachzugeben (und ich würde sagen, wenn nicht, dann würde alles seinen Sinn verlieren), dann hat Gott seinen eingeborenen Sohn nicht nur *gegeben*, er hat ihn *aufs Spiel gesetzt*.

Viel Glück beim Kopfzerbrechen über die kosmische Logik hinter dieser Tatsache, aber ich glaube, dass es so ist. Ich habe versucht, das Flattern, das diese Entdeckung in mir auslöste, einzufangen und in einen Käfig aus Worten zu sperren. Man könnte ihn auch ein Gedicht nennen. Richtig fertig ist es noch nicht, aber das Gefühl ist da. Es geht so:

Johannes 3,16 –
der Vers, den wir alle zu kennen glauben

So sehr hast du die Welt geliebt,
nicht die erlöste Welt,
nicht die gute Welt,
nicht die böse Welt,
definitiv nicht die einzige Sekte, die jemals in den Himmel
kommen wird,
und schon gar nicht die Sekte, die den Himmel nur
durch die übermäßige Gnade meiner Wenigkeit erreicht,
nicht die bekleidete Welt,
nicht die nackte Welt,
nicht die hungrige Welt,
nicht der Planet der Fettsäcke.
Nein, die Welt, die du liebtest, so wie sie war,
ist immer noch die Welt, die du liebst,
so wie sie ist,
so wie wir sind.
Ich bin es,
so wie ich bin.
Also hast du (mit bedauernswerter Geschmacklosigkeit für
jemanden, der so kreativ ist) diese riesige Ansammlung
unförmiger Knollen geliebt,
einschließlich übrigens auch derer unter uns, die sich in
Grund und Boden schämen, und das zu Recht,
einschließlich ganz sicher auch derer unter uns, die sich in
Grund und Boden schämen, und das wirklich zu Unrecht,
hast du uns so sehr geliebt,
liebst du uns so sehr,
dass du alles gegeben hast und immer noch gibst, was nötig

ist, damit so viele wie möglich fröhlich oder auch ängstlich murmelnd mit dir in Richtung Ewigkeit ziehen.
Um ehrlich zu sein, an diesem Punkt kann der Verstand ächzend zum Stillstand kommen,
aber mein Herz tut das nicht.
Mein Herz marschiert weiter wie ein vom Regen durchnässter Fußballer aus Liverpool,
weil ich glaube, dass ich gerade erst anfange, es zu kapieren.
Du hast die ganze unerlöste Welt so sehr geliebt,
dass du so verrückt warst, deinen einzigen, geliebten Sohn aufs Spiel zu setzen.
Du hast ihn riskiert.
Riskiert.
Das war mir nicht klar gewesen.
Vergib mir.
Danke.
Ich danke dir sehr.

Und so lade ich Sie ein, mich auf dieser Reise entlang unentdeckter Pfade und vergessener Seitenwege zu begleiten und nach diesem einen Ort, dieser einen Sache, dieser einen Person zu suchen.

Unterwegs gibt es allerhand zu lachen. Es werden auch Tränen fließen. Vielleicht fühlt es sich manchmal ein bisschen halsbrecherisch an, aber die Risikofreude scheint ein Wesenszug Gottes zu sein. Ankommen werden wir auf jeden Fall.

I.

Es gibt noch einiges zu sagen

In unserer Familie sind wir alle Fans der Traveling Wilburys. Das erste Album dieser Band nahmen wir mit in den Urlaub, als unsere Kinder noch klein waren, und nach einer Weile kannten wir die Songs alle fast auswendig. Erst viele Jahre später wurde eine Zeile aus einem der Stücke zu einem etwas nervigen Ohrwurm: „... even if you're old and grey ... you still got something to say" („Auch, wenn du alt und grau bist ... du hast immer noch etwas zu sagen"). Mit der Zeit lösten diese beiden Textfetzen eine bockige Abwehrhaltung in mir aus. Ich weiß auch, warum. Ich ging auf die siebzig zu, und obwohl mein Körper stellenweise schon deutliche Abnutzungserscheinungen zeigte, machte mir der ganze kreative Kram noch genauso viel Spaß wie eh und je oder sogar noch mehr. Einfach nur Nachdenken und Träumen gehörte schon immer zu meinen liebsten Hobbys. Diese Tatsache zu akzeptieren und darüber zu reden hat mir sehr gutgetan. Ob das, was aus diesen vielen Grübeleien hervorgegangen ist, irgendeinen Wert hat – ach, wer weiß das schon?

Warum in aller Welt sollte ich denn nichts mehr zu sagen haben, wenn ich alt und grau bin? Meine Güte! Kommt mir bloß nicht mit solchen herablassenden Andeutungen wie: Es sei ja nicht gänzlich unmöglich, dass in meinem schwachsinnigen Gebrabbel aus dem Ohrensessel der eine oder andere Gedanke zu finden sein könnte, der es Wert war, bedacht zu werden. Jetzt reden wir mal Klartext ...!

Ich bin hin und wieder ausgesprochen kindisch, aber allmählich werde ich reifer. Mag sein, dass das Alter Bridget und mich eingeholt hat, aber kampflos ergeben werden wir uns nicht. Tatsächlich haben wir noch allerhand zu sagen. Also, ich jedenfalls, aber immer häufiger passieren Dinge, die mich daran hindern, meine wunderbaren Worte des Glaubens und der Weisheit weiterzugeben. Hier ist ein Beispiel.

Überschwemmungen und Jesusnachfolge

Eines Morgens hatten Bridget und ich uns darauf geeinigt, dass ich mich hinsetzen und einen Brief für meine Website schreiben sollte. Es war ein guter Tag dafür, denn sie sollte an diesem Morgen eine neue ehrenamtliche Aufgabe in unserem Gemeindecafé antreten, und ich hatte ausnahmsweise einmal nicht lauter ärgerliche liegengebliebene Kleinigkeiten im Haus zu erledigen. Um zehn Uhr setzte ich mich im Wohnzimmer an den Tisch, klappte meinen Laptop auf, öffnete eine neue Datei und nahm einen Schluck Kaffee. Es gab keinen Anlass dafür, mit irgendwelchen Verzögerungen oder Unterbrechungen zu rechnen.

Ich bin sicher, Gott würde sagen, dass er mir eine ganze Menge durchgehen lässt. Aber das tue ich bei ihm ja auch. Ich lasse ihm vieles durchgehen. Ich bin durchaus bereit – wenn auch nicht gerade froh darüber –, manche Fragen vorläufig auf sich beruhen zu lassen, wie etwa die Frage der Prädestination und des freien Willens und die Frage, warum ein allwissender und allliebender Schöpfer das menschliche Leid zulässt. Oder die Frage, warum es sein kann, dass – wie der Verfasser des ersten Johannesbriefs schrieb und wie wir auf der Weltbühne in Echtzeit beobachten können – während ich dies schreibe, der Teufel die Welt beherrschen darf.

Da sollte man doch meinen, der Allmächtige hätte meine geduldige Nachsicht in diesen Fragen belohnen können, indem er mir einen erfahrenen Engel schickte, der dafür gesorgt hätte, dass ich an diesem Vormittag zum Arbeiten kam, oder? Ich kann nur eins sagen – wenn da ein Engel war, dann muss er wohl gerade so etwas wie ein himmlisches Schnupperpraktikum gemacht haben. Ich hatte gerade mal zwei Wörter getippt, als die Katastrophe über mich hereinbrach.

Auf der anderen Seite des Tisches, an dem ich saß, stand eine hohe, schlanke Vase mit frischen Blumen. Eben noch war sie voller Wasser gewesen. Jetzt plötzlich nicht mehr. Vielleicht war ich mit dem Knie ans Tischbein gestoßen. Was auch immer die Ursache war – die Vase rutschte plötzlich von der Untertasse, auf der sie stand, und kippte schwungvoll quer über den Tisch in meine Richtung. Das Glas blieb zwar heil, aber das gesamte Wasser ergoss sich über die hölzerne Tischplatte wie ein Tsunami. Alles, was auf dem Tisch herumlag, verwandelte sich in kleine Inseln in einem Meer aus abgestandenem, nach Blumen duftendem, verfärbtem Wasser.

In höchster Panik brachte ich erst einmal meinen Laptop in Sicherheit. Dann rannte ich, so schnell es mir meine siebzig Lenze erlaubten, in die Küche und schnappte mir den Rest unserer gigantischen Küchenrolle (ich liebe diese extra-großen Küchenrollen). Sekunden später rettete ich vor allem anderen mein Handy und trocknete es ab, dicht gefolgt von ein paar bedruckten Seiten, einer pinkfarbenen Plastikdose mit USB-Sticks und meinem neuen schwarzen Brillenetui. Das Wasser war immer noch da. Es war eine Menge. Keine Übertreibung. Eine richtige Flut.

Auch durch die wiederholte Anwendung von Papierküchentüchern war das Problem nicht einmal ansatzweise in den Griff zu bekommen. Und nicht nur das, sondern da ich nichts zur Hand hatte, worin ich die durchnässten Tücher hätte entsorgen können, blieben sie einfach auf dem Tisch liegen und gaben zu meiner Verzweiflung das Wasser, das sie doch eigentlich dauerhaft hätten absorbieren sollen, wieder ab. Unter Ausstoßung einiger ausgesprochen ungezogener Wörter stapfte ich zurück in die Küche, um einen Behälter zu holen.

Ein paar Minuten voller fieberhafter Aktivität später war die Küchenrolle verbraucht, und das Ergebnis bestand in einer merkwürdigen, formlosen Masse Pappmaschee in einer großen Porzellanschüssel.

So weit, so gut. Nur stand der Tisch immer noch unter Wasser.

Ein letztes Mittel blieb. Nicht zum ersten Mal verfluchte ich den Umstand, dass wir im Erdgeschoss keine Toilette hatten. Zum Märtyrer zu werden ist immer eine Möglichkeit in einem engagierten Christenleben, aber ich verstehe nicht, warum man, bevor es dazu kommt, auch noch dauernd Treppen rauf- und runterstiefeln sollte.

Immerhin funktionierte es. Mit Toilettenpapier ließ sich die Sache schließlich beheben. Mindestens eine halbe Rolle war nötig, bis die polierte Holzoberfläche wieder völlig trocken war. Ich setzte mich neben die Schüssel, in der sich nun ein Berg durchnässter, triefender Papiertücher zu grotesker Höhe auftürmte, und stieß einen Seufzer der Erleichterung aus. Also, alles auf Anfang.

Genau in diesem Augenblick klingelte das Telefon. Einen Augenblick lang war ich nur eine Winzigkeit davon entfernt, mich in Basil Fawlty[1] zu verwandeln. Aber es war nichts Schlimmes. Der Anruf brachte eine gute Nachricht von jemandem, den ich sehr mag.

Vielleicht unterstreicht mein Missgeschick mit der Überschwemmung, so ärgerlich es war, ja nur die Tatsache, dass wir so sorgfältig planen können, wie wir wollen – was als Nächstes passiert, haben wir nie vollständig in der Hand. Und das ist zufälligerweise ziemlich genau das Thema, über das ich hatte schreiben wollen.

Bridget und ich sind uns heute in einem Punkt absolut einig, was dieses seltsame Unterfangen angeht, Nachfolger Jesu sein zu wollen. Egal, wie sorgsam, engagiert und unter Gebet wir unser Leben planen, es ist schier unmöglich, zu wissen, was Gott als Nächstes tun wird oder was wohl unser Beitrag zu seinem Wirken sein mag. In der Vergangenheit hat uns das hin und wieder entmutigt und geärgert. Vielleicht waren wir darauf aus, den Prozess des Lebens als Christen, was immer das überhaupt heißen mag, selbst voranzutreiben und zu steuern. Heute fragen wir zwar immer noch ständig danach, was eigentlich vorgeht und was unsere Rolle dabei sein könnte, aber es erwächst uns ein tiefes und wachsendes Gefühl der Befreiung aus der Entscheidung, Gott die Kontrolle zu überlassen, zumal mehr Interessantes und Unerwartetes zu passieren scheint, wenn er die Zügel in die Hand nimmt. Immerhin

---

[1] Basil Fawlty ist die Hauptfigur der britischen Sitcom Fawlty Towers aus den 1970er Jahren, gespielt von John Cleese. Sein Name steht für Zynismus und Menschenfeindlichkeit.

erzählen wir den Leuten schon seit Jahren, dass Gott unser Leben lenkt, und schaffen es sogar beinahe, daran zu glauben. Also wird es wohl Zeit, dass es wahr wird.

Eins muss ich noch loswerden. Ich fühle mich getröstet und ermutigt durch die Hingabe, mit der manche Vertreter der Christenheit ein Gebot Jesu aus dem dreizehnten Kapitel des Johannesevangeliums widerspiegeln und ausleben. Es lautet:

Ein neues Gebot gebe ich euch, dass ihr euch untereinander schikaniert, misshandelt und vernachlässigt, wie ich euch schikaniert, misshandelt und vernachlässigt habe, damit auch ihr euch schikaniert, misshandelt und vernachlässigt.

Okay, mag sein, dass ich das ein bisschen falsch in Erinnerung habe, aber Tatsache ist, dass wir in letzter Zeit einer Menge Christen begegnet sind, die sich mit Verletzungen und Ratlosigkeit herumschlagen, weil sie von Leuten, die eigentlich ihre Brüder und Schwestern sein sollten, ausgegrenzt, unterdrückt oder manipuliert wurden.

Das Kniffige dabei ist, dass in vielen Fällen die Urheber solcher Verletzungen wahrscheinlich in bester Absicht gehandelt haben. Wir neigen allzu leicht dazu, mit Visionen begeistert voranzustürmen, die optimistischen menschlichen Plänen entspringen, denen alle zustimmen – außer dem Heiligen Geist. Wenn wir dann aber innehalten und hinter uns schauen, kann es sein, dass wir Leichen auf dem Weg liegen sehen. Ich bin sicher, dass ich selbst diesen Fehler selbst auch schon gemacht habe. Gott sei Dank, dass er so ein warmes und wirkungsvolles Mittel bereitgestellt hat, um Licht ins Dunkel zu bringen.

Gott ist sehr nett, wenn auch äußerst schwer zu verstehen, und er sucht nach Leuten, die sich mit ihm hinter den Tresen stellen. Nach all den Jahren sind wir ziemlich sicher, dass dazu nur eine einzige Qualifikation erforderlich ist: die Bereitschaft, da zu sein und zu tun, was er uns sagt.

Also stemmte ich mich der Flut entgegen, bekam den Tisch wieder trocken, mäßigte meine Schimpfwörter und schrieb meinen Text, wie ich ihn mehr oder weniger geplant hatte. Ein Friede kam über mich. Ich tat mein Bestes, ihm nicht zu misstrauen.

Und was ist mit mir?

Jetzt in unserem vorgerückten Alter haben wir gelegentlich das Gefühl, dass junge Leute aus Höflichkeit ihre Neugier zügeln, wenn es um die Frage geht, wofür in aller Welt es sich für uns lohnen könnte, morgens aus dem Bett zu steigen. Andere sind weniger höflich.

Ich erinnere mich, wie ich vor vielen Jahren als rotwangiger Jüngling von Anfang fünfzig mit dem Bus unterwegs war. Außer mir saßen noch zwei andere Leute in diesem angenehm solide gebauten öffentlichen Verkehrsmittel des späten zwanzigsten Jahrhunderts. Sie saßen auf dem Doppelsitz mir gegenüber. Der eine war ein beleidigt dreinschauender Kleiderschrank von einem jungen Mann, den ich auf neunzehn oder zwanzig schätzte. Neben ihm quetschte sich eine attraktive junge Frau ungefähr im selben Alter. Im strikt geografischen Sinne war sie offensichtlich mit dem jungen Mann zusammen, aber der gehetzte Ausdruck in ihren Augen und einige zuckende Bewegungen, die für mich so aussahen, als ob sie innerlich ihr Fluchtmanöver durchspielte, vermittelten mir den Eindruck, dass der Gedanke, gerade ganz woanders zu sein, ihr zumindest nicht unsympathisch war.

Nach einigen Minuten der Grabesstille kam der Junge wohl zu dem Schluss, es sei an der Zeit, ein Lebenszeichen von sich zu geben und die Mitbewohnerin seiner kleinen Welt mit einem geistreichen Aufblitzen seiner Schlagfertigkeit zu beglücken. Er hob den Kopf.

„Wenn isch morgen uffwach", sagte er mit eindringlicher Melancholie, „und bin uff einma fuffzich, weißte, was isch dann mache tät?"

Sie schob sich die Haare aus dem Gesicht und ihr Gesicht weg von seinem und antwortete ohne nennenswerte Regung: „Nein, keine Ahnung. Was würdest du machen?"

„Umbringe würd isch misch."

Das Mädchen drehte sich zu ihm um und starrte ihn einen Moment lang an. War da auf einmal etwas mehr Leben in ihrem Gesichtsausdruck? Mischte sich da eine Spur von Sehnsucht hinein? Ich glaubte, erraten zu können, was sie dachte – vielleicht sogar, welche Worte auszusprechen sie sich in diesem Moment verkniff …

„Ich wünschte, du wärst fünfzig."

Starker Tobak, falls ich richtig lag. Aber ich konnte es ihr nachfühlen, und ich muss gestehen, dass auch die Perspektive des jungen Mannes mir nicht ganz abwegig erschien. An seiner Stelle hätte ich vielleicht in Hörweite eines Menschen, der allem Anschein nach bereits in den Höllenschlund fünfzigjähriger Hoffnungslosigkeit und Verzweiflung gestürzt war, meine Meinung nicht ganz so öffentlich kundgetan. Aber ich weiß noch, dass ich zu dieser Zeit in meinen Fünfzigern die Möglichkeit eines guten Lebens nach dem Überschreiten der siebzig äußerst agnostisch beurteilte. Jetzt, wo ich meinen dreiundsiebzigsten Geburtstag hinter mir habe, stelle ich fest, dass es durchaus noch vieles gibt, was mir Spaß macht. Danke der Nachfrage.

Tee zum Beispiel. Wir lieben Tee. Ehe ich fortfahre, lassen Sie mich in aller Deutlichkeit sagen, dass ich nicht von der offenbar allgemein verbreiteten Auffassung spreche, die meisten Probleme älterer Menschen seien mit einer Tasse Tee zu lösen, und so ziemlich alle, wenn man noch einen Keks hinzugibt. Das ist nicht der Fall.

Tee ist eine der großartigsten und nachhaltigsten Schöpfungen Gottes, und auch das mit den Keksen hat er sehr gut hingekriegt. Beides haben Bridget und ich schon immer sehr genossen. Im Lauf der Jahre hat Tee uns manches Mal den Verstand und beinahe auch das Leben gerettet. Okay, Gin and Tonic in den richtigen Gläsern mit Zitronen- und Limonenscheiben oder auch ein Glas Lagavulin-Whisky, pur genossen, würden es im Zweifelsfall auch tun, aber Leute, die – wie jenes Mitglied der Traveling Wilburys, dessen Namen ich nicht genannt habe – uns reiferen Mitbürgern gegenüber eine gewisse Herablassung an den Tag legen, werden uns wohl kaum mit solch exquisiten Stöffchen bewässern, nur damit wir gesellschaftlich sediert sind.

Es stimmt, es gibt kaum etwas, das so sehr anheimelt wie der Duft von frisch aufgebrühtem Tee, aber es ist reiner Zufall, dass ANHEIMELT ein Anagramm von ALTENHEIM ist. Und wann es dafür Zeit ist, das entscheiden wir zusammen mit Gott. Vielen Dank.

Ein trauriger Begleitumstand dieser Lebensphase, den uns auch der beste Tee und die köstlichsten Kekse nicht schmackhaft machen können, sind die relativ häufigen Todesfälle unter Gleichaltrigen und, was noch beunruhigender ist, unter Freunden, Angehörigen und Prominenten, die mehrere Jahre jünger sind als wir. Den Tod anzunehmen ist eine seltsame Angelegenheit, ein vorweggenommener und unvermeidlicher Schock, wie ein Zug, der in die Endstation rollt. Ich mag das nicht.

Manche Leute behaupten ja, die Aussicht auf den Tod mache ihnen gar nichts aus. Mir geht es nicht so. Ich möchte nicht sterben. Ich möchte am Leben bleiben. Ein oder zwei Mal in meinem Leben haben Freunde, die keine Christen sind, Bemerkungen gemacht wie: „Ihr Christen habt natürlich kein Problem mit dem Sterben, oder? Ihr freut euch einfach darauf, in die Herrlichkeit oder den Himmel einzugehen oder wie immer ihr das nennt."

Besonders ein Freund machte kein Hehl aus seiner Skepsis, als ich ihn darauf hinwies, dass es Jesus im Garten Gethsemane offensichtlich vor den grässlichen Ereignissen graute, die ihm noch bevorstanden. „Ich bin verzweifelt und voller Todesangst", sagte er sogar. Und er flehte Gott an, wenn es möglich sei, diesem ganzen Albtraum mit der Kreuzigung entfliehen zu dürfen. Wenn irgendjemand imstande gewesen sein müsste, sich die „Herrlichkeit" vorzustellen, dann war das doch Jesus, oder?

Mein Freund war konsterniert. Er kenne sich gut in der Bibel aus, sagte er, aber daran könne er sich nicht erinnern. Er wollte nachschlagen und der Sache auf den Grund gehen. Ich weiß bis heute nicht, ob er das je getan hat.

Erstaunlich vielen Gläubigen und den meisten Nichtgläubigen will eine Aussage einfach nicht in den Kopf gehen, die sich einfach anhört, es aber niemals ist.

Gott wurde Mensch.

Der Mensch Jesus kannte alle Schwächen und Stärken, Freuden und Tragödien eines wahren Menschen. Und zugleich kannte er auf für uns größtenteils unerklärliche Weise auch die Erfahrung, der wahre Gott zu sein, der in diesem wahren Menschen wohnte.

Sonnenklar, was? Aber so ist es. Und deshalb war er hin- und hergerissen. Und deshalb sind wir das auch. Wir erben die Bürde und den Segen. Nirgendwo ist die Rede davon, dass wir eine Wahl hätten.

Mit meiner menschlichen Begrenztheit kann ich mir nicht vorstellen, wie ich ohne den Geist, der in mir zu sein scheint, der Vergangenheit, der Gegenwart oder der Zukunft begegnen sollte. Ich bin höchst interessiert am Himmel, was immer das am Ende sein mag, solange dazu nicht gehört, für die nächsten zehn Millionen Jahre unaufhörlich „Shine, Jesus, Shine" singen zu müssen. Gleichzeitig liebe ich diese Welt und mein Leben und möchte sie festhalten, solange es menschenmöglich (oder geistlich möglich) ist.

Hier ist ein Gedicht, das ich vor einigen Jahren schrieb, als ich mir die ehrgeizige Frage stellte, wie die Kombination von Mensch und Gott sich im Bewusstsein des Menschen namens Jesus angefühlt haben mag. Es heißt „Was aber wird aus mir?".

Ja, er wird wieder auferstehen.

Aber was wird aus mir?

Wenn auch der Tod auf schwarzen Schwingen niedergeht,
um mich zu holen,
Und gezackte Schatten auf die Maiglöckchen wirft,
Auf milchig monderhellte Meere,
Sonnenaufgangsherrlichkeit,
Sonnenuntergangsflammen,
Pfirsiche und Perlen an den Himmeln Galiläas,
Die Kühle einer Frauenhand,
Kinderaugen,
Das Scheuern groben Holzes auf der Haut,
Licht im Blick der Menschen, die durch ein
Glaubenswunder sehen,
Hören, gehen, sprechen konnten,
Entdeckten, dass die Schrunden ihrer Haut verschwunden
sind, die Glieder unverletzt und rein.
Sabbatspaziergänge, die sich durch hügelige Weizenfelder
schlängeln,
Das Plaudern und das Lachen meiner Freunde
In ihrer süßen Unbedarftheit.
Der Duft der Fische auf dem Feuer,
Der Ruf zum Essen;
Alte Geschichten an der Feuerstelle;
Ein guter Wein;
Ein Kuss;
Das liebe, weise Lächeln meiner Mutter;
Die Tränen derer, die mich so sehr liebten,
Weil ich sanft und doch unerbittlich ihre Sünde fortnahm.
Und ich, werde ich wieder auferstehen?
Oh ja, der Menschensohn muss auferstehn und wieder
leben.
Was aber wird aus mir?
Was ist mit mir?

Ich erinnere mich nicht mehr so genau

Es ist nicht lustig, wenn jemand älter wird und mehr und mehr sein Gedächtnis verliert. Bridgets Vater (und als Folge davon auch ihre Mutter) litten in seinen letzten Jahren unter seiner einsetzenden schweren Demenz. Bridget und ich sind bisher davon verschont geblieben, aber jede Woche ergeben sich mehrere Male die lächerlichsten Gespräche zwischen uns, die einem qualvoll verschlungenen Pfad durcheinandergeratener Erinnerungen folgen und irgendwann unweigerlich an den Punkt kommen, wo wir nicht mehr wissen, was wir uns ursprünglich eigentlich in Erinnerung rufen wollten. Wie wäre es mit einer kleinen Kostprobe dieser zeitraubenden verbalen Exkursionen? Bitte sehr.

A: Mit wem hast du eigentlich vorhin telefoniert?

B: Was? Ach, das war – oh nein! Jetzt habe ich den Namen vergessen! Die junge Frau aus – du weißt schon – dieser Stadt. Wie hieß sie noch? Die Stadt, wo wir vor – wo immer das auch war.

A: Du meinst die Stadt vor Bromley?

B: Nein, nein! Noch vorher. Wo wir dieses Dingsda hatten – nun sag schon! –, wo wir immerzu Ärger hatten mit all den –

A: Ach soooo! Du meinst die Frau, von der wir immer gesagt haben, dass sie aussieht wie – wie hieß noch diese Frau, die uns erst so sympathisch war und dann nicht mehr, weil sie – ach, was hatte sie noch getan? Sie hatte sich irgendetwas zuschulden kommen lassen. Stand sogar in den Zeitungen. Das musst du doch noch wissen. Sie hat in dieser Serie mitgespielt.

B: Welcher Serie?

A: Ach komm! Du weißt doch – diese Serie. Die am Anfang in – wo spielte sie noch? Blackpool war es nicht. Die andere Stadt.

B: Ach ja! Da, wo wir damals an so einem verregneten Nachmittag halt gemacht und uns diesen Film angeschaut haben – ach, jetzt komm schon! Den Film mit diesem Typen – so ein langer Lulatsch, hat irgendwas am linken Bein. Du hast immer gesagt, er sieht genauso aus wie der Manager von – aaah!

A: Nein, warte mal, du denkst gerade an – Dingsbums.

B: Dingsbums?

A: Na, den Freund von deinem Vater. Sie kannten sich schon seit Ewigkeiten. Er fuhr so einen – du weißt schon – so einen großen, dicken, wie heißt das noch – so ein Riesending.

B: Ach ja! Der wohnte in der – Moment. Zwei Straßen von deiner entfernt – so eine große, breite Straße mit –

A: Genau! König – König-Sowieso-Straße – so hieß doch auch der Anwalt von dem Bruder deines alten Freundes. Komm schon! Du weißt, wen ich meine. So ein dünner, sehr ernster Typ, mit – so einem Ding im Gesicht. Wollte montags immer nichts essen. Ach nein – jetzt ist es weg.

Pause.

A: Also, mit wem hast du denn nun gerade eben telefoniert?

B: Was? Ach, keinen Schimmer.

Auf Gott warten?

Christen werden mit widersprüchlichen Imperativen überhäuft wie mit Konfetti bei einer Scheidung. Wir sollen Ruhe halten; wir sollen aufopferungsvoll arbeiten. Wir sollen nicht zweifeln, aber Zweifel ist ein wesentlicher Aspekt des Glaubens. Demut ist gut, aber sie kann auch eine verarmte Verwandte des Stolzes sein. In Christus sind wir frei, aber dieses dürfen wir nicht tun, und jenes auch nicht, und schon gar nichts, was auch nur annähernd nach dem aussieht, wobei ich dich gerade erwischt habe. Der Himmel ist ganz bestimmt nicht da oben über uns in der Luft, aber wir glauben auch ziemlich sicher zu wissen, dass er nicht südlich von Neuseeland im Pazifik liegt, also wo ist er denn nun? Wir müssen akzeptieren, dass

Adam und Eva wirkliche, lebendige Menschen waren, aber nur in einem mythischen Sinne. Die gute Nachricht ist, dass nichts uns trennen kann von der Liebe Gottes in Christus; die schlechte Nachricht ist, dass das für uns nicht gilt, wenn wir Ziegenböcke sind, denn dann sind unsere Aussichten für die Ewigkeit eher trüb.

Natürlich wissen wir alle, dass die Wirklichkeit selten einfach ist. Mehrere Dinge können ganz zu Recht wahr sein, obwohl sie einander zu widersprechen scheinen. Das macht ja das Leben und den Glauben und die Person Jesu so faszinierend, und es ist auch der Grund, warum wir Vorsicht und Rücksicht walten lassen müssen, wenn wir die verwickelten Fäden des realen Lebens auseinandersortieren und anderen weitergeben.

Los, streng dich an, aber warte unbedingt erst auf Gott? Es gibt noch eine andere Wahlmöglichkeit zwischen solchen falschen Gegensätzen.

Diese ganze Sache mit dem Christsein beschäftigt mich nun schon seit vielen Jahren. Wenn ich auf diese Jahre zurückblicke, sehe ich viele Dinge, die mich faszinieren. Eines davon ist der Gedanke, eine Beziehung zu Gott zu haben.

Damals, als ich mich auf diese merkwürdige Reise des Glaubens machte, herrschte eine klare und durchaus nicht unausgesprochene Erwartung, vom ersten Tag an eine enge und beglückende, vertraute Nähe zu Gott zu erleben, die für den Rest meines Lebens anhalten würde. Ich wollte, dass es so war, und ich verkündete lautstark, dass es so sei, aber in Wirklichkeit war es nicht so. Natürlich kann ich nur für mich sprechen, aber ich weiß heute, dass ich ein unvollendetes Werk war und bin und dass ich am Anfang wahrscheinlich nicht die leiseste Ahnung davon haben konnte, worauf ich mich da eingelassen hatte.

Über die Jahre hat mich die tiefe Hoffnung getragen, dasselbe bedingungslose „Ja", das einst einem Verbrecher an einem Kreuz zugesprochen wurde, sei auch mir zugesprochen worden von diesem Jesus, der, soweit ich es als verwirrter Sechzehnjähriger damals ermessen konnte, vielleicht wirklich die Macht hatte, unmögliche Träume wahr werden zu lassen.

Diese Hoffnung ist die Hand, an der mich Gott mein Leben lang unbeirrbar festgehalten hat. Aber vor sechsunddreißig Jahren wurde ein anderer Gang eingelegt. Es begann damit, dass ich inmitten eines abgrundtiefen Versagens zu meiner Verblüffung herausfand, dass Gott nett ist und dass er mich mag. Auf das Mögen kommt es an. Haben Sie etwa Lust auf eine Beziehung, die nur daraus besteht, dass jemand Sie liebt, obwohl er überhaupt nichts Liebenswertes an Ihnen erkennen kann? Das wäre doch keine echte Beziehung, oder? In so einer Beziehung würde man sich nicht anlächeln und Witze machen und ein paar Tränen miteinander weinen. Es wäre eine Beziehung ohne Tiefgang. Es würde keinen Spaß machen. Und auch wenn ich eine bestimmte Form von „Spaß" nicht leiden kann, weil ihr oft der Humor fehlt – nun, ganz ohne Spaß geht es doch nicht, oder?

Ab und zu widersprechen Leute meiner Aussage, Gott sei „nett". Das Wort sei zu blass, finden sie. Zu dünn. Gott sei doch viel, viel mehr als das. Sollten wir nicht aus Respekt und Dankbarkeit für das, was er getan hat, in einem ehrfürchtigeren Ton von ihm sprechen? Nun, manchmal ist das angebracht, aber je mehr ich entdecke, wie charmant Gott ist und wie einfallsreich er sich um mich kümmert, desto mehr ist es mir ein Bedürfnis, den Leuten aus tiefstem Herzen zu sagen: „Weißt du, du wirst ihn wirklich mögen, so nett ist er."

In den letzten zehn Jahren war der Schöpfer des Universums sehr freundlich zu mir. In meinem Leben und meinem Verständnis von mir selbst hat es Veränderungen gegeben, die ich nicht für möglich gehalten hätte. Außerdem habe ich eine neue, ziemlich aufregende Ahnung davon gewonnen, wie der Heilige Geist in dieser Welt Dinge tut, wenn wir nur aufhören, Sachen anzubieten, die wir nicht haben, und uns stattdessen darauf einlassen, Teil von Plänen zu werden, die wir nicht in Gang gesetzt haben, auch wenn wir uns dabei ein wenig (oder auch sehr) herabgesetzt fühlen. Glauben Sie mir, diese Herabsetzung wird von Zeit zu Zeit nicht ausbleiben.

Vor einer Weile waren Bridget und ich als Referenten auf einer

Wochenendtagung. Am Freitagabend stellten wir uns vor und gaben eine kleine Einführung. Aber als wir schließlich zu Bett gingen, war ich nicht sehr optimistisch im Blick auf das restliche Wochenende. Das ist nichts Ungewöhnliches, wie ich gleich hinzufügen muss. In früheren Jahren, als ich noch mehr von mir selbst eingenommen war als jetzt, war ich viel zuversichtlicher. Die Leute lachen immer gerne, und das war mein Ding. Menschen zum Lachen bringen kann jeder, wenn es sein Ding ist. In letzter Zeit haben Bridget und ich uns auf einen Modus für solche Wochenenden geeinigt, der eher auf Lehre und Inspiration abzielt als auf Unterhaltung. Auch wenn wir immer noch unser Bestes tun, um die Leute, zu denen wir sprechen, zum Lachen zu bringen. Wir achten jetzt sehr darauf, Gott nicht ins Gehege zu kommen, damit den Leuten wirklich geholfen werden kann. Die Schwierigkeit für uns besteht allerdings darin, dass dann eben Gott am Steuer ist und wir, auch bei sorgfältigster Planung, nie genau wissen, was er tun wird.

An jenem Freitagabend bat ich Gott, mir einen Traum zu schenken, um mir bei der übrigen Tagung zu helfen. Ob er mein Gebet beantwortet hat? Wer kann das so genau sagen? Ich weiß nur, dass in meinen Träumen in jener Nacht drei verschiedene Leute deutlich dasselbe Wort aussprachen.

Enttäuschung.

Sicher weiß ich nur, dass, nachdem ich das am Samstagmorgen erwähnt hatte, eine Reihe von Leuten zu uns kamen und uns baten, im Zusammenhang mit eben diesem Problem mit ihnen zu beten.

Die Wahrheit ist, dass es eine Menge davon gibt. Enttäuschung, meine ich. Ich weiß, ich bin nicht der Einzige, der sich schon einmal gefragt hat, warum die überschwänglichen Verheißungen der Bekehrung sich nie so ganz erfüllt haben. Für manche läuft es wunderbar. So, wie wenn man einen neuen Mantel anzieht. Man schlüpft hinein und kann loslegen. Die Glücklichen. Was ich damit sagen will: Gib nicht auf. Ich genieße es sehr, dass jetzt etwas anfängt, das sich tatsächlich wie eine echte Beziehung zu Gott anfühlt. Es ist eine Zuneigung. Mehr als eine Zuneigung. Es brauchte so lange, um sich zu entwickeln. Manchmal ist es zerbrechlich, und ich habe Angst. Hin und wieder ist es stark, besonders, wenn ich es nicht zu sehr analysiere.

Merken Sie sich das: Es gibt nur ein Zeugnis, das es wert ist, der Welt präsentiert zu werden. Nämlich ganz einfach die Wahrheit. Wo immer wir stehen, was immer mit uns passiert oder nicht passiert, wie viel oder wie wenig auch unsere Erfahrung mit der anderer Leute übereinstimmt, egal an welchem Punkt des Spektrums zwischen Elend und Freude wir uns befinden – wir müssen es aussprechen und darauf warten, dass die Liebe uns aufweckt, uns nährt und uns lehrt, was eine Beziehung zu Gott tatsächlich bedeuten könnte.

Schnellfeuer-Interview

Hin und wieder werde ich um einen Beitrag zu einem Zeitschriftenartikel gebeten, bei dem mehrere Autoren gemeinsam schreiben. Einer dieser Beiträge war ein „Schnellfeuer-Interview". Kurze Antworten auf kurze Fragen. Ich weiß, als ich noch jünger war, hätte ich mehr Zeit damit verbracht, über solche Aufgaben nachzudenken. Heutzutage gehe ich mit Fragen wie diesen ziemlich ungefiltert um. Hier ist das, was ich dazu geschrieben habe, nur leicht überarbeitet, damit es zumindest einen Anschein von Sinn ergibt. Ich hoffe es zumindest.

Beschreiben Sie sich selbst mit drei Worten.
Gut, schlecht, hässlich.

Welcher Charakterzug stört Sie am meisten an sich selbst?
Übermäßiger Einsatz meines Talents zur Selbstdarstellung.

Welche besonders falsche Vorstellung machen sich Leute von Ihnen?
Dass ich eine gewisse abscheuliche Art von Spaß genieße. Ich muss demütig gestehen, dass ich wahrscheinlich jedes lebende Wesen töten würde, um diese Art von Spaß zu vermeiden.

High Church oder Low Church?
Die Höhe ist mir egal, solange es dort nur keine sorgfältig organisierte Spontaneität gibt.

Was würden Sie tun, wenn Sie einen Tag lang Erzbischof von Canterbury wären?
Mir einen Tag frei nehmen.

Was wollten Sie als kleiner Junge werden?
Erwachsen. Und mit Hayley Mills verheiratet.

Was war der schlimmste Job, den Sie je gemacht haben?
Der einzige echte Job, der mir einfällt, war die Arbeit in einer Fleischfabrik, als ich sechzehn war. Gruselig aus diversen Gründen, die ich hier nicht erwähnen möchte. Fragen Sie nicht. Lassen wir diese schmerzlichen Erinnerungen hinter uns und wenden uns lieber ein paar blöden Witzen aus der Arbeitswelt zu.
*   Postkartenfabrik. Darüber gibt's nichts nach Hause zu schreiben. Arbeit für eine Kidnapperbande. Sie mussten mich nach vierzehn Tagen gehen lassen. Job bei einer Kläranlage. Zuerst schien es ein großes Geschäft zu sein, aber nach einer Weile war es nur noch heiße Luft.*

Was würden Sie heute machen, wenn Sie kein Christ wären?
Mir allmählich leise Sorgen darüber machen, dass ich biblisch gesehen tot bin.

Wie trinken Sie Ihren Tee?
In England.

Verraten Sie uns ein Geheimnis …

Es besteht eine winzige, aber realistische Chance, dass es tatsächlich einen Gott geben könnte.

Wohin reisen Sie in Ihrem nächsten Urlaub?

Weiß ich noch nicht. Vielleicht ins Gästezimmer. Vielleicht auch in den Gartenschuppen. Im Übrigen, Bridget und ich machen keinen Urlaub. Wir machen Gruppenfreizeiten – nicht so einfach in unserem Schuppen. (Als dies geschrieben wurde, herrschte noch die Pandemie.)

Welchen Film haben Sie zuletzt gesehen?

Ein Filmmusical über ein junges Paar, das sich im Schwimmbad auf der Wasserrutsche kennenlernt und heiraten möchte, aber feststellen muss, dass ihre Familien die Beziehung missbilligen. Es hieß West Slide Story. Demnächst schauen wir uns einen neuen Film über einen alten, stark behaarten Mann an, der nackt herumläuft und behauptet, ein alttestamentlicher Prophet zu sein. Er heißt A Streaker Named Isaiah.[2]

Was war Ihre größte Enttäuschung im Leben?

Als ich mir an meinem siebzigsten Geburtstag ein Tattoo stechen ließ und niemand etwas dagegen hatte …

Was betrachten Sie als Ihren größten Erfolg?

Die beiden Schattendoktor-Bücher zu schreiben, vor dreißig Jahren das Rauchen aufzugeben und meiner Tochter beizubringen, Oliven und Whisky zu mögen.

---

[2] In Anlehnung an den Film: „A Streetcar named desire" (1951), deutsch: „Endstation Sehnsucht"

Versicherung

Gegen Sterbegeldversicherungen ist absolut nichts einzuwenden, und es ist auch nicht witzig, wenn Menschen sterben, die wir lieben. In letzter Zeit gab es eine Flut der Trauer, als Familien in aller Welt durch das Coronavirus dezimiert wurden. Eine Sache, die uns irritiert, ist die Art und Weise, wie in der Werbung für Sterbegeldversicherungen (zumindest hierzulande) der absurde Eindruck erweckt wird, die ganze Sache mit dem Tod könne man einfach überspringen und alle Traurigkeit in der Familie vertreiben, solange nur sichergestellt ist, dass genug Geld für die Beerdigung da ist und man für die Vertragsunterschrift auch noch irgendein banales Geschenk erhält.

Vielleicht hätte Jesus mehr Anhänger gefunden, wenn er eine Ladung Geschenkgutscheine eines gewissen Versicherungsanbieters im Gepäck gehabt hätte: „Wenn Erlösung, dann Allianz." – oder so ähnlich.

GEORGE: *(ein abstoßend lebhaft wirkender älterer Mann, der gerade mit enormer Energie ein Sandwich schneidet, begrüßt fröhlich seinen Gast)* Ja hallo, Jean von nebenan. Ich nehme an, du willst dir deine Pastinakenpfanne wieder abholen?

JEAN: *(im selben gut gelaunten Ton)* Genau, wir gönnen uns heute was. Bei uns gibt es heute Abend wieder Pastinaken.

G: Lecker! Was macht die Familie? Norman? Benny und Jenny? Und der andere? Der kleine Dicke, der immerzu Blasen blubbert und dreimal in der Stunde sein Bäuerchen machen muss?

J: Ach, Onkel Keith. Dem geht es gut. Und was treibst du so, George, der hier wohnt? Du siehst ausgesprochen fröhlich und munter aus, wenn ich das sagen darf!

G: Ich? Aber ja! Ich habe einen Riesenspaß. Ich habe mir gerade eins von meinen kleinen Sandwiches gemacht und schmiede seit ungefähr einer Stunde Pläne für meinen Tod! Ich habe sogar schon eine von diesen Sterbegeldversicherungen für meine Beerdigung abgeschlossen.

J: Ooh! Du bist mir ja ein Multitasker! Eine Sterbegeldversicherung, so so! Wie toll!

G: *(deutet auf eine Broschüre)* Ja, schau selbst. Da, gleich oben auf der Broschüre steht es: „Unterschreiben Sie bei uns, und alle Sorgen um Ihre Beerdigung sind tot und begraben."

J: *(schwer beeindruckt)* Das gefällt mir! Das gefällt mir sogar sehr, George! Du, George, meinst du, dieses Unternehmen wäre auch das richtige für mich? Ich mache mir ja immer Gedanken, ob diese Bestattungsleute nicht vielleicht ein bisschen – wie soll ich sagen – empathielos sind?

G: Aber die hier nicht, Jean. Hier, lies mal vor!

J: *(liest mit sichtlichem Interesse)*

Hier ist der Stift für die Unterschrift,
schließ gleich die Police ab.
Kaum haut es dich weg, kommt auch schon der Scheck,
und du legst dich sorglos ins Grab.
(beide schmunzeln amüsiert)

J: Das ist ja köstlich! Wie unbekümmert und doch fürsorglich die das ausdrücken! Da kriegt man ja richtig Lust zu sterben!

G: Mir geht es ganz genauso, weißt du! Ich möchte sterben. Am liebsten würde ich gleich jetzt sterben. Ich freue mich richtig darauf. Ich sage dir, Jean von nebenan, das ist wirklich eine wunderbare Versicherung.

J: Mich würde sehr interessieren, was dich daran als Erstes positiv angesprochen hat, George, der hier wohnt.

G: Ich bin froh, dass du danach fragst, Jean, denn ich glaube, wenn ich dir diese Frage beantworte, wirst du die Police ganz bestimmt auch abschließen wollen, so wie ich.

J: *(mit wachsender Faszination)* Oooh, das kann gut sein! Sag schon, George.

G: *(tippt mit dem Finger auf den Vertrag)* Wenn wir beide unterschreiben – und dann das Glück haben, beide innerhalb eines Jahres zu sterben –, rate mal, was wir dann bekommen!

J: Was denn, George?

G: Wir bekommen einen kostenlosen Füllfederhalter! *(Jean schlägt die Hand vor den Mund)* Natürlich müssen unsere Angehörigen den Totenschein einreichen und so – um zu beweisen, dass wir wirklich tot sind …

J: *(beide machen ganz erwachsene Gesichter)* Klar. Aber den Füllfederhalter kriegen wir ganz bestimmt?

G: Hier steht es schwarz auf weiß.

J: Ein kostenloser Füllfederhalter! Ich hole mir das Formular und unterschreibe auf der Stelle! Meine Familie wird ganz aus dem Häuschen sein, wenn sie erfährt, dass sie für meine Beerdigung nichts bezahlen müssen. Und deine Familie ist bestimmt auch ganz begeistert, George.

G: Und wie! Mein Tod scheint ihnen gar nichts mehr auszumachen, jetzt, wo er sie nichts mehr kosten wird. Und übrigens, wenn wir uns für die Deluxe-Option entscheiden, bekommen unsere Angehörigen auch noch einen Pauschalbetrag – also, wenn wir sterben.

J: *(schelmisch)* Kein Füllfederhalter für unsere Lieben?

G: *(schmunzelt ebenso schelmisch)* Kleine Belohnung, Jean. Leute wie wir – die Mütter und Väter –, wir kriegen die Füllfederhalter, jawohl. Ach, was haben wir in letzter Zeit hier gelacht, ich kann dir sagen! Erst dieses Wochenende hat mir mein Ältester oben auf dem Treppenabsatz versehentlich einen kleinen Schubs gegeben, als ich gerade hinuntergehen wollte. „Pass auf", sagte ich, „oder du kriegst deinen Pauschalbetrag früher ausgezahlt, als du dachtest!"

Sie lachen laut und brechen dann plötzlich ab, als wäre ihnen ein beunruhigender Gedanke in den Sinn gekommen.

Ein bisschen merkwürdig im Kopf

Ich war schon immer ein bisschen merkwürdig im Kopf. Daran hat sich bis heute nichts geändert. Die kleinsten Fragen verführen mich dazu, jede Menge wertvolle Zeit damit zu verbringen, über Sachen nachzudenken, die in der Alltagswelt weder von Nutzen noch besonders dekorativ sind. Beispiel gefällig? Kürzlich im Fernsehen (wahrscheinlich in einer Folge von Der Blaue Planet oder so) beschrieb der Erzähler eine Fischart, die weder im tiefen Wasser noch in Ufernähe zu finden ist. Diese Tiere wurden mit dem Oberbegriff „pelagisch" bezeichnet.

„Interessant", dachte ich mir. „Ganz klar, diese Art Fische braucht und verdient einen Limerick. Die Jahre gehen dahin, und ich möchte auf keinen Fall mein Leben aushauchen, ehe dieses würdige Werk vollendet ist."

Limericks zu dichten ist nicht einfach. Alles hängt von der letzten Zeile ab. Diese Zeile muss einen Sinn ergeben, den Gesamtgedanken vervollständigen und sich auf die erste und zweite Zeile reimen. Ich brauchte nur einen Vormittag dazu, und natürlich hätte sich ein vernünftiger Mensch nie die Mühe gemacht. Aber ich tat es und war froh darüber. Darf ich Ihnen meinen Limerick zum Besten geben?

> „Leider bin" sprach ein Fisch, „ich pelagisch.
> Mein Dasein ist nicht gerade magisch.
> In anderen Zonen
> darf ich nicht wohnen.
> Ach, ist das nicht sinnlos und tragisch?"

Meine Frau besteht darauf, dass ich, wenn ich schon von den merkwürdigen Gedankengängen rede, in die mein Gehirn sich im Lauf der Jahre verstiegen hat, in diesem Zusammenhang auch ein kurzes Gespräch erwähne, das sich ergab, als wir letzthin im Auto unterwegs waren. Schon seit einer Weile hatte keiner von uns etwas gesagt. Schließlich brach Bridget das Schweigen und stellte mir eine Frage.

„Woran denkst du?"

Die meisten von uns veranstalten erst einmal eine kleine innere Redaktionskonferenz und streichen und sortieren in Windeseile herum, wenn diese Frage laut wird. Ich erinnere mich, dass jemand einmal sagte, wenn man klar sehen könnte, was sich im Laufe von zwei Minuten alles im Gehirn einer Person abspielt, würde sich kein Schriftsteller mehr trauen, auch nur den Versuch zu unternehmen, eine wenigstens ansatzweise akkurate Biografie zu Papier zu bringen. In diesem Moment jedoch beschloss ich – ob es eine gute Idee war oder nicht – einfach nur Bridgets Frage zu beantworten.

„Also ...", sagte ich nach einer kurzen Pause, „ich dachte gerade über Jungs Schatten nach, die unbewusste Seite des Bewusstseins; dann habe ich mich darüber gewundert, wie unlogisch doch die meisten Gedanken über Schöpfung sind; und dann habe ich innerlich einen stummen Schrei der Qual über alles Mögliche ausgestoßen. Was noch? Ach ja, dann kam mir plötzlich der Gedanke, wie gern ich heute Abend so richtig frische Krabben essen würde, und schließlich versank ich in tiefer Trübsal darüber, dass es heutzutage fast unmöglich ist, irgendwo ein halbwegs anständiges Radieschen aufzutreiben. Das ist alles, was ich noch weiß."

Das hört sich schon ein bisschen merkwürdig an, oder? Aber vielleicht ist das Seltsame weniger der Inhalt meiner Liste als vielmehr meine Fähigkeit, mich an jedes Detail erinnern zu können. Wer weiß.

Wer ist gerettet?

Zu den unbezweifelbaren Vorzügen des Alterns gehört die Entdeckung, dass viele Themen, die uns einmal furchtbar ernst und vielleicht zu schwierig vorkamen, als dass man wirklich ehrlich darüber nachdenken könnte, einfach so ihre Bedrohlichkeit verlieren. Eines dieser Themen war für mich die Diskussion darüber, wer gerettet ist und wer nicht. Ich finde es interessant, dass etliche von uns evangelikalen Christen sich mit zunehmendem Alter mehr und mehr dem universalistischen Ende der Skala annähern (also der Überzeugung, dass durch die Auferstehung Jesu alle gerettet werden). Ein paar Leute, mit denen ich mich unterhalten habe, betonten allerdings, dass sie sich nie öffentlich zu dieser veränderten Sichtweise äußern würden. Es ist fast so, als würden sie die Möglichkeit einer weiteren Perspektive gerne für sich behalten.

Ich denke sehr gern über diese Fragen nach, meist indem ich mir Dialoge wie den nun folgenden ausdenke. F steht für die fragende, A für die antwortende Person. Ich glaube, als ich am Ende dieser Niederschrift ankam, hatte ich einigermaßen verstanden, wo ich stehe.

Aber hatte ich das? Hatte ich das wirklich?

F: Ich möchte dich etwas fragen. Warum erzählst du eigentlich immer wieder haarsträubende Dinge? *(Pause)* Zum Beispiel darüber, wer gerettet wird und so. Was soll das?

A: Na ja, vermutlich habe ich das Gefühl, dass ab und zu mal jemand für Gott das Wort ergreifen muss.

F: Aha, da haben wir's. Genau das ist es ja, worüber die Leute sich ärgern, oder? Sie sagen, das ist überhaupt nicht Gott, für den du da sprichst. Du verwässerst nur das Evangelium. Jesus ist der einzige Weg zur Errettung. Jeder, der ihn nicht in sein Leben einlädt, ist verloren. Stimmt das etwa nicht?

A: Hmm.

F: Na? Stimmt das nicht?

A: Weißt du, ich glaube, es hat damit angefangen, dass mir irgendwann zum ersten Mal dieser Vers im zweiten Petrusbrief richtig aufgefallen ist, wo es heißt, dass Gott nicht will, dass jemand verloren geht. Ich weiß noch, wie ich diese Worte eine Zeitlang in meinem Kopf kreisen ließ und dann versuchte, ganz ehrlich wahrzunehmen, was für Gefühle sie in mir auslösten.

F: Okay. Was für Gefühle waren das denn?

A: Vor allem empfand ich Mitleid mit Gott. Ganz ehrlich. Der allmächtige, allwissende Gott will, dass alle gerettet werden, alle durch die Bank, von Dschingis Khan zu Rosamunde Pilcher. Guck nicht so skeptisch, selbst Rosamunde Pilcher muss eine Seele gehabt haben. Jedenfalls ist es das, was er will, und deshalb ist er Mensch geworden, gestorben und zum Leben zurückgekehrt. Die Logik dahinter ist mir zu hoch, wie wohl jedem, wenn er ehrlich ist, aber Tatsache bleibt, dass er das tat, damit sein Traum eine Chance hat, Wirklichkeit zu werden. Ich finde den Gedanken, dass er dabei enttäuscht wird, niederschmetternd. Geht es dir nicht so?

F: Na ja, natürlich, aber willst du damit sagen, dass die ganze Menschheit gerettet wird, egal, ob die Leute Christen werden oder nicht? Ich meine, im zweiten Petrusbrief steht doch nur, dass Gott nicht will, dass jemand verloren geht. Da steht nichts davon, dass er vorhat, zu machen, dass es so kommt, oder?

A: Nein, das stimmt. Du hast recht. Offenbar hat die Allmacht ihre Grenzen. Nein, ich glaube, ich wollte Gott einfach helfen, indem ich deutlich mache, was seine Motivation bei alledem ist. Wir Christen plappern immerzu diese Worte nach, dass Gott die Welt so sehr liebte, dass er seinen Sohn gab, aber vielleicht haben wir aus den Augen verloren – falls wir es überhaupt je gesehen haben –, was für eine gewaltige Leidenschaft hinter diesen altbekannten Versen steckt. Ich möchte die Menschen nur daran erinnern, dass der Gott, dem sie angeblich dienen, wahrscheinlich größer und leidenschaftlicher einladend ist, als man aufgrund einer spitzfindigen Betrachtung der geistlichen Regeln und Vorschriften denken würde.

Eigentlich – ob du es glaubst oder nicht – geht es ihm doch darum, uns nach Hause zu bringen. Und nicht darum, unsere Hausarbeiten zu korrigieren und dann zu entscheiden, dass wir nicht hineindürfen, weil wir beim Ausfüllen eines kleinen Kästchens zum Thema Vorurteile gegen Wasservögel ein bisschen über den Rand hinausgeschrieben haben.

F: Hör schon auf, mich dauernd zum Lachen bringen zu wollen! Beantworte lieber meine Frage. Ehe wir weiterreden, sag mir erstmal, ob Jesus der einzige Weg nach Hause ist oder in den Himmel, oder wie immer du es nennst. Ganz einfache Frage, oder?

A: Oh, was bist du doch für ein grausamer Mensch, aber demütig, wie ich bin, werde ich mich fügen. Okay, du hast gewonnen. Je älter ich werde, desto mehr bin ich mir im innersten Herzen gewiss, dass Jesus tatsächlich die einzige Chance für uns armselige, geliebte Menschen ist, eines Tages einen ewigen Seufzer der Erleichterung zu tun. Bitte sehr! Das ist die gute Nachricht für alle, die meine Theologie in Ordnung bringen wollen.

F: *(Pause)* Und? Was ist die schlechte Nachricht?

A: Nun ja, die schlechte Nachricht – die Nachricht, die sie alle dazu bringen wird, sich am Kopf zu kratzen und in ihren Konkordanzen nachzuschauen und bei den Ältesten nachzufragen und für meine unsterbliche Seele zu beten – ist folgende: Je älter ich werde, desto mehr bin ich mir ebenso gewiss, dass ich keine Ahnung habe, was das eigentlich heißt, von Jesus gerettet zu sein. Darf ich ehrlich sein? Obwohl ich in meinen Überzeugungen entschieden orthodox bin, habe ich so einen blasphemischen Gedanken im Kopf.

F: Aha. Und wirst du mir diesen blasphemischen Gedanken mitteilen? Oder hast du Angst, er könnte ansteckend sein?

A: Ich hoffe sogar ein bisschen, dass er das ist. Weißt du was? Ich werfe den Ball, und du entscheidest, ob du ihn auffangen willst oder nicht. Mein blasphemischer Gedanke – den ich kaum zu äußern wage – ist, dass Gott womöglich genau das tun wird, was er will, und zwar genau so, wie er es will. C. S. Lewis hat davon gesprochen, dass es im Himmel Überraschungen geben wird. Das dürfte eine starke Untertreibung sein. Wenn Gott sein Netz auf der richtigen Seite des Bootes auswirft, dann wird es einen erstaunlich großen und vielfältigen Fang geben. Viele werden mir widersprechen, und vielleicht haben sie recht. Falls sich herausstellen sollte, dass ich mich irre, werde ich die Frage zu gegebener Zeit bei einem vorzüglichen Glas Wein mit meinem himmlischen Vater besprechen. Was machst du für ein verstörtes Gesicht?

F: Wahrscheinlich liegt es einfach daran, dass – nun ja, dass mir gefällt, was du da sagst. Ich wünsche mir, dass es wahr ist. Aber gleichzeitig fühle ich mich dabei – nun, nicht so ganz sicher.

A: Das überrascht mich nicht. Es fühlt sich immer ein bisschen gefährlich an, wenn einer die Fenster aufreißt und die frische Luft hereinlässt, wo wir doch so sehr damit beschäftigt sind, eine Welt zu erschaffen, in der das Christentum nur bei Zimmertemperatur zu genießen ist. Aber zu viel Vorsicht kann erstickend wirken. Übrigens sollte man im Zusammenhang mit dieser ganzen Frage eine ganz wichtige Sache nicht vergessen.

F: Und zwar?

A: Folgendes: Wir sind selbst diejenigen, die uns unsere geistlichen Etiketten aufkleben. Manche davon sind sehr eindrucksvoll, reich verziert und gediegen. Aber das Erschreckende – oder auch Beruhigende – ist, dass es Gott ist, der letzten Endes die Hand ausstrecken und sie uns nötigenfalls einfach abnehmen wird. Und dann wird er uns in die Augen schauen und uns ganz genau sagen, was wir wirklich sind. Kannst du mir folgen?

A: Ich bin mir nicht sicher …

Upgrade fürs Navi

Ein kleiner Vorfall, der die Mängel und Möglichkeiten dessen deutlich macht, was wir Urzeitmenschen für moderne Technik halten. Wir machen gerne Urlaub in Frankreich, am liebsten in der Normandie. Besonders freuen wir uns immer darauf, morgens beim Bäcker nebenan frisches Brot und ofenwarme Croissants zu kaufen. Beim letzten Mal begann unser Aufenthalt mit einer niederschmetternden Entdeckung. Unser gewohnter Brotlieferant hatte unerklärlicherweise beschlossen, ausgerechnet in der Hochsaison, in der die Touristen in sein Dorf strömen, selbst zwei Wochen lang Urlaub zu machen. Brotest sinnlos! (Gemerkt?)

Wir mussten eine Alternative in der Nähe finden, um unseren Bedarf zu decken. Also sprach ich, so deutlich ich konnte, das französische Wort für „Bäckerei" in mein Handy und wartete gespannt auf die Vorschläge meines Freundes Google. Ich hatte eindeutig nach einer BOULANGERIE gefragt, aber eine halbe Minute später wurde uns eine erstaunlich lange Liste von Geschäften in der Normandie präsentiert, die BLUE LINGERIE im Sortiment führten. Ach nein, vielen Dank. Unterwäsche ist nur aus Stoff – die Waren eines französischen Bäckers versorgen uns mit Frühstück. Aber eine gewisse Verwirrung blieb. Dass es in diesem dünn besiedelten, ausgesprochen ländlichen Teil der Normandie zahlreiche Anbieter blauer Reizwäsche gab, war für uns eine surreale, Dali-eske Vorstellung.

Von diesem seltsamen Fehlschlag abgesehen wissen wir technische Fortschritte wie Google Maps im Besonderen und Navigationsgeräte im Allgemeinen sehr zu schätzen.

Folgendes versuche ich schon seit einiger Zeit in Worte zu fassen. Zeit für eine dieser typisch nervigen christlichen Metaphern.

Wir müssen unser geistliches Navi updaten.

Ich will mich hier nicht darüber auslassen, wie sich Bridgets und mein Leben durch den Gebrauch von Navigationsgeräten verändert hat. Darüber habe ich schon an anderer Stelle geschrieben. Hier mag es genügen, zu sagen, dass wir uns nach Jahren der beständig drohenden Scheidung aufgrund von Kartenlesestreitigkeiten bei unseren Vortragsreisen nun plötzlich sanft durch die Straßenlabyrinthe zu jenen Kirchen und Sälen hinführen lassen, die anscheinend aus irgendeinem Grund sorgfältig verborgen sind, um nicht etwa Gefahr zu laufen, von Gastrednern wie uns ausfindig gemacht zu werden.

Viele sagen, sie wüssten nicht genau, wie diese Geräte funktionieren. Bei mir ist das anders. Im Ernst – ich habe nicht das winzigste Aufblinken eines kaum wahrnehmbaren Schimmers einer Ahnung, wie so etwas geht. Ich danke lediglich den Satelliten und den NASA-Wissenschaftlern und Gott und Google, dass wir heutzutage imstande sind, von Schniedelshofen über Oberarsching nach Pullersdorf zu gelangen, ohne uns gegenseitig umzubringen.

Freilich ist zuzugeben, dass es in der Frühzeit der Navigationsgeräte Momente gab, in denen wir feststellen mussten, dass wir kurz davor waren, allen gesunden Menschenverstand fahren zu lassen. Etwa, wenn unsere verlässliche technische Reiseführerin, genannt „Katy", uns ans Ufer eines Kanals oder an einen Klippenrand führte und uns aufforderte, allen vernünftigen Erwägungen zum Trotz auf ihre freundliche Stimme zu hören und geradeaus weiterzufahren. Es ist eine Tatsache – so lächerlich sie auch allen erscheinen muss, die dieses Phänomen noch nie erlebt haben –, dass wir beide in solchen Momenten einen Moment lang den wahnwitzigen Drang verspürten, uns in den Abgrund zu stürzen. Warum? Warum nur, um alles in der Welt? Steckt dahinter vielleicht so etwas wie ein irregeleiteter Respekt vor der Autorität der Technik? Oder die beruhigende Kraft einer vertrauten Stimme, die doch fast immer recht hat? Wir sind nie ganz dahintergekommen.

Inzwischen haben wir ernsthaft vor, in ein Upgrade in Form eines jener hochmodernen Navis zu investieren, die über eine WLAN-Verbindung die Reisenden jederzeit augenblicklich über Veränderungen, Probleme, Hindernisse und alle möglichen anderen Vorkommnisse auf der Route, der Autofahrer wie wir getreulich folgen, zu informieren.

Diese Funktionalität ist auf unseren Smartphones natürlich bereits vorhanden.

Nun ist die Sache folgende: Über die letzten zweitausend Jahre haben Christen, wann immer ihnen eine dynamische und konkrete Wegweisung von Gott fehlte, allzu oft zu einer Vielzahl unverbrüchlich traditioneller oder menschlich-erfindungsreicher Alternativen gegriffen. Ich glaube, ich kann verstehen, warum das so ist. Wenn der Heilige Geist aus irgendeinem Grund nicht einzugreifen scheint, um uns vom Einschlagen eines falschen Weges abzuhalten, werden eben andere Mittel und Initiativen, die an sich oft durchaus sehr wertvoll sein mögen, herangezogen, um die Lücke zu füllen. Hier eine Auswahl einiger Beispiele, die uns begegnet sind:

Vater, Sohn und menschliche Fähigkeiten und Talente.
Vater, Sohn und eine großartige neue Initiative, die schon Tausenden geholfen hat.
Vater, Sohn und Jüngerschaftskurse.
Vater, Sohn und eine äußerst ansprechende PowerPoint-Präsentation.
Vater, Sohn und tun, was Jesus tun würde.
Vater, Sohn und vernünftige, durchdachte Entscheidungen unter Gebet.
Vater, Sohn und wahllos hinausposaunte Reden, die sich irgendwie prophetisch anhören, aber in Wirklichkeit eher so etwas sind wie diese sogenannten Frischluftsprays, die etwas in der Luft verbreiten, was noch übler ist als die Gerüche, die sie überdecken sollen.

Ironischerweise ist, zumindest manchmal, ein weiteres Beispiel dafür „Vater, Sohn und die Bibel als Handbuch fürs Leben".

Schon gut. Immer mit der Ruhe. Nicht gleich die Inquisition herbeirufen, bevor klar ist, was ich sagen will. Natürlich ist etwas Wahres daran, wenn wir sagen, dass die Bibel uns durchs Leben führt. Aber, um auf meine faszinierende Metapher zurückzukommen: Es gibt Christen, die sogar mit Jesus darüber streiten würden, ob nicht die Bibel noch mehr Hoheit über ihre Lebensführung habe als er selbst. Ich bin solchen Leuten schon begegnet. Manche von ihnen sind von unüberwindlicher Sturheit. Ich erinnere mich noch an ein Gespräch mit einem Mann, der felsenfest überzeugt war, dass die Lehre Jesu klar zeige, dass ein Bedürfnis, das er im Gebet äußern würde, automatisch Anspruch darauf hätte, restlos befriedigt zu werden.

„Darf ich Sie etwas fragen?", erkundigte ich mich.

„Aber natürlich", erwiderte er.

„Okay – also, angenommen, Jesus säße jetzt leibhaftig hier auf dem Stuhl zwischen uns beiden."

„Ja."

„Und er würde ganz freundlich sagen: ‚Schau, ich verstehe, warum dir dieses Gebet wichtig ist, aber es ist so, dass ich dir gerade in diesem Moment nicht geben kann, was du willst, und ich kann dir auch nicht den Grund für meine Entscheidung erklären.' Wie würden Sie reagieren?"

Er runzelte die Stirn. Auf seinem Gesicht breitete sich eine ratlose Miene aus. „Nun", sagte er, „ich hätte definitiv ein paar Fragen."

Am lebendigsten war das Christentum immer schon dann, wenn es sich bewusst war, dass es wirklich einen lebendigen, handelnden Gott gibt. Einen Gott, der lebendig und aktiv ist und der mit Menschen arbeitet und in Situationen wirkt. Der hier auf Mutter Erde durch den Heiligen Geist präsent ist, dem jederzeit zuzutrauen ist, dass er am Mittwoch etwas tut, das letzten Donnerstag komplette Zeitverschwendung gewesen wäre und das sich womöglich niemals wiederholen wird.

Manchen Leuten wird der Gedanke, unseren geistlichen Navis ein Upgrade zu verpassen, sehr beunruhigend vorkommen. Kaum dachten wir, wir hätten Gott fein säuberlich in unsere Systeme und Traditionen und Theorien und das ganze andere Zeug verpackt, da steht er plötzlich auf der Matte, fordert uns auf, zu tun, was tatsächlich getan werden muss, und die Richtung einzuschlagen, die er vorgibt.

Andere werden sich auf das Upgrade einlassen, verängstigt und aufgeregt zugleich, erleichtert und befreit durch die geniale Führung des Heiligen Geistes, der lebendig ist und als Einziger genau weiß, was er tut.

Ganz so einfach ist es natürlich nicht. Ist es ja nie. War es auch nie. Ich frage mich allerdings, wie viele christliche Initiativen, ob klein oder gigantisch groß, schon auf dem Grunde eines Kanals oder am Fuß einer Klippe geendet sind.

Könnte man mal drüber nachdenken, oder?

Wenn es hart auf hart kommt

Ich weiß nicht genau, was das für eine Art von Frieden ist, den ein Christ angeblich erfährt. Ich bin nun schon seit siebenundfünfzig Jahren einer (also ein Christ). Manchmal ist alles gut. Manchmal ist alles ganz und gar nicht gut. Ich weiß, wie Friede sich anfühlt. Und ich weiß ganz genau, wie Chaos sich anfühlt. Wenn mal wieder rund um mich her alles drunter und drüber geht, frage ich Jesus, ob er weiß, wie ich mich fühle. Er ist dann immer sehr freundlich.

Ob ich das Gefühl kenne?
Willkommen am Kreuz.
Der Verlust, die Furcht, die Qual, die trostlose Verlassenheit
und die Scham.
Schmerz und Tumult, die alles Verstehen übersteigen.
Aber behalte die Nerven, behalte die Fassung,
behalte diese Worte.
Ich verspreche dir,
in Veränderung und Schock und Staunen
wird der Friede derselbe sein.

2.

Weiter gehts

Oft werde ich gefragt, ob ich glaube, dass die Kirche insgesamt sich zum Besseren verändert habe, seit ich Mitte der Achtziger mit dem Schreiben anfing. Vielleicht hat sie das. Im Allgemeinen habe ich schon den Eindruck, dass heutzutage mehr Anhänger des Christentums die Versuchung verspüren, die Wahrheit zu sagen. Das kann natürlich nur gut sein, aber zugleich ist uns auch aufgefallen, dass es bestimmte negative Muster gibt, die immer wieder auftauchen.

Kürzlich habe ich ein Buch von Monica Furlong noch einmal gelesen. Es heißt ‚Christian Uncertainties‘ (Christliche Ungewissheiten) und stammt aus den 1950er Jahren. Ich kam in die Versuchung, zu denken, dass es leichter und besser für mich wäre, mein eigenes Geschreibsel zu vergessen und stattdessen einfach dafür zu sorgen, dass dieses brillante Werk alle zwei Jahre neu aufgelegt wird.

Natürlich hätte das nicht funktioniert. Ich vermute, die oben erwähnten negativen Muster werden wir diesseits der Wiederkunft Christi nicht los. Sie müssen immer wieder neu unter die Lupe genommen werden, denn sie locken Menschen und Gruppen in Welten und Denkweisen hinein, die manchmal offensichtliche, gelegentlich gefährliche und oft versteckte Verzerrungen einer Wahrheit sind, die selbst in ihrer einfachsten Form schon verwirrend genug sein kann.

Hin und wieder hören Bridget und ich von lächerlichen Vorfällen, schlecht geplanten Projekten oder herzzerreißenden persönlichen Geschichten, bei denen einer von uns, unserem Hang zur Ironie entsprechend, jubelnd ausruft: „Die Kirche marschiert unaufhaltsam voran!"

Christliche Spendensammlung
und die Pforten der Hölle

*Menschen nach meinem Herzen und besonders solche, die mir von Zeit
zu Zeit das Leben gerettet haben, indem sie mitten in der unerträglichsten
Salbungsfülle sarkastisch vor sich hin grinsten, werden mit der folgenden
Aussage etwas anzufangen wissen:*

*Eines der Hindernisse, die die Kirche immer wieder davon abhalten,
siegreich voranzumarschieren, besteht darin, dass sie die Kluft zwischen
dem, was ist, und dem, was sein sollte, nicht wahrhaben will.*

*Sie wollen Beispiele aus meinem Leben? Da gibt es zu viele. Schon beim
Gedanken daran rollen sich mir die Fußnägel auf. Na gut, hier ist ein Bei-
spiel. Ach ja, versprochen, die Pforten der Hölle kommen auch vor – wenn
Sie verstehen, was ich meine.*

Vor ein paar Jahren wurde ich gebeten, bei einer Spendensammlung
für die Diakonie mitzuhelfen und von Haus zu Haus zu gehen, um
die Umschläge mit den Bargeldspenden abzuholen. Einige Tage zuvor
waren die leeren Umschläge in die Briefkästen von Hunderten von
Häusern in den Straßen rund um unsere Kirche eingeworfen worden.
Meine theoretisch ganz einfache Aufgabe bestand darin, in drei dieser
Straßen an den Türen zu klingeln oder anzuklopfen und die verschlossenen Umschläge von denen entgegenzunehmen, die gerne etwas für die
gute Sache tun wollten.

Was konnte da schon schiefgehen?

Nun, um die Wahrheit zu sagen, schon bevor ich loszog, hatte ich
eigentlich keine Lust dazu. Was für den einen ein Klacks ist, ist für den
anderen ein Sturz in den Abgrund. Mich auf eine Bühne zu stellen, um
vor großem Publikum zu sprechen, macht mir meistens keinen Stress.
Das läuft schon. Ist ja mein Job. Die Aussicht, mich an einer endlosen Reihe von Hauseingängen verächtlich abweisen, mir Türen vor der

Nase zuknallen und halbgare atheistische Vorträge und kaltschnäuzige Feinseligkeit über mich ergehen zu lassen, erfüllte mich dagegen mit tiefer Beklommenheit. Ja, schön, wahrscheinlich haben sie das schon hundertmal gemacht und können das richtig gut, und sie haben schon oft erlebt, dass Leute dabei zum Glauben kommen. Aber ich eben nicht, und in meinen drei Straßen kam niemand zum Glauben oder dergleichen, soviel ich weiß. Eher könnte ich mir vorstellen, dass der eine oder andere sich in seiner Ablehnung des Christentums bestärkt, bestätigt und beflügelt fühlte.

Ausgestattet mit einem kleinen, ungeschriebenen Drehbuch machten wir uns auf den Weg. Nachdem wir unsere Abzeichen (ich hasse es, Abzeichen zu tragen) vorgezeigt und erklärt hatten, dass wir gekommen seien, um die Umschläge wieder abzuholen, die andere vor ein paar Tagen eingeworfen hätten, sollten wir in einladendem, aber nicht drängendem Ton hinzufügen: „Unsere Kirche ist die dort oben auf dem Hügel. Wir würden uns freuen, Sie sonntags zum Zehn-Uhr-Gottesdienst begrüßen zu können, wenn Sie mal Zeit haben." An diese Worte, die sich unweigerlich anhören mussten wie das blödsinnigste Geschwafel, wenn sie aus meinem Mund kamen, sollte sich sodann ein freundlicher Abschiedsgruß und ein fröhlich-frommes Winken anschließen, während wir uns in Richtung Gartenpforte entfernten.

Meinen besonderen Albtraum erlebte ich, als ich mich dem Ende meiner letzten Straße näherte.

An dieser Stelle muss ich gestehen, dass meine Aufgabe insgesamt gar nicht so grauenhaft verlaufen war, wie ich befürchtet hatte. Eine besondere Zuneigung fasste ich zu den Leuten, die nicht da waren, als ich auf der Matte stand. Was für liebenswerte, rücksichtsvolle Menschen. Ein paar ältere Herrschaften, die zu Hause waren, begrüßten mich sehr freundlich. Einige wenige hatten sogar tatsächlich bereits Geld in ihren Umschlag gesteckt und hielten ihn verschlossen für die Abholung bereit. Meistens war das freilich nicht der Fall, und die Leute mussten mit lustloser Dringlichkeit die Stapel von eselsohrigen Werbeprospekten auf ihren Fensterbänken durchwühlen und irgendjemandem weit hinten in den Eingeweiden des Hauses zurufen: „Was hast du mit diesem Umschlag gemacht?" Ein Mann verkündete, als er erfuhr, dass die Spendenaktion einen christlichen Hintergrund hatte, in aggressivem Ton: „Damit habe ich nichts am Hut!" Die allfällige Entgegnung brodelte in mir und drohte schon überzukochen, aber die Tür wurde mir vor der Nase zugeschlagen, bevor ich etwas sagen konnte.

Der Tiefpunkt der Peinlichkeit jedoch war es für mich, als ich an einer Tür von einer freundlich lachenden Frau Ende zwanzig begrüßt wurde. Ihr üppiger Oberkörper war mit einem winzigen Trägertop beängstigend unverhüllt, und sie war mit kleinen Kindern behangen wie ein Maibaum mit Girlanden. Irgendwie schaffte sie es, sich zur Seite zu lehnen, eine Hand aus dem Gewimmel kleiner wuselnder Leiber herauszustrecken und einen der Spendenumschläge von einem überfüllten Regalbrett zu nehmen und kurz zu schütteln, um anzuzeigen, dass sich Münzen darin befanden. Als ich sah, wie viel Mühe sie hatte, die Hand zum Mund zu führen, um den Umschlag zuzukleben, sagte ich vier Worte, die hilfreich gemeint waren, aber eine Szene heraufbeschworen, die geradewegs aus einem Film namens „*Ist ja irre – Die frommen Spendensammler*" hätte stammen können.

„Ich lecke Ihnen das."

Das waren meine Worte. Sie führten zu einem Ausbruch johlenden Gelächters seitens meiner neuen Freundin. Sie drehte ihren Kopf in Richtung des anderen Endes des Korridors und schrie: „Joyce! Komm schnell her! Er sagt, er leckt es mir!"

Aus der Küche erschien eine zweite Frau, ebenso bekleidet und behangen wie die erste, und stimmte in das ausgelassene Gelächter ein, während sie näherkam, um einen Blick auf mich zu werfen.

„Meinst du, mir leckt er's auch?", erkundigte sie sich wiehernd.

„Keine Ahnung! Frag ihn selbst!"

Unbändige Heiterkeit.

Ich bin wirklich kein prüder Mensch. Die beiden Damen hatten einfach ihren Spaß, und der ganze Vorfall wäre wahrscheinlich ohne ein allzu tiefsitzendes Trauma vorübergegangen, bis auf eine Kleinigkeit. Als ich, in einer Hand den nicht zugeklebten Umschlag umklammernd, den Rückzug zur Gartenpforte antrat, trat in mir irgendein innerer Mechanismus in Aktion, und ich hörte mich selbst mit lächerlich schriller Stimme mein Spendensammler-Mantra aufsagen.

„Übrigens, unsere Kirche ist die dort oben auf dem Hügel. Wir würden uns freuen, Sie am Sonntag zum Zehn-Uhr-Gottesdienst begrüßen zu können, falls Sie Zeit haben."

Das brachte eine weitere Heiterkeitslawine ins Rollen. Ich machte, dass ich außer Sicht kam. Wäre mir ein Porphyrophobiker (nein, schlag das selbst nach) über den Weg gelaufen, so hätte ich ihn ernsthaft in Gefahr gebracht.

Das Komische ist Folgendes. Während ich mich dankbar in Richtung Heimat aus dem Staub machte, musste ich plötzlich an einen Vers aus dem Matthäusevangelium denken, der mir an diesem Morgen, bevor ich loszog, um die Spenden einzusammeln, zuerst rätselhaft gewesen war und mich dann ziemlich inspiriert hatte. Er lautet so:

Und ich sage dir auch: Du bist Petrus, und auf diesen Felsen will ich meine Gemeinde bauen, und die Pforten der Hölle sollen sie nicht überwältigen. (Matthäus 16,18)

Über manche Bibelverse schweift unser Blick so oft dahin, dass sie fast unsichtbar werden. Trotzdem habe ich nie aufgehört, mich zu fragen, was diese Worte Jesu eigentlich bedeuten. Ich hatte mir sogar immer vage vorgestellt, die Aussage sei, dass die Hölle es nie schaffen würde, die Kirche anzugreifen und zu besiegen. Das Gegenteil von dem, was Jesus tatsächlich sagte. Was ist los mit mir?

In Wirklichkeit, das wurde mir an diesem Morgen erstmals klar, wollte er anscheinend sagen, dass wir, die Kirche, gegen die Pforten jeder Region hämmern sollten, in der die Hölle sich eine Festung gebaut und Gefangene genommen hat. Mein neuer Blick auf diese Worte deutete darauf hin, dass wir in der Lage sein sollten, diese Pforten voller Zuversicht niederzureißen. Geht und rettet die Verlorenen. Holt sie heraus und befreit sie.

Bridget und ich stehen in letzter Zeit oft vor dieser Notwendigkeit, wenn wir mit Leuten beten, der Notwendigkeit, Türen einzureißen, eine seltsame, aber reale Kraft anzuwenden, die uns in vielen verschiedenen Formen und Schattierungen durch den Heiligen Geist zur Verfügung gestellt wird, wenn es um die Freiheit einer verlorenen Seele geht. Es ist nicht damit getan, einfach ein Gebet zu sprechen. Es ist eine Denkart. Eine Haltung. Eine Wachsamkeit. Eine Angriffsbereitschaft. Ein Tatendurst.

Ich fühlte mich ziemlich beflügelt von diesem neuen Gedanken, als ich mich damals in meiner Rolle als Spendensammler auf den Weg machte. Nur noch diese dämliche Klinkenputzerei hinter mich bringen, dann konnte ich nach Hause gehen und mich auf diese aufregenden Möglichkeiten konzentrieren, die Jesus mir vor Augen stellte.

Ja, ich weiß, es war erbärmlich. Eine Art Blindheit, nehme ich an. Während ich Richtung Heimat stapfte, bat ich Gott um Verzeihung dafür, dass ich die Tatsache aus dem Blick verloren hatte, dass jeder einzelne Mensch, dem ich an diesem Morgen begegnet war, ihm unfassbar wichtig war und von ihm über alle Maßen geliebt wurde. Gefängnisse gibt es in allen möglichen Formen und Größen, und nicht immer sind sie in einem Kontext zu finden, der für uns offensichtlich ist.

Inzwischen versuche ich, wann immer ich in eine Situation gerate, die möglicherweise einen Angriff auf die Pforten der Hölle erfordert, meine persönlichen Vorlieben oder Vorurteile hintanzustellen. Wenn es etwas zu tun gibt, bin ich bereit – mehr oder weniger.

Übrigens ist mir klar, dass es ein himmelweiter Unterschied ist, ob man von zwei babybehangenen Damen ausgelacht wird oder in Gefangenschaft gerät. Ich hoffe sehr, dass die beiden bis hierher ihre Freude am Leben gehabt haben. Und auch wenn mir damals vor Verlegenheit fast der Schädel geplatzt wäre, bin ich doch irgendwie froh, dass ich ihnen einen Anlass geliefert habe, sich scheckig zu lachen. Vielleicht wird Gott, der ja auch gerne lacht, sich einen Spaß daraus machen, sie an der Himmelspforte Spalier stehen zu lassen, wenn ich dort ankomme. Das würde mir gefallen.

Riskantes Leben

Meine widerwillige Bereitschaft, von Tür zu Tür zu gehen und Spenden zu sammeln, dürfte wohl kaum in einem ernsthaften geistlichen Sinn als riskantes Leben einzustufen sein. Vom Einsammeln von Diakonie-Umschlägen lese ich jedenfalls nichts in der furchteinflößenden Liste von Nöten, die Paulus im Zuge seines Wirkens für Gott zu erdulden hatte. Tatsächlich hat es (verzeih mir, Paulus) durchaus seine heiteren Seiten, wenn man die Dinge, die uns zu schaffen machen, mit diesem Katalog des Grauens vergleicht.

Einer der rettenden Lichtblicke während der schwierigen Monate des Covid-Lockdowns waren für Bridget und mich unsere wöchentlichen Abendmahlsfeiern via Skype mit unseren guten Freunden Ken und Liz. Das waren zutiefst stärkende Erlebnisse, nicht zuletzt weil wir uns dabei entspannen und ein bisschen über uns selbst lachen konnten, besonders wenn wir zum zigsten Male an so herausfordernde liturgische Formeln kamen wie diese:

Ich gebe dir mein Ja zu einem riskanten Leben.

Irgendwann beschlossen wir, innezuhalten und noch einmal genauer hinzuschauen, ob unsere gemeinschaftliche Behauptung, wir stünden positiv zu der Möglichkeit, in unvorstellbare Leiden gestürzt zu werden, wenn Gott es so wollte, eigentlich ehrlich gemeint war. Näher betrachtet fanden wir die gedankenlose Extravaganz, mit der wir Gott jede Woche dieses Angebot machten, ungemein erheiternd – aber sie brachte uns auch ins Nachdenken. Wollten wir wirklich Ja sagen zu einem riskanten Leben oder nicht? Ja, schon. Aber meinten wir das auch ernst? Ja. Nein. Natürlich. Vielleicht. Wir wollten es gerne ernst meinen.

Was uns dann wirklich zum Lachen brachte – nach einiger Zeit –, war das düstere Zusammentreffen, dass sowohl Ken als auch Bridget sich im Abstand von wenigen Tagen heftig verletzten.

Ken stieg rückwärts von der untersten Sprosse einer Leiter und trat auf einen Rechen. Der Rechen flog hoch und traf ihn, sodass er hinfiel und mit dem Kopf hart auf einen kleinen, gezackten Baumstumpf aufschlug, der aus dem Boden ragte. Mehrere Stiche waren notwendig, und ein Zahn, der ihm dabei ausgeschlagen worden war, musste ersetzt werden.

Ein paar Tage später rutschte Bridget auf einer nur ganz leicht abschüssigen Wiese bei uns in der Nähe aus, brach sich den Knöchel und verdrehte sich den Fuß so stark, dass er in die falsche Richtung zeigte. Es folgte eine schwere Operation, und es dauerte mehrere Wochen, bis sie wiederhergestellt war.

Mir ist klar, dass keiner dieser Vorfälle sich besonders amüsant anhört. Das waren sie auch nicht. Im Gegenteil. Was uns jedoch zum Lachen brachte, als wir schließlich unsere Abendmahlsfeiern wieder aufnehmen konnten, war unsere Erkenntnis, dass wir schon von uns aus nicht in der Lage waren, Not und Leiden zu vermeiden, ganz zu schweigen von unserem Einverständnis mit möglichen Problemen, die daraus entstehen mochten, dass wir Ja sagten zu einem riskanten Leben für Gott.

Wenn es uns schon nicht gelang – so fragten wir uns –, unfallfrei in unserem Garten einen Schritt rückwärts oder auf einer praktisch völlig ebenen Wiese ein paar Schritte vorwärtszugehen, wie sollten wir dann zurechtkommen, wenn die Anforderungen eines riskanten geistlichen Lebens auf unseren persönlichen Hang zu Missgeschicken trafen?

Was also ist die ehrliche Antwort auf jene Frage? Ich habe keine Ahnung. Beides? Wir haben keine Ahnung. Jeder Versuch, in unserem

Umgang mit Gott künstliche Grenzen zu ziehen, ist sinnlos. Kein Einziger von uns wird von Gott gezwungen, zu einem riskanten Leben Ja zu sagen. Aber wenn wir alle Entschlossenheit und Dankbarkeit und alles Vertrauen, das wir aufbringen können, zusammenraffen und „Ja" sagen, so ehrlich wir können, wird das vielleicht ernst genommen. Wir erklären uns damit einverstanden, zu tun, was immer nötig ist, damit seine Pläne gelingen. Riskant? Natürlich.

Sie sind keine schlechte Truppe

Ich glaube, Bridget und ich haben uns endlich damit abgefunden, dass wir auf unsere eigene Weise genauso seltsam und schwierig sind wie alle anderen. Besonders relevant ist das in der Kirche, wo es Unterschiede in Fülle gibt und jede Person ihre Meinung hat. Allerdings kommt es hin und wieder auch vor, dass zwei Leute sich über irgendetwas fast einig sind.

Die Leute in unserer Kirchengemeinde
sind gar nicht so übel unter dem Strich.
Doch unser Konsens, er leidet immens,
denn keiner denkt ganz genauso wie ich.

Dass es Gott gibt, da sind wir einig,
wenn auch Jack sich da nicht so ganz sicher ist.
Anne sagte zu Jack: „Du kommst in die Hölle!"
„Ist mir recht", sagte Jack, „wenn nur du da nicht bist."

Mary meint, Zungengebet gibt es nicht mehr,
Doch Jean sagt: „Ich mache das jederzeit!"
Mary sagt: „Jean, du hast einen Spleen!"
Am Sonntag gab's daraufhin großen Streit.

Sie warfen sich wüste Beschimpfungen zu,
sodass man schon meinte, gleich setzt es Hiebe.
„Nicht dass ihr euch haut!", rief der Pastor laut,
Doch sie sagten: „Wir streiten doch nur in Liebe."

Darauf er: „Mitnichten! Erzählt keine Geschichten!
Ich wünschte, dass dieser Lärm unterbliebe!"
„Du schreist hier", sagten sie, „ja noch lauter als wir!"
„Ja", gab er zu, „aber doch nur in – ach, verflixt und zu-
genäht!"

Nicht alle sind von unserm Pastor begeistert,
doch Mary und Joan, die finden ihn heiß.
Der junge Stu stimmt insgeheim zu,
nur dass davon (noch) keiner was weiß.

Caroline schäumt immer, wenn er versäumt,
mit Alliterationen zu gliedern.
Vaughn ist von dem Predigtstil völlig erledigt,
und June ist genervt von den Liedern.

Ein jeglicher sei seiner Meinung gewiss –
was man denkt, das soll man auch sagen –,
doch des einen Sicht ist ein liebliches Licht,
beim anderen platzt mir der Kragen.

Die Leute in unserer Kirchengemeinde
sind gar nicht so übel unter dem Strich.
Doch unser Konsens, er leidet immens,
denn keiner denkt ganz genauso wie ich.

Sagst du.

Und du – na ja, meistens.

Ha! Da schimpft wohl ein Besen den anderen Langstiel.

Was hast du gesagt?

Du hast mich schon verstanden.

Habe ich nicht!

Ich meinte, da schimpft wohl ein Stiesel den anderen – ach, vergiss es …

Individuelle Unterschiede

Eine Frage: Marschiert die große Heerschar Gottes im Gleichschritt? Ich vermute, wenn wir ehrlich sind: Ja, das tut sie, und das sollte sie auch – bis auf die, die es nicht tun und auch nicht sollten.

Erinnern sie sich noch an die TV-Serie *„Secret Millionaire'?* Ich glaube, davon gibt es inzwischen in den meisten Ländern eine eigene Version. In jeder Episode begibt sich ein Multimillionär für ein paar Wochen unerkannt in eine strukturschwache Umgebung, mit dem Ziel, am Ende des Aufenthaltes ein paar Tausender aus dem eigenen Vermögen für ein gutes Projekt springen zu lassen. Natürlich muss für die Anwesenheit des Kamerateams immer eine plausible Erklärung gefunden werden, aber das scheint nie ein großes Problem zu sein.

Mal abgesehen von dem unbehaglichen Bewusstsein, dass meine Emotionen von den Machern der Serie zweifellos nach allen Regeln der Kunst manipuliert werden, finde ich die Sendung immer wieder sehr bewegend. Hinter den Projekten und Aktionen, um die es geht, stehen ausnahmslos aufrichtige, bescheidene Leute, die mit aller Kraft versuchen, in sehr schwierigen Umständen etwas Positives zu bewirken, und ihr Staunen, wenn plötzlich ein so üppiger und unerwarteter finanzieller warmer Regen über sie hereinbricht, scheint nicht geheuchelt zu sein.

Am Ende einer Episode der Serie fielen ein paar Worte, die mich sehr stark berührt haben. Sie kamen von einem der beiden Männer, die in Nordirland einen Boxclub für Jungs betreiben, die sonst vermutlich auf den Straßen von Belfast in alle möglichen Schwierigkeiten geraten würden. Als ihm ein Scheck überreicht wurde, der es möglich machen würde, neue und passendere Räumlichkeiten für den Club zu finden, schaute der Mann in staunender Verwirrung in die Kamera und sagte Folgendes: „Du denkst, du bist allein – aber das bist du nicht!"

Die Worte sind mir nie mehr aus dem Kopf gegangen, und dabei denke ich besonders daran, dass die Erfahrung, die dieser Mann machte, genau das ist, wonach sich so viele Christen (und Nichtchristen) sehnen. Damit meine ich nicht in erster Linie das Geld, sondern die verblüffende Unmittelbarkeit, mit der Gottes Großzügigkeit sich über ihr Leben ergießt und ihnen beweist, dass sie nicht allein sind, dass er Anteil nimmt und dass er tatsächlich die Situation, in der sie sich befinden, erheblich verändern kann.

Nach aller Erfahrung würde man mich, wenn ich das öffentlich sagen würde, wohl prompt am Schlafittchen packen und daran erinnern oder darüber informieren, dass es genau das ist, was Gott tut, wenn Männer und Frauen Jesus in ihr Leben einladen. Was in aller Welt rede ich denn da? Nun ja, Sie können sagen, was Sie wollen, aber so einfach ist es nun einmal nicht, oder? Angenommen, jemand würde Ihnen oder mir die folgende schlichte Frage stellen: „Was wird passieren, wenn ich Christ werde? Was wird Gott dann tun? Was werde ich spüren? Was wird sich verändern?"

Wenn ich an die Christen, die ich kennengelernt habe, und an die Geschichten denke, die sie mir großzügigerweise erzählt haben, muss ich zu dem Schluss kommen, dass es auf diese Frage die verschiedensten Antworten gibt.

Hier einige Möglichkeiten.

Nichts. So geht es ziemlich vielen Leuten. Jesus deutet im Gleichnis vom verlorenen Sohn an, dass der Vater seine Söhne und Töchter, wenn sie nach Hause zurückkehren, umarmen und mit Geschenken überhäufen und ein großes Fest veranstalten wird, um ihre Heimkehr zu feiern. Doch so eine stürmische Begrüßung haben viele Menschen, die sich Christen nennen, nie erlebt. Sie haben nichts erlebt. Gar nichts. Abgesehen von der nicht zu vernachlässigenden Tatsache, dass ihnen auf der entscheidenden Ebene das ewige Leben und die volle Vergebung zuteilgeworden ist, gibt es keinerlei Hinweise darauf, dass Gott ihnen jetzt näher oder ferner ist als vor dem Gebet oder der Lebensübergabe. Ganze Generationen von nervösen Predigern und Evangelisten haben es irgendwie geschafft, aus diesem Mangel eine Tugend zu machen.

„Keine Sorge", plappern sie optimistisch. Eigentlich sei das doch eine gute Sache. „Weißt du, eine Menge Leute spüren in dem Augenblick erstmal nichts. Es kommt ja auf den Glauben an, weißt du. Vertrau nur Gott, und die Zukunft wird alle möglichen Segnungen bringen. Mach einen Schritt ins Dunkel. Auf der anderen Seite wird es hell sein. Du wirst schon sehen!"

Manchmal trifft diese Vorhersage ins Schwarze. Die Zukunft hält tatsächlich echte, wahrnehmbare Segnungen bereit. Manchmal aber auch nicht. Warum ist das so? Wenn du Antworten darauf hast, schreib mir bitte eine Postkarte.

Bei anderen Neubekehrten lautet die Antwort, dass jeder nur erdenkliche Segen über sie kommt. Sie reden in Zungen. Sie prophezeien. Sie werden überwältigt von dem Bewusstsein, dass Gott bei ihnen ist und Leib und Seele mit der Erkenntnis seiner Liebe und Fürsorge erfüllt. Sie fallen auf der Straße nach Damaskus vom Pferd, hören Jesus zu ihnen sprechen, verlieren das Augenlicht, werden geheilt und bringen schließlich den Völkern das Evangelium.

Ich habe einen Freund, der früher einmal ein fürchterlich gefährlicher Gewalttäter war. Eines Tages kniete er in der Zelle seines Hochsicherheitsgefängnisses nieder und bat Gott, sein Leben zu verändern. Im selben Moment wurde sein Leben für alle Zeit völlig verwandelt. Er war ein neuer Mensch. Ein staunenswertes, altmodisches Zeltevangelisationswunder. Fantastisch für diejenigen, deren Leben als Christen mit solch dramatischen Begegnungen beginnt. Verwirrend und ein bisschen entmutigend für diejenigen, bei denen es nicht so ist.

Manche Leute würden sogar bestreiten, dass sie überhaupt jemals eine erkennbare geistliche Startlinie überschritten haben. Vielleicht sind sie in einer christlichen Familie aufgewachsen, wo die Nachfolge Jesu ihnen so natürlich und unvermeidlich vorkam wie das Atmen. Aber in den meisten Fällen scheint ihr Glaube deswegen nicht weniger echt zu sein.

Mindestens zwei Leute, die ich kenne, sind vor allem aus Furcht Christen geworden. Ich hoffe und bete, dass sie in der Folge etwas von der Liebe erfahren haben, die so unerschrocken darum gekämpft hat, unsere Furcht vor der Verlorenheit im Universum zu zerstreuen, aber es besteht kein Zweifel, dass es ursprünglich die Drohung der Hölle war, die diese Leute zur Umkehr trieb. Eigentlich ist da auch nichts Falsches dran, glaube ich. Jesus hat sehr nachdrücklich über dieses Thema gesprochen.

Vielleicht liegt der Grund, warum so wenige Menschen auf die gute Nachricht reagieren, darin, dass ihnen nie jemand geholfen hat, die schlechte Nachricht zu begreifen. Ich weiß, dass die Vorstellung der Hölle in manchen kirchlichen Kreisen heutzutage nicht sehr modern ist. Aber wer so denkt, dem würde ich mit allem Respekt nahelegen, sich zu vergewissern, ob Gott selbst noch ganz auf der Höhe des heutigen theologischen Denkens ist. Manchmal ist er ja ein bisschen langsam und schwerfällig.

Ich habe nur vier Möglichkeiten aufgezählt für diejenigen, die wissen möchten, wie Gott sie begrüßen wird, wenn sie sich ihm zuwenden. Es gibt noch viele, viele andere. Warum ist das so unterschiedlich? Warum stattet Gott nicht alle Bekehrten mit einem identischen emotionalen und geistlichen Starterpaket aus, allein schon, um ihnen die Gewissheit zu geben, dass sie auf der richtigen Spur sind?

Vor der Aufgabe, eine so schwierige Frage zu beantworten, muss ich kapitulieren. Ich kann nur ein paar Gedanken dazu äußern.

Erstens würde ich sagen, dass manche Bekehrungen gar keine Bekehrungen sind. Einer meiner Lieblingsautoren ist Paul Tournier, ein Schweizer Arzt, der viele Jahre lang Christen bei ihren Problemen beraten hat. In die Welt seiner entspannten, mitfühlenden Weisheit einzutreten, fühlt sich so an, als ob man am Ende eines mühseligen Tages in einen sanft brodelnden warmen Whirlpool steigt. Einem seiner Patienten erklärte er einmal, es sei höchstwahrscheinlich die Natur seiner sogenannten Bekehrung, die allgemein das Wachstum und insbesondere die Entwicklung von Frieden in seinem Leben ersticke.

Freilich fällt es manchen Christen sehr schwer, solche Aussagen zu akzeptieren. Schließlich ist die Bekehrung ein wesentlicher Bestandteil des Christseins, und es scheint fast eine Ketzerei zu sein, die Gültigkeit eines so heiligen Ereignisses auch nur zu hinterfragen. Doch wie wir alle wissen, läuft es im Leben einfach nicht so.

Ich finde es bemerkenswert, dass die Sailors' Society, eine internationale christliche Hilfsorganisation für Seeleute, im neunzehnten Jahrhundert entstand, nachdem einer ihrer Gründer an einer Kirche ein Schild mit der Aufschrift „Keine Seeleute oder Prostituierten" gesehen hatte. Als weltweite Kirche tragen wir immer noch schwer am Vermächtnis der Intoleranz und des Pharisäertums vonseiten religiöser Organisationen, denen es vor lauter Respektabilität in die Nase regnet. Schlimmer noch, wir lassen es zu, dass sich immer wieder neue Spielarten von Intoleranz entwickeln. Sie mögen freilich anders aussehen. Manche davon haben, voller Zuversicht, diesem Problem entronnen zu sein, eine ebenso ausgrenzende Form von Toleranz entwickelt.

Die Bekehrung ist oft ein gutes Beispiel. Wer keine angemessene Veränderung erlebt, sieht sich häufig Zurechtweisungen und Sanktionen ausgesetzt, weil er keine sichtbaren Fortschritte macht. Wer wagt es da, den anderen das Spiel zu verderben? Also fühlt man sich schuldig und unglücklich. Der gesunde Menschenverstand sagt ihnen das eine; ihre

Gemeinde sagt ihnen etwas anderes. Wie kann das sein? Leider haben viele Gemeinden die Kunst entwickelt, etwas aufzuführen, was geister-fülltem Christsein so ähnlich sieht, dass es fast unmöglich ist, das Echte vom Falschen zu unterscheiden.

Damit, dass sie einer Erfahrung das Etikett „Bekehrung" anhängen, ist also noch nicht unbedingt etwas gesagt. Sie können es auch wieder abnehmen. Vielleicht müssen sie das sogar. Gott wird ihnen helfen. Möglicherweise wird es ihnen hinterher ein ganzes Stück besser gehen. Wir müssen wirklich an die Wahrheit unserer eigenen Erfahrungen glauben. Wir dürfen uns unterscheiden. Das ist völlig okay. Gott kümmert sich um die Veränderung.

Vor ein paar Monaten machte ich den Fehler, mir eine Sendung mit einem dieser Fönfrisurenevangelisten anzuschauen, die in teuren Maßanzügen über die Bühnen schreiten und die simpelsten geistlichen Wahrheiten hinausposaunen, als hätte es sie in der Bibel noch nicht gegeben, ehe sie selbst am letzten Dienstag darauf gestoßen sind. Dabei machen sie lange dramatische Pausen, die nichts anderes bewirken sollen als Applaus und die ihre gefügigen Zuhörerschaften dazu bringen sollen, sich wie Papageien gegenseitig öde, unausgegorene kleine Mantras vorzusagen und – ach, Herr, hilf uns!

Dieser fragliche Vertreter der Zunft jedenfalls sagte etwas so Unfassbares, dass ich am liebsten durch den Fernsehschirm gesprungen wäre und ihn mit seinem eigenen italienischen Seidenschlips erwürgt hätte – nur um ihm zu zeigen, dass ich mehr von der Liebe Gottes verstand als er. Wenn Sie verstehen, was ich meine. Dies waren seine Worte, vorgetragen im feierlichen, salbungsvoll pädagogischen, Margaret-Thatcher-haften Ton einer Person, die uns etwas sagt, das wir zu unserem eigenen Besten wissen sollten, auch wenn es uns vielleicht nicht gefällt: „Das Einzige in dir, das Gott liebt, ist Jesus …"

Was für eine grauenhafte Aussage. Was für eine traurige und unerklärliche Verleugnung von allem, was das Leben und die Bibel uns über Gottes ganz und gar individuelle, fürsorgliche Beziehungen zu seinen Menschen lehren. Der verlorene Sohn. Petrus. Johannes. Cornelius. David. Jona. Jakob. Elia. Ich. Du. Brenda. Malcolm. Wir müssten die Liste weiterführen, bis wir jede einzelne Person einbezogen hätten, die in der gesamten Menschheitsgeschichte je eine Begegnung mit dem lebendigen, liebenden, verwirrenden, verletzlichen Gott hatte.

Falls ich also entdecken sollte, dass es wirklich stimmt, dass Jesus das Einzige ist, was Gott in mir liebt, werde ich vielleicht Mitglied in der hiesigen Versammlung der Quatember-Tage-Bryaniten und suche dort nach Erfüllung. Wie ich schon oft gesagt habe: Jeder von uns ist anders, und diese Unterschiede – geliebt und respektiert von einem Gott, der aus Erfahrung genau weiß, wie es sich anfühlt, ein Mensch zu sein – haben zwangsläufig Auswirkungen darauf, wie wir seine Einladung annehmen und wahrnehmen. Zum Beispiel kann es bei Menschen, die in ihren Beziehungen durch Menschen, die sich eigentlich um sie hätten kümmern müssen, tief verletzt und verraten worden sind, Jahre oder gar ein ganzes Leben dauern, bis der Prozess der Wiedergeburt sich vollendet. Wie wir alle wissen, gibt es in jeder Gemeinde einen kleinen Anteil solcher Leute, die offenkundig mit dem „geistlichen Zeug", das doch eigentlich passieren soll, nicht klarkommen. Sie sind keine Warzen am Leib Christi. Sie sind keine schlechten Aushängeschilder für das, was wir glauben. Sie sind der Leib Christi.

Diejenigen, die so gerne schnelle Lösungen feilbieten, können darüber sagen, was sie wollen. Wundersame Veränderungen finden manchmal statt, ja, aber es bleibt eine Tatsache, dass viele Christen durch negative Umstände und in der Vergangenheit erlittene Grausamkeit innerlich so zerbrochen sind, dass sie nur überleben können durch jahrelange Liebe, Aufmerksamkeit und praktische Unterstützung von glaubenden Menschen, die in der glücklichen Lage sind, ein bisschen Stabilität und Nächstenliebe übrigzuhaben, die sie anderen spenden können. Und seien wir ehrlich, vielleicht müssen diese Spender am Ball bleiben bis zu dem Moment, wo beide Arm in Arm als Gleichrangige durch die Himmelspforte schreiten und Jesus sie lächelnd dazu beglückwünscht, dass sie es geschafft haben.

Individuelle Unterschiede. Manchmal machen sie den ganzen Unterschied aus.

Es gäbe noch jede Menge dazu zu sagen, aber das könnte langweilig werden. Und natürlich muss ich am Ende zugeben, dass ich nicht in das Geheimnis eingeweiht bin, warum Gott es zulässt oder gar bewirkt, dass Menschen, die sich ausstrecken, um seine Liebe zu empfangen, ihn so krass unterschiedlich erleben. Wer weiß schon, was hinter den Kulissen vor sich geht? Wer weiß, welche Schlachten geschlagen werden müssen, welche teuflischen Schliche zu vereiteln sind, wie viel Finsternis vertrieben werden muss, damit Emily Dunworthy, wohnhaft in 16 Dibley Road, Penge, zu dem Punkt gelangen kann, wo sie meint, so eine Art Gefühl zu haben, sie hätte eventuell eine zaghafte Ahnung von der Wirklichkeit Gottes verspürt?

Ich habe den Eindruck, der Heilige Geist ist ein göttlicher Opportunist, wenn es darum geht, die Objekte seiner Leidenschaft zu sich zu ziehen. Vielleicht ist das am Ende der wichtigste Gedanke. Wie auch immer wir zum Glauben kommen, egal, wie enttäuschend unspektakulär oder aufregend dramatisch das Erlebnis gewesen sein mag, wir sind in der richtigen Richtung unterwegs, wir befinden uns hoffentlich in guter Gesellschaft, und das Beste kommt noch.

Ich finde die ganze Sache so verwirrend wie eh und je, aber ein Funke der Begeisterung in meinem Innern drängt mich, zu Nichtgläubigen und verunsicherten Gläubigen gleichermaßen die Worte zu sagen, die diesem überraschten Kerl in ›Secret Millionaire‹ entfuhren: „Du denkst, du bist allein – aber das bist du nicht!"

Die Unseligpreisungen

Die Seligpreisungen (Matthäus 5,3-10) sind schon besondere Früchte, finden Sie nicht? Eine spektakuläre Wohltat für alle, die hungern und dürsten nach zusätzlichen Wahrheitsschichten darüber, wie die Dinge im Reich Gottes sind. Mit ihrer verblüffenden Paradoxität bringen sie immer wieder neue Facetten zum Vorschein. Was, so habe ich mich gefragt, würde wohl passieren, wenn man sich einmal ihre diametralen Gegensätze vor Augen führen würde? Ein interessanter Gedanke.

Selig sind, die da geistlich arm sind;
denn ihrer ist das Himmelreich.

Selig sind, die da nach außen hin geistlich stark und mächtig sind, denn sie werden es genießen, andere Gläubige dazu zu bringen, sich wie Versager zu fühlen und zu bezweifeln, dass sie jemals wirklich Christen waren.

Selig sind, die da Leid tragen;
denn sie sollen getröstet werden.

Selig sind, die da weder Sympathie noch Empathie noch sonst irgendetwas haben, was mit diesen drei Buchstaben endet;
schließlich ist Traurigkeit zweifellos ein Zeichen der Schwäche,
denn sie werden keinen Trost brauchen,
da ihnen die anderen Leute ja völlig egal sind.

Selig sind die Sanftmütigen;
denn sie werden das Erdreich besitzen.

Selig sind die von sich Überzeugten,
denn ihnen wird man zuhören und ihre Ideen umsetzen,

selbst wenn die Vorschläge der Sanftmütigen viel sinnvoller waren,
aber denen hat ja niemand zugehört, weil die von sich Überzeugten so
laut und wortgewaltig waren.

**Selig sind, die da hungert und dürstet nach der Gerechtigkeit;
denn sie sollen satt werden.**

Selig sind, die da hungert und dürstet nach der Ungerechtigkeit,
denn sie werden ungehindert alle möglichen grauenhaften Dinge tun
können,
und wenn die ganze Sache mit Gott und dem Himmel sich als ein
Haufen Quatsch herausstellen sollte,
kommt es ja eh nicht mehr drauf an, oder?

**Selig sind die Barmherzigen;
denn sie werden Barmherzigkeit erlangen.**

Selig sind, die da meinen, Vergebung sei was für Weicheier,
denn sie werden recht behalten bis zu dem Moment, da sie sich wünschen, sie hätten nicht recht.

**Selig sind, die reinen Herzens sind;
denn sie werden Gott schauen.**

Selig sind, die da alles, was übel und elend in ihnen ist, nähren und
davon zehren,
denn höchstwahrscheinlich werden sie Gott sowieso nicht schauen
wollen.

**Selig sind, die Frieden stiften;
denn sie werden Gottes Kinder heißen.**

Selig sind, die da Krieg und Elend in aller Welt herbeiführen, und dreimal gesegnet sind, die da Konflikte schüren an Orten, wo keine waren, bevor sie aufgetaucht sind,
denn sie werden sich auf Kosten aller anderen ins Fäustchen lachen können
und kommen nie in die Verlegenheit, Kinder Gottes genannt zu werden.

Selig sind, die um der Gerechtigkeit willen verfolgt werden; denn ihrer ist das Himmelreich.

Selig sind, die da die Seiten wechseln, wenn die Sache zu heiß wird, denn es gibt ja wohl Grenzen, wisst ihr, selbst im Himmelreich – oder?

Der Walthamstower Bibelkreis

Auf manche der Sketche, die Bridget und ich aufführen, reagiert das Publikum mit Fassungslosigkeit, was sowohl positiv als auch negativ sein kann. Der „Walthamstower Bibelkreis" ist ein gutes Beispiel dafür. Der Sketch wirkt immer wieder recht ermutigend auf Menschen, die schon Gemeindeveranstaltungen durchlitten haben, bei denen ihre tiefen und präzisen Fragen mit oberflächlichen Antworten abgespeist wurden. Endlich scheint jemand zu begreifen, dass solche Dinge tatsächlich passieren!

Anderen dagegen fällt es schwer zu akzeptieren, dass altvertraute Formen des Umgangs mit der Bibel und Menschen, die zusammenkommen, um sich auf diese Weise über Schriftstellen auszutauschen, so ohne jeden Respekt aufs Korn genommen werden.

Mir sind sie alle lieb.

JUNE: *(beendet ihre Lesung des Bibeltextes)* „…, sondern er war draußen an einsamen Orten; und sie kamen zu ihm von allen Enden."

LEITERIN: Sehr schön! Vielen Dank, June. Gut, das war unser Text für heute Abend. Und hier habe ich die Fragen, die unser Pastor dazu vorbereitet hat. Erste Frage – und das ist eine sehr gute. Was glauben wir – hat der Aussätzige sich über seine Heilung gefreut oder geärgert? Was meint ihr? Hat er sich über seine Heilung gefreut oder geärgert? Darüber muss man erstmal gründlich nachdenken? Wie wär's, wir neigen uns für einen Moment in die Shampoonier-Stellung und bitten den Herrn um Hilfe dabei, die Antwort auf diese Frage zu finden. *(Pause, während alle sich über den Text beugen)* So, was meinen wir? Hat sich der Aussätzige über seine Heilung gefreut oder geärgert? Möchte jemand anfangen? Ja, Julie?

JULIE: *(unsicher)* Ähm, ich glaube, er hat sich gefreut.

LEITERIN: *(nickt ernsthaft)* Danke, Julie, interessant. Du meinst also, er hat sich gefreut. Und er hat sich gefreut, weil … *(sendet auffordernde Gesten in die Runde)* Ja, Jackie?

JACKIE: Vielleicht, weil – weil er geheilt war?

LEITERIN. Gut! Er hat sich gefreut, weil er geheilt war. Der Aussätzige wurde geheilt, und deshalb hat er sich gefreut. Da steckt eine Menge Bedenkenswertes drin. Noch jemand? Mm! Janine?

JANINE: Ich wollte noch sagen, ich glaube, er hat sich sehr gefreut.

LEITERIN: Wow! Der Aussätzige hat sich sehr gefreut, weil er geheilt war. Er wurde geheilt, und darüber hat er sich nicht einfach nur gefreut, er hat sich sehr gefreut. Eine tiefe Einsicht. Danke, Janine. Ihr Lieben, ich glaube, für den Augenblick sind wir damit so weit gekommen, wie wir können. Also, June, Julie, Jackie und Janine, lasst uns Gott danken für die überreichliche Ernte seines Wortes, indem wir eine Zeit des Lobes und der Anbetung haben. June, würdest du uns bitte leiten?

JUNE: Ja, natürlich. Ich dachte mir, wir singen als erstes Lied Nummer 3492 in unserem Gesangbuch „Süße Sühne": „Was hülfe es dir, zum

Beispiel in Walthamstow herumzulaufen, wenn du nicht Gott in deinem Leben hast?" Und wir singen es – neunundzwanzig Mal?

ALLE SINGEN: Was hülfe es dir, zum Beispiel in Walthamstow herumzulaufen,

Was hülfe es dir, zum Beispiel in Walthamstow herumzulaufen,

Was hülfe es dir, zum Beispiel in Walthamstow herumzulaufen,

wenn du nicht Gott in deinem Leben hast?

LEITERIN: Ich glaube, wir verzichten ausnahmsweise auf die anderen achtundzwanzig Wiederholungen …

In Reihen sitzen und warten, dass etwas passiert

Es gibt ein paar kleine Dörfer, besonders in Yorkshire, durch die Bridget und ich bei unseren vielen Fahrten immer mal wieder kommen. Jedes Mal sagen wir uns, dass wir sie uns irgendwann einmal genauer anschauen wollen, um zu entdecken, was sie zu bieten haben. Ein paarmal haben wir das auch tatsächlich getan und wurden selten enttäuscht. Yorkshire ist voller honigsüßer Geheimnisse.

Das Gleiche passiert mir hin und wieder mit Bibelstellen, die mir aufgefallen sind, mit denen ich mich aber nie eingehend beschäftigt habe. Hier ist ein Beispiel.

Diese äußerst kurze Geschichte über einen Vater und seine beiden Söhne erzählt Jesus im einundzwanzigsten Kapitel des Matthäusevangeliums.

„Was meint ihr zu folgender Geschichte: Ein Mann hatte zwei Söhne. Er ging zum ersten und sagte: ‚Mein Sohn, geh und arbeite heute im Weinberg!'

Aber der antwortete: ‚Ich will nicht!' Später tat es ihm leid, und er ging doch.

Genauso bat der Vater seinen zweiten Sohn. Der antwortete: ‚Ja,
Herr!' Aber er ging nicht hin.
Wer von den beiden Söhnen hat getan, was der Vater wollte?"
Die führenden Priester und Ältesten des Volkes antworteten: „Der
erste."
Da sagte Jesus zu ihnen: „Amen, das sage ich euch: Die Zollein-
nehmer und die Huren kommen eher in das Reich Gottes als ihr.
Denn Johannes kam zu euch und zeigte euch den Weg, den Gottes
Gerechtigkeit fordert. Aber ihr habt ihm nicht geglaubt. Doch die
Zolleinnehmer und Huren haben ihm geglaubt. Nicht einmal, als
ihr das gesehen habt, habt ihr euer Leben geändert. Selbst dann
habt ihr Johannes nicht geglaubt."

(Matthäus 21,28-32; BasisBibel)

Als ich mir schließlich doch Zeit nahm, um über diese Worte nachzudenken, schien mir die zentrale Bedeutung des Gleichnisses zunächst
völlig klar. Der Mann steht für Gott, und die Söhne symbolisieren
zwei Klassen von Juden: die Pharisäer mit ihren Anhängern und die
gesetzlosen Sünder, die sich nie durch besondere Frömmigkeit her-
vorgetan haben. Die Ersteren, die den Anspruch erheben, das Gesetz
streng einzuhalten, lehnen Jesus ab. Die Letzteren, die keinerlei reli-
giösen Status besitzen, antworten auf die Einladung Jesu und werden
gläubig.

So weit, so gut und so wenig überraschend. Doch als ich den Abschnitt noch einmal las, begann ich, mich an etwas zu erinnern. Ich
brauchte eine Weile, aber schließlich fiel es mir wieder ein.

Es ist schon lange her. Ich war eingeladen worden, bei einem Män-
nertag zu sprechen, den eine Kirchengemeinde im Westen von England
veranstaltete. Dafür sollte ich zwei halbstündige Ansprachen als Be-
gleitprogramm für die längeren Vorträge des Hauptredners vorbereiten,
eines bekannten Evangelisten aus Schottland. Naheliegenderweise war
es den Organisatoren wichtig, dass meine Beiträge besonders für Män-

ner relevant und hilfreich wären. Da traf es sich günstig, dass ich selbst ein Mann bin.

Ich machte mir gründliche Gedanken bei der Vorbereitung meiner beiden Ansprachen. Die Liste mit meinen Gliederungspunkten tippte ich säuberlich in Großbuchstaben auf zwei Bögen Papier und klemmte sie in einen nagelneuen blauen Ordner, den Bridget mir am Vortag besorgt hatte. Meine spontanen Nebenbemerkungen zum Thema flatterten mir durch den Kopf wie handzahme Schmetterlinge. Meine zweitbeste Brille steckte in der Brusttasche meines Hemdes. Ich war bereit.

Im Lauf der Jahre hatte ich schon einige solcher Veranstaltungen mitgemacht, und als ich den Saal betrat und mich in die erste Reihe setzte, staunte ich darüber, wie viele Leute da waren. Es müssen über zweihundert Männer gewesen sein, die dort in den Reihen saßen und darauf warteten, was ihnen geboten würde.

Die Veranstaltung begann mit einer Zeit der Anbetung, wie es landläufig genannt wird. In einer einfühlsamen Anbetungszeit kann ich mich restlos verlieren und vollständig wiederfinden, aber das, was jetzt kam, war nicht einfühlsam. Es war emotional brutal und kurzsichtig. Ich fand es scheußlich.

Nach einer kurzen Begrüßung von einem der Veranstalter begannen fünf Männer mit Gitarren, Keyboard, Violine und Schlagzeug mit erschreckender Heftigkeit ihre Instrumente zu bearbeiten. Der Leadsänger, ein anscheinend schwereloser, etwas raubtierhaft wirkender junger Mann mit seltsamen Haaren, der an einer Art Allergie gegen Bewegungslosigkeit litt, ließ die Musiker hinter ihm geradezu komatös wirken. Er war wild, und es war irgendwie schräg.

Etwa nach der Hälfte der ersten Phase musikalischer Raserei wurden die zweihundert Männer lautstark angewiesen, sich von ihren Stühlen zu erheben, um die Gegenwart des Herrn zu feiern, der rettet und heilt und überwindet und weiß der Geier was sonst noch alles. Als ich den Kopf drehte, um mich im Saal umzuschauen, bot sich mir ein Anblick, der mir schon immer zu schaffen gemacht hat. Manchen der Männer, vor allem denjenigen, die am weitesten vorn saßen, schien es tatsächlich gelungen zu sein, sich auf die Ekstase einzulassen. Doch ein viel größerer Teil des Publikums oder der Versammlung hatte sich auf gar nichts eingelassen außer auf einen zeitlupenartigen Krampf voller Peinlichkeit und Unbehagen.

Zur damaligen Zeit wäre es mir schwergefallen, meine Empfindungen in Worte zu fassen. Heute kann ich es. Viele dieser Burschen waren zweifellos in der zarten Hoffnung zu dieser Veranstaltung gekommen, dass ihre Verwirrung, ihre Zweifel, ihre Unzulänglichkeitsgefühle und ihre Furcht vor Versagen ernsthaft zur Sprache kommen und sie Linderung erfahren würden. Es muss ihnen wie ein Höllentrip vorgekommen sein, als ihnen nun die Erwartung übergestülpt wurde, dass alles mit einem gemeinschaftlichen Akt der blanken Unaufrichtigkeit beginnen sollte. Sie taten ihr Bestes, der Erwartung zu genügen. Überall wackelten Männer unbehaglich herum; ein paar setzten ein starres Grinsen auf und zuckten verzweifelt mit den Augen hin und her, als klar wurde, dass eine Flucht nicht infrage kam.

Es wäre vielleicht alles nicht so schlimm gewesen, wenn der musikalische Block zehn Minuten oder so gedauert hätte, aber das war nicht der Fall. Eine Dreiviertelstunde lang ging das so. Es gibt doch sicher, sagte ich mir, als ich dasaß und trübsinnig auf die Wiederkunft Jesu wartete, schon genügend Elend auf der Welt, ohne dass man noch fünfundvierzig fieberhafte Minuten sogenannter Anbetung dazupacken müsste.

Es war nicht fair. Und wie ich später während der Mittagspause feststellte, war es auch kontraproduktiv. Die gnadenlose Einforderung von Emotionen und Frömmigkeit in diesen ersten fünfundvierzig Minuten hatte einige der Männer, die sich mit mir unterhielten, eher dazu gebracht, sich zurückzuziehen, als dazu, einen Schritt nach vorn zu machen. Aus allen möglichen Gründen waren sie noch nicht so weit, ehrlich springen und hüpfen und sich an einem Gott erfreuen zu können, von dem sie noch nicht recht wussten, ob er ihnen rettend zur Seite springen würde oder nicht. Leider waren sie eher abgestoßen als angezogen.

Aber was hat das mit dem Gleichnis von den beiden Söhnen zu tun? Ich schätze, in einem modernen Kontext hätte der Sohn, der so bereitwillig sagte, er würde hingehen und tun, was ihm aufgetragen war, seine augenscheinliche Liebe und Achtung gegenüber seinem Vater vielleicht durch Singen und Tanzen und lautstarke Beteuerungen seiner rückhaltlosen Entschlossenheit, die gestellte Aufgabe zu erledigen, deutlich gemacht. Möglicherweise hätte sich das sogar äußerst eindrucksvoll angehört.

Vater, lieber Vater,
stark und treu ist meine Liebe.
Deinen Willen tu ich gern
und schneid im Weinberg dir die Triebe.
Mein ganzes Leben geb' ich hin
bis zum letzten Zentimeter
im Gegensatz zu meinem Bruder,
dem kleinen Miesepeter.

Das alles hätte gar nichts bedeutet. Er hat es ja nicht wirklich getan.

Der andere Sohn hätte aus seiner augenblicklichen Beziehung zu seinem Vater heraus, egal in welchem Kontext, dasselbe gesagt. Er wollte nicht gehen, und vermutlich hörte sich seine ablehnende Antwort ziemlich schroff an. Wer weiß, was in ihm vorging? Aber später passierte irgendetwas. Seine Herzenshaltung veränderte sich. Er fand einen Grund, ein Sohn zu werden, der willens war, seinem Vater zu gehorchen. Eine gute Nachricht.

Es ist nicht einfach, hier Grenzen zu ziehen. Lobpreislieder können etwas Wunderbares sein und große Wirkung haben, aber wie der gute alte A. W. Tozer gesagt haben soll: „Christen erzählen keine Lügen, sie gehen in die Kirche und singen sie." Das ist vielleicht ein bisschen übertrieben, aber wenn wir den Irrtum begehen, zu meinen, Lautstärke und Energie wären ein gleichwertiger Ersatz für Gehorsam und einfühlsames

Eingehen auf andere Menschen, haben wir möglicherweise eine entscheidende Abzweigung verpasst und werden, auch wenn draußen alles zu blühen beginnt, ein ganz und gar nicht frühlingshaftes Erwachen erleben.

Schuhe

Die Erkenntnis, dass die Freiheit in der Wirklichkeit geboren wird, war hoffentlich immer ein wichtiger Teil des Wirkens der Kirche. Das sagt sich leicht, aber ein Urteil darüber zu fällen, was wirklich ist und was nicht, kann viele Probleme mit sich bringen.

Manchmal liegt nur ein schmaler Grat zwischen den entgegengesetzten Gefahren, entweder alles im Übermaß zu vergeistlichen oder es zu versäumen, dem Heiligen Geist in unserem Leben und dem Leben anderer Freiheit einzuräumen. Der folgende Sketch zeigt ein Telefongespräch zwischen einer Frau mit übersteigertem seelsorgerlichem Diensteifer und einem Mitglied ihrer Kirchengemeinde, das eigentlich mit einem ganz praktischen Problem kämpft. Ursprünglich vor vielen Jahren geschrieben, erinnert der Sketch mich an eine Zeit in meinem Leben, in der ich es mit demselben Problem zu tun hatte wie Ted.

RACHEL: Ah! Hallo! Ted?
TED: Hier Ted, ja. Wer ist da?
R: Hier ist Rachel, Ted. Rachel Bellbrook. Hi.
T: Ach ja, hallo Rachel. Was kann ich für dich tun? Ich bin ein bisschen –
R: Kann ich dir als Freundin – als Schwester im Glauben – etwas sagen?
T: Weiß ich nicht, Rachel. Probier's doch einfach mal.
R: Haha, sehr gut, Ted. Wirklich gut. Aber im Ernst, ich dachte mir,

ich melde mich einfach mal, vielleicht können wir uns ja mal nett unterhalten und schauen, wie es dir so geht. Wie du klarkommst. Mal schauen, was so gewesen ist. Mal hören, wie das Leben so spielt bei dir. Gar kein besonderer Grund. Nur ein netter, äh, Anruf.

T: Ach so, ja. Schön.

Pause.

R: Also dann, äh, wie geht es dir?

T: Gut, Rachel. Danke, mir geht es gut.

R: Gut, gut. Mit deiner Frau alles okay?

T: Alles bestens.

R: Und die Kinder?

T: Denen geht es auch gut.

R: Das Auto läuft?

T: Das Fahrrad. Das Auto musste ich doch verkaufen, als –

R: Das Fahrrad läuft?

T: Ach, es radelt sich ganz wunderbar damit, danke.

R: Hast du in letzter Zeit mal wieder Golf gespielt? Ein Vögelchen hat mir zugezwitschert, dass du lange nicht mehr im Club warst.

T: Ich kann's mir momentan nicht leisten, Rachel, nicht mehr, seit –

R: Geht auch ohne, was?

T: Oh ja, prima!

R: Gut, gut. Du kommst auch ohne Golf zurecht. Also ganz allgemein gesprochen geht es dir …

T: Gut, Rachel. Ganz allgemein gesprochen geht es mir gut.

R: Gut! Prima! Wunderbar! Großartig! *(Pause)* Schön.

Pause.

T: War das alles, Rachel? Ich müsste nämlich eigentlich jetzt –

R: Ich habe dich am Sonntag in der Kirche gesehen, Ted.

T: Gut. Ich habe dich auch gesehen, Rachel.

R: Tatsächlich?! Ja! Gut! Dann, äh, waren wir also beide da.

T: Sieht so aus, Rachel. Mhm.

R: *(beiläufig)* Bei der Kommunion habe ich dich aber nicht gesehen, Ted. *(Pause)* Weit und breit kein Ted, der am, äh, Altargeländer niederkniet, um, äh, die Kommunion zu nehmen. *(Pause)* Also kein, äh … Brot oder Wein für dich diesen Sonntag?

T: So ist es, Rachel.

R: Am Sonntag davor auch nicht, wenn ich mich richtig erinnere.

T: Nein!

R: Und am vorletzten Sonntag auch nicht, Ted.

T: Und an dem Sonntag davor auch nicht, wenn du es genau wissen willst, Rachel.

R: Ted, wenn du zu Hause Probleme hast, findet sich da sicher ein Weg. Ich komme sehr gern vorbei und rede darüber mit dir. Ärger mit deiner Frau? Böse Gedanken? Stehst du zu Hause nicht deinen Mann? Ehebruch? Schreist du die Kinder an? Oder ist es irgendeine heimliche kleine Sünde? Bist du etwa schwul, Ted?

T: Rachel, es ist nicht –

R: Es gibt keinen Grund für dich, nicht am Altargeländer niederzuknien wie alle anderen auch, Ted. Wenn du Zeit hast, diene ich dir gern, und ich will nicht angeben, aber ich habe wirklich eine gewisse besondere Gabe darin, verirrte Brüder und Schwestern zu Bekenntnis und Buße zu führen. Sag es frei heraus, Ted. Mich kannst du nicht schockieren. Was ist es? Begierde? Diebstahl? Oder hast du dich etwa mit okkulten Dingen abgegeben?

T: Meine Güte!

R: Alkohol? Drogen? Unglaube? Komm schon, Ted! Was hält dich davon ab, an diesem Geländer niederzuknien? Mogelst du bei der Steuer? Oder hegst du einen Geist der Kritik? Was nagelt dich sonntags auf deinem Sitzplatz fest? Habgier? Geistlicher Hochmut? Götzendienst?

T: Sei nicht albern. Es ist nur –

R: Ted, gehören wir nicht beide zur selben christlichen Familie?

T: Ja, wenn auch auf verschiedenen Planeten, aber –

R: Vertrauen wir einander?

T: Ja, aber –

R: Also wo liegt das Problem, Bro? Öffne dich und –

T: *(zähneknirschend)* Nenn mich niemals Bro!

R: Schau, mach doch einfach reinen Tisch und sprich über dein Problem, Ted. Ich beobachte jeden Sonntag, wie niedergeschlagen du schaust, wenn es Zeit für die Kommunion ist, und ich weiß – ich weiß einfach, mein lieber Bruder, dass es da etwas gibt, was dich daran hindert, den Mittelgang entlangzugehen und niederzuknien, um deinen Segen zu empfangen. Ich fühle mich geführt, dich jetzt zu ermahnen, dass die Zeit gekommen ist, jede geheime Sünde zu offenbaren und Freiheit zu finden.

T: Ich habe keine geheime Sünde. Schön wär's! Es ist nur –

R: *(laut)* Jetzt ist die Zeit, es zu wagen! Gürte deine Lenden und –

T: Was ich mit meinen Lenden mache, geht nur mich etwas an.

R: Triff die Entscheidung, deine Bürde abzulegen. Ted, heute, da du seine Stimme hörst, verstocke dein Herz nicht. Warum kannst du nicht am Altargeländer niederknien?

T: Hör mal, das geht dich eigentlich wirklich –

R: Sag mir, warum du nicht an diesem Altargeländer niederknien kannst, Ted.

T: Weil ich Löcher in meinen Schuhen habe!

Vom Herzen in den Kopf

Ein Lieblingsmantra in der christlichen Jugendgruppe, in die ich als Teenager ging, betraf den Umstand, dass manche Leute den Glauben (oder Jesus) zwar in ihren Köpfen hatten, dass aber dieses Bewusstsein oder diese Erkenntnis nicht die fünfundvierzig Zentimeter weiter hinunter bis zu ihren Herzen gekommen war.

Eines Tages werde ich vermutlich ein Mantra erwürgen.

Bis dahin ist es der Erwähnung wert, dass es vielleicht für Leute wie Sie und ganz sicher für mich zu einem Zeitpunkt meines Lebens genau umgekehrt sein könnte. Da ist etwas, das in unseren Herzen brennt oder schwelt oder unablässig flackert, das sich aber im Lauf der Zeit ziemlich leblos in unseren Köpfen eingenistet hat. Diese allmähliche, aber tiefgreifende Veränderung mag aus allen möglichen Gründen schwer zu ertragen sein, aber diese Herzenswahrheit ist etwas Wichtiges, das wir in die Arme schließen und an uns drücken müssen, wenn die Dunkelheit herabsinkt und die Worte erschlaffen, wie der gute alte T. S. Eliot vielleicht gesagt hätte. Die Liturgie des Herzens braucht nicht viele Worte und kann auch nichts damit anfangen, aber sie ist nicht weniger echt und vielleicht sogar noch authentischer als manche verbreiteten verbalen Glaubensäußerungen.

Er muss uns kostbar sein, dieser verborgene Raum in uns, wo nur Gott sieht und hört und weiß, was wir brauchen, noch ehe wir ihn bitten.

Wir dürfen nicht nachgeben.

Wir müssen die Nerven behalten.

Wir werden gebraucht werden.

3.

Adrian Plass und das Sommerfestival

Vermutlich war es unvermeidlich, dass die fiktiven Gestalten aus jenem ersten Tagebuch eines frommen Chaoten im Lauf der Jahre zu vertrauten Familienmitgliedern werden würden. Nach und nach kamen weitere Tagebücher hinzu, und auf unseren Reisen durchs Land und durch andere Teile der Welt haben wir stets unser Bestes getan, um immer wieder dieselben Fragen zu beantworten.

Gibt es Gerald wirklich?

Wieso heißt deine Frau Bridget, wenn doch ihr Name im Buch Anne ist?

Warum hat sich Leonard Thynn die Katze ausgeliehen?

Bist du im wirklichen Leben auch so witzig, wie wenn du versuchst, witzige Sachen zu schreiben?

Machst du dir keine Sorgen, dass Nichtchristen, wenn sie deine Tagebücher lesen, denken könnten, in der Kirche ginge es wirklich so zu?

Kürzlich erwachten einige dieser alten Figuren wieder zum Leben, als ich gebeten wurde, eine Schilderung von Adrians Erlebnissen auf einem neuen christlichen Festival zu schreiben. Wie immer wurde daraus eine Gelegenheit zu schauen, was in solchen Welten wirklich vor sich geht im Gegensatz zu dem, was dort eigentlich passieren sollte.

Ein bisschen übertrieben, finden Sie? Nun ja, vielleicht, aber hier ist die Antwort, die ich unzählige Male gegeben habe, wenn jemand mich fragte, wo ich die witzigen Seiten der Kirche finde: „Man muss nur wach sein und hingehen.“

Natürlich kann es auch sein, dass ich mich irre.

Freitag, 10 Uhr
Heute ging's los mit meiner Frau Anne, meinem Sohn Gerald – früher
ein arbeitsloser Witzbold, jetzt ein Witzbold und anglikanischer Pfarrer – und unserer wunderbaren Schwiegertochter Josey, vollständig ge-
nesen von ihrer kürzlichen schweren Krankheit. Können es gar nicht
erwarten, bei dem christlichen Festival anzukommen, das eine ganz
besondere Mischung sein sollte. Meiner Meinung nach haben sie sich
einen sehr griffigen Titel dafür einfallen lassen:

MEHR FÜHRUNGSKRÄFTE BEI DER LOUD AND
PROUD CHRISTIVAL ROCK NIGHT

Finde ich richtig gut, total originell.

Freitag, 21 Uhr
Heute Abend ziemlich spät angekommen (das erste große Event ist
morgen Abend). Zum Glück haben wir uns für eine Hütte entschieden
statt für Camping. Habe ich früher gern gemacht, aber der nächste äußerst enge Raum, der im Dunkeln meinen kalten Leib beherbergt, wird
hoffentlich mein Sarg sein. Alle ganz aufgeregt, aber hundemüde. Ich
werde hier weiter berichten, bis mir der Dampf ausgeht …

Freitag, 23 Uhr
Niederschmetternde Nachricht. Aus meiner Sicht jedenfalls. Anne hat
bis spät heute Abend gewartet, bevor sie es mir erzählte, da sie wusste,
wie es mich runterziehen würde. Minnie Stamp aus unserer Gemeinde
hat bei Anne angerufen und gefragt, ob sie morgen Abend zu uns sto-
ßen könne, und Anne hat ihr für zwei Tage das freie dritte Zimmer in
unserer Hütte angeboten.

Minnie ist meine Nemesis, die Person aus unserer Gemeinde, die
mein Blut mehr zum Kochen bringt als so ziemlich jeder andere Mensch
auf der Welt. Ich habe schon früher in meinem Tagebuch von ihr er-

zählt. Sie ist diejenige, die auf alles, was ich sage, so reagiert, als hätte ich um Seelsorge gebeten, und wie sie mit ihrem kleinen Sprachfehler beim „R" meinen Namen ausspricht, treibt mich zum Wahnsinn, auch wenn sie ja nichts dafür kann.

Manchmal denke ich, wenn es Leute wie Minnie nicht gäbe, wäre das Christsein ein Klacks.

Kann gar nicht glauben, dass ich das eben geschrieben habe.

Samstag, 8 Uhr
Sagte zu Anne, nachdem wir gestern Abend ins Bett gegangen waren: „Weißt du, vielleicht war ich ein bisschen unfair zu Minnie. Ich glaube, morgen sage ich ihr ehrlich, wie ich zu ihr stehe, und bitte sie um Entschuldigung für meine schlechten Gedanken. Was meinst du?"

Anne sagte: „Adrian, ich habe nie vergessen, wie sie einmal sagte, du seist eine leuchtende Kerze an Gottes Weihnachtsbaum, und alle liebten es, wie du funkelst. Ich schätze, je weniger du sagst, desto weniger kann sie falsch interpretieren. Aber das musst du selbst wissen, Schatz."

Wälzte vor dem Einschlafen in Gedanken meinen Plan hin und her. Anne ist sehr klug, aber wisst ihr was – das heißt nicht, dass sie immer recht hat.

Jede Menge Seminare zur Auswahl.

Habe beschlossen, die Entscheidung über das heutige Seminar dem Heiligen Geist zu überlassen. Dazu habe ich Papierstreifen mit dem Titel jeder verfügbaren Veranstaltung aus einem Programmheft ausgeschnitten. Alle klein zusammengefaltet und die für zehn Uhr in eine Sturmhaube gesteckt, die ich aus Versehen mitgebracht habe, die für halb zwölf in eine leere Teeschachtel, die für zwei Uhr nachmittags in eine schwere Metallvase aus dem Wohnzimmer unserer Hütte und die für halb vier in einen von Annes Pantoffeln. Dann stellte ich alle vier Behälter nebeneinander vor mir auf, setzte mich hin, hielt eine Hand über die Sturmhaube und schloss die Augen, um zu beten.

Prompt kam Anne herein. Sie machte ein besorgtes Gesicht und fragte: „Schatz, was machst du denn da?"

Machte die Augen wieder auf und erklärte ihr, nachdem ich in den letzten paar Jahren zu oft in Seminaren mit lauter Fluss- und Mengendiagrammen gelandet sei, hätte ich jetzt beschlossen, die ganze Sache Gott zu überlassen und mich von ihm dahin führen zu lassen, wo er mich haben wollte.

Anne sagte: „Na, dann hoffe ich mal, er hat mehr Glück damit als ich. Du bist ja nie sehr erpicht darauf, dich dahin führen zu lassen, wo ich dich am liebsten hätte. Im Ernst, Adrian, meinst du nicht, Gott wäre es lieber, du würdest deinen Verstand gebrauchen und dir einfach ein paar Sachen aussuchen, die dich interessieren?"

Schloss meine Augen wieder und zupfte ein Stück Papier aus der Sturmhaube. Steckte sie mir in die Brusttasche, ohne einen Blick darauf zu werfen.

Ich sagte: „Anne, ich hoffe und bete, dass dieses und die anderen drei Seminare, die ich gleich ziehen werde, mir die geistliche Nahrung für diesen Tag geben werden. Zu dem ersten gehe ich heute Morgen um zehn. Lass uns frühstücken."

Nicht scharf darauf, heute Abend Minnie Stamp zu sehen. Bin aber zuversichtlich, dass meine neue Herangehensweise die Atmosphäre bereinigen wird.

Samstag, Mittagspause

Neuer Einstieg in den ersten vollständigen Tag des Festivals. Alle bekommen einen Zettel, auf dem steht, dass sie vor dem Beginn der Seminare für zwanzig Minuten in eine GBG (Geistliche Begegnungsgruppe) gehen sollen. Zum Glück landeten Gerald und ich in derselben Gruppe. Fünfzehn Leute saßen im Kreis, alle trugen wir unsere neuen Namensschilder. Schaute mich um und fragte mich, ob wir vielleicht in eine falsche Gruppe eingeteilt worden waren. Etwas seltsam, die Zusammenstellung. Ein bisschen – speziell?

War ein bisschen überrascht, als der Leiter (ein sehr ernsthafter Bursche von zweiunddreißig – demnächst vierzehn, wie Gerald meinte) uns aufforderte, uns unserem Sitznachbarn zuzuwenden und ihm von einer beschämenden Sünde zu erzählen, die wir begangen haben. Echt jetzt?

Rechts neben mir saß ein sehr kleiner, schmächtiger, nervös aussehender Mann namens Brian, links ein Hüne namens Norman mit wildem Blick und äußerst langen Armen. Brian brauchte eine ganze Weile, um sich zu dem Bekenntnis vorzuarbeiten, dass er sich einmal von jemandem auf einem Parkplatz einen noch gültigen Parkschein hatte schenken lassen. Damit habe er die Stadtverwaltung um fünfzig Cent betrogen. Ob ich glaubte, dass er Vergebung erlangen könnte, und könnte ich vielleicht mit ihm beten, dass er Frieden darüber finden möge?

Klar, machten wir.

Wandte mich zu dem Hünen. Er sagte: „Ich habe Jean Shrimpton ermordet."

War im ersten Moment ein bisschen schockiert.

Dann sagte ich: „Entschuldige – meinst du Jean Shrimpton, das berühmte Model aus den 1960ern?"

Er nickte, starrte mir in die Augen und machte grausliche Würgebewegungen mit seinen Händen. Ich wies ihn darauf hin, ich sei ziemlich sicher, dass Jean Shrimpton noch lebe. Darauf er: „Oh, ich glaube, ich meinte eine andere Jean Shrimpton. Ja, bestimmt meinte ich eine andere Jean Shrimpton, eine, die nämlich tot ist, weil ich sie ermordet habe. Oder – jetzt, wo ich drüber nachdenke, war sie es vielleicht gar nicht. Vielleicht war es Arnold Schwarzenegger."

Mit freundlicher Strenge sagte ich: „Na, Norman, ich glaub nicht, dass wir irgendjemanden ermordet haben, oder?"

Er schlang seine Arme um mich (zweimal, wie Gerald mir später erzählte) und sagte mir, ich hätte sein Leben für immer verändert.

Habe da so meine Zweifel.

Ich bekannte Brian eine geringfügige Steuerhinterziehung und Norman eine Unausgewogenheit in meiner Gewichtung von Glauben und

Familie. Beide sichtlich unbeeindruckt und enttäuscht von meinen beschämenden Sünden.

Danach wollte der Leiter, dass wir alle vor der Gruppe zehn Dinge aufzählen, die Gott an diesem Tag für uns getan hatte. Bisschen früh am Morgen für so was, dachte ich mir. Gott war mit mir noch gar nicht so richtig in die Gänge gekommen. Außerdem war ich als Letzter dran, sodass die besten Ideen schon von anderen verbraucht waren. Tat mein Bestes.

Ich sagte beschwingt: „Gott hat mir zehn neue Brüder und Schwestern geschenkt, die ich lieben kann, gleich hier in diesem Kreis, in dem wir sitzen."

Fand ich eigentlich ziemlich gut, aber die anderen reagierten pikiert und wollten wissen, wieso vier Leute in der Gruppe keine neuen Brüder und Schwestern waren, die ich lieben konnte, und ob ich ihnen bitte schön verraten könnte, wer diese vier seien?

Geriet ein bisschen aus der Fassung und sagte: „Nun ja, einer davon ist mein Sohn."

Kurzes Schweigen, dann sagte einer besorgt: „Hat Gott dir denn deinen Sohn nicht auch gegeben, damit du ihn liebst?"

Ich sagte: „Was? Natürlich, aber der ist ja nicht neu, oder? Und die anderen drei sind neue Brüder und Schwestern, die ich lieben kann, aber die Aufgabe war doch, zehn Dinge zu nennen, also habe ich das getan. Passt auf! Ich liebe euch alle, okay? Alle meine neuen Brüder und Schwestern. Ich liebe euch alle – wie viele sind es jetzt? –, alle dreizehn."

Merkte, dass ich drauf und dran war, die neuen Brüder und Schwestern, die mir geschenkt worden waren, damit ich sie liebe, ziemlich nervig zu finden. Atmete erleichtert auf, als es vorbei war und wir gehen durften. Fragte Gerald, welche beschämende Sünde er bekannt hatte.

Er sagte: „Oh, meine Standardantwort. Ich habe gesagt, ich hätte mich in die mittelalterliche Häresie des Modalismus verstrickt."

„Hat ihnen das gefallen?"

„Sie fanden es klasse! Absolut begeistert waren sie. Eine von den neuen Brüdern und Schwestern, die uns geschenkt worden sind, damit wir sie lieben, hat es aus mir ausgetrieben."

„Und jetzt ist es weg?"

„Schwer zu sagen. Sie meinte ja, aber ich erinnere mich nur dunkel, was das überhaupt war. Also könnte es auch noch da sein."

Dachte ein wenig nach, während wir über die Wiese gingen, und fragte dann: „Gerald, findest du, wir sind ein bisschen merkwürdig?"

Er sagte: „Interessante Frage, Papa. Ja. Ich glaube, wir sind – merkwürdig normal."

Kam zehn Minuten vor der Zeit am sogenannten „Vortragsdrehkreuz" an. War mächtig gespannt, in welches Seminar mich der Heilige Geist als Erstes führen würde. Faltete den Zettel aus meiner Brusttasche auseinander und las ihn.

ADMINISTRATIVE PARAMETER IM KONTEXT DESENKODIERTER SEMANTIK

Auf den ersten Blick nicht sehr vielversprechend, dachte ich, beschloss aber, zu vertrauen und zu glauben, dass ich durch den Referenten geistliche Nahrung empfangen würde. Nahm ein Notizbuch und einen Kuli mit in den Raum, setzte mich in die erste Reihe, klappte das Notizbuch auf, knipste den Kuli an und wartete auf Gottes Reden.

Lief drei Jahre später gleich vor der Tür meinem Sohn über den Weg. Zeigte ihm den Titel.

Er sagte: „Hmm, nicht gerade die Wiederkunft Jesu, was? Darf ich mal deine Notizen sehen?"

„Nein."

„Ach, komm schon."

„Na gut, wenn's sein muss."

Ich zeigte ihm mein Notizbuch: „Okay – das hier, Gerald, ist ein Häuschen mit Fenstern und einer Tür und Rauch, der aus dem Schornstein kommt. Das habe ich immer für dich gezeichnet, als du klein warst, weil es das Einzige war, was ich zeichnen konnte. Darunter ist die erste Zeile des Vaterunsers, rückwärts mit der linken Hand geschrieben, weil ich mal sehen wollte, ob ich das hinkriege. Ach ja, und hier sind drei ‚Drei-gewinnt-Spiele‘, die ich gegen mich selbst gespielt habe. Irgendwie habe ich es geschafft, zwei davon zu verlieren. Auf dieser Seite – da habe ich ein paar Folterinstrumente gezeichnet und mir vorgestellt, wie ich sie an dem Referenten ausprobiere. Und darunter, das ist ein Loch, das ich mit meinem Kuli ins Papier gerammt habe, als ich merkte, dass es noch vierzig Minuten dauert und ich nicht rauskann, weil ich in der ersten Reihe festsitze. Ach ja, und hier ist noch mein Brief an die Froschanbeter-Gesellschaft, in dem ich mich erkundige, ob es sie gibt und wie hoch der Mitgliedsbeitrag ist.“

„Das ist doch mal eine gute Idee, Papa.“

„Findest du?“

„Ich würde sofort drauf anspringen. Merkste was? Da fällt mir ein, Mama sagt, dass du dir noch drei weitere Seminare vorgenommen hast.“

„Ich sollte das wohl durchziehen. Mal sehen, was passiert.“

Samstag, 16 Uhr
Habe nur zwei von den anderen Seminaren geschafft. Der erste Referent war ein Mann, der sich nordamerikanisch anhörte und aussah wie der Berg in der Serie „Die Waltons“. Oben auf dem Kopf war er kahl, aber er hatte ganz lange graue Haare hinten und an den Seiten und einen monströsen Vollbart. Er hielt seinen Vortrag auf einer sehr hohen Bühne in einem riesigen, scheunenartigen Saal vor einer Handvoll über die Berghänge verstreuter Leute.

Wie kommt es eigentlich, dass in einer Zeit, in der viele Leute sich – Gott sei Dank – darum bemühen, die Verwendung kanaanäischer Sprache zumindest einzuschränken, andere alles daransetzen, eine völlig neue und ebenso unverständliche Sprache zu erschaffen, mit der sie Gläubige und Ungläubige gleichermaßen in Verwirrung stürzen?

Dieser Mann verkündete im Tonfall einer prophetischen Proklamation, ein erheblicher Teil seiner Mission bestehe darin, „mit dem Erhalter zu triangulieren". Ich und die anderen sechs Zuhörer machten ratlose Gesichter.

Das Seminar um zwei war gut besucht. Es hieß „Entdecke die Tiefenbewegung deines geistlichen Narrativs". Der Referent war ein sehr enthusiastischer, dünnbärtiger Mann, der – man stelle sich das vor – ein Buch geschrieben hatte. Seine schwungvoll vorgetragene zentrale Aussage war, das christliche Leben sei, bei Lichte besehen, ebenso sehr eine Sache des Darms wie des Herzens. Schlich mich leise hinaus, als er an seinen dritten Punkt gelangte: „Einverleibung und Entleerung."

Samstag, 18 Uhr
Wieder in der Hütte erzählte ich Anne, Gerald und Josey von meinen Erlebnissen in der zweiten und dritten Einheit. Allgemeine Heiterkeit.

Gerald sagte: „Wisst ihr was? Ich bin froh, dass wir in einer Hütte sind. Stellt euch bloß mal vor, ihr müsstet zwischen dem Mann, der mit dem Erhalter trianguliert, und dem Darm-Typen auf der Suche nach seinem Narrativ auf der anderen Seite zelten. Ich meine, das könnte eine ziemlich lange Nacht werden."

Josey wäre vor Lachen beinahe vom Stuhl gefallen.

Fragte die anderen nach ihren Seminaren. Anne sagte, sie sei bei einem Vortrag zum Thema „Fromm und freundlich" gewesen, in dem es um die starke Wirkung ging, die es hat, wenn man einfach freundlich zu Leuten ist, die ein bisschen Zuwendung brauchen. Sehr bewegend und inspirierend, sagte sie. Wünschte, ich wäre auch dort gewesen, sagte aber nichts.

Gerald war am Nachmittag in einem sogenannten Prophetie-Workshop. Die Leute wurden aufgefordert, mit geschlossenen Augen ein Stück Stoff aus einem großen Karton zu nehmen und herauszufinden, was Gott durch die Beschaffenheit des Materials zu ihnen sagte. Er erwischte ein gammeliges Stück Jeansstoff mit ein paar ekligen Flecken darauf. Er habe es angewidert weggeworfen und sei gegangen, sagte er, und dann sei er plötzlich in Tränen ausgebrochen und habe den Rest des Nachmittags damit verbracht, für die Leute in seiner Gemeinde zu beten.

Josey nahm seinen Arm und drückte ihn für einen Moment. Anne sah mich an und lächelte.

Josey sagte, sie habe wirklich vorgehabt, ein paar Seminare zu besuchen, habe aber unterwegs ein paar sehr nette Leute getroffen, die der Meinung waren, ein Kaffee und ein Plausch, bei dem man sich besser kennenlernen könnte, wäre jetzt genau das Richtige für sie. Ich solle doch morgen mitkommen und ihre neuen Freunde kennenlernen, meinte sie.

Anne tippte mit dem Finger auf einen Programmpunkt und sagte: „Es sei denn, Adrian, Gott beruft dich zur aktiven Teilnahme an dem spannenden Symposion ‚Christliches Mobiliar‘. Wenn die Veranstaltung so abläuft wie letztes Jahr, wird das eine Zeit der Zeichen und Wunder – und der Kanzeln.“

„Und Schreibtische.“

„Und Lesepulte.“

„Und Kniekissen.“

„Und der Stapelstühle aus Plastik.“

Alle drei lachten sich schlapp.

Manchmal denke ich, mein einziger Daseinszweck auf dieser Erde ist es, für ein bisschen Belustigung bei Josey und Gerald und Anne zu sorgen – und bei Gott.

Josey nahm meine Hand und sagte: „Wunder sind ja schön und gut, Adrian, aber weißt du, was du bekommst, wenn du morgen mit mir kommst?“

„Was denn, Josey?“

„Einen Krapfen.“

Überzeugt.

Samstag, später Abend

Meldete mich freiwillig, zu bleiben und Minnie in der Hütte zu begrüßen, während die anderen vor dem Abendessen noch etwas trinken gingen. Gerald blieb noch einen Moment zurück, als sie aufbrachen. Er sagte: „Papa, ziehst du das wirklich durch, vor Minnie die Hosen runterzulassen, wenn sie kommt?"

Ich erwiderte würdevoll: „Das hat nichts mit ‚Hosen runterlassen' zu tun, Gerald. Ich will nur reinen Tisch machen."

Er machte eine beschwichtigende Geste mit den Händen und sagte: „Okay. Aber ... sei vorsichtig. Wir sehen uns nachher beim Essen."

Bald darauf traf Minnie ein. Half ihr, ihre Sachen in ihrem Schlafzimmer zu verstauen, und machte ihr einen Tee. Dann sagte ich: „Minnie, wir gehen gleich rüber und treffen uns mit den anderen zum Essen, aber solange wir hier noch sitzen, muss ich dir noch etwas sagen, bevor wir gehen."

Sie machte ihr scheußliches Ding mit dem zur Seite geneigten Kopf und sah mich voll schmachtenden Mitgefühls an.

„Adrian, wir alle stehen voll hinter dir. Gott ist für dich da. Fühl dich frei, dein kleines wundes Herz bei mir auszuschütten."

„Nein, nein, so meine ich das nicht. Hör zu, ich wollte dir einfach mal ganz offen sagen, was ich wirklich für dich empfinde, und –"

Zu meinem Entsetzen beugte sie sich vor, hob die rechte Hand und legte mir Zeigefinger und Mittelfinger auf die Lippen.

„Schsch, Adrian", unterbrach sie mich. „Du weißt, dass ich dich liebe, aber nicht so in der Art wie Rachel und Ross. Nicht so wie Leute, die sich morgens wachstreicheln und darüber sprechen, wer mit dem Bettenmachen dran ist. Du bist doch ein verheirateter Mann und hast eine allerliebste Frau. Sei ein starker Junge, Adrian, sei stark. Lass uns jetzt gehen. Wir wollen einander versprechen, nie wieder ein Wort darüber zu verlieren. Es bleibt unser Geheimnis bis ans Ende der Zeit."

Endlich nahm sie ihre Finger wieder von meinen Lippen. Ihre Ermahnung, stark zu sein, kam mir gerade recht. Die schwere Metallvase, die ich für meine Seminarauswahl verwendet hatte, stand nur wenige Zentimeter von meiner rechten Hand entfernt. Einmal kräftig ausgeholt und ich wäre einen wesentlichen Störfaktor meines Lebens los gewesen.

Stattdessen sagte ich: „Minnie, du hast komplett missverstanden, was ich sagen wollte."

Mit einem grauenhaften verschwörerischen Zwinkern sagte sie: „Aber sicher doch, Adrian. Keine Sorge. Es bleibt unser Geheimnis, an das wir uns selbst nur mitten in der Nacht erinnern."

Gab auf und ging mit ihr zum Speisesaal. Die anderen waren schon da.

Als Minnie loszog, um an der Salatbar ihre Schüssel zu füllen, flüsterte Anne: „Wie ist es gelaufen?"

Seufzend flüsterte ich zurück. „Katastrophe. Sie denkt jetzt, ich würde sie in der Art von Rachel und Ross und Wer-ist-mit-dem-Bettenmachen-dran lieben, aber ich soll ein starker Junge sein, und es bleibt unser Geheimnis bis ans Ende der Zeit."

Anne musste so sehr lachen, dass sie sich beinahe an ihrem Getränk verschluckte. Als sie sich wieder erholt hatte, wollte ich sie bitten, Gerald nichts zu sagen, aber sie flüsterte ihm schon ins Ohr, und Josey reckte den Hals, um mitzuhören.

Na ja – wenigstens hatten sie ihren Spaß beim Essen.

Samstag, sehr spät
Bin jetzt viel besser drauf. Nach dem Abendessen gingen wir zur Abendfeier. Immer noch ganz aufgekratzt davon. Endlose Scharen von Leuten, die irgendwie Teil des Leibes Christi sein wollen, trotz all ihrer unterschiedlichen Ängste und Zweifel und Träume und wunderbaren Erlebnisse und unbegreiflichen Enttäuschungen. Mir kamen die Tränen, als wir ein Lied sangen, das mit den Worten anfing „Du rufst mich raus aufs weite Wasser".

Wandte mich zu Anne und flüsterte: „Was glaubst du, was Jesus jetzt denkt?"

Sie sagte: „Ich glaube, er schließt uns in sein Herz."

Später sagte Anne zu mir: „Ich habe dich ja davor gewarnt, mit Minnie zu reden, Schatz. Bei dir scheint sie nie richtig hören zu können, was du ihr sagst."

„Ich weiß", sagte ich. „Du hattest recht. Sag mal, Anne, liebst du mich eigentlich nach der Art von Wer-ist-mit-dem-Bettenmachen-dran?"

Sie lächelte und sagte: „Absolut, mein Schatz, und alle weiteren Details in diesem Zusammenhang bleiben unser Geheimnis bis ans Ende der Zeit."

„Dem Himmel sei Dank."

Überlegte einen Moment und sagte dann: „Anne, was glaubst du, warum Gott mir Minnie über den Weg geschickt hat? Ich meine – ich gehe fast jedes Mal auf die Palme, wenn ich ihr begegne. Vorhin hätte ich ihr beinahe eine schwere Vase auf den Kopf geschlagen. Was soll das?"

Anne gähnte. „Meine Güte, was für eine Frage um diese nachtschlafende Zeit. Vielleicht ist es ein bisschen wie bei Paulus."

„Der Paulus?"

„Paulus, der Apostel. Der hatte doch einen Stachel im Fleisch, nicht wahr? Damit er sich nicht zu viel einbildet. Vielleicht ist Minnie dein Stachel. Leute, die viel für Gott tun, brauchen so einen Stachel, weißt du."

„Ja. Ja, das hört sich gut an."

War schon am Einschlafen, als Anne noch hinzufügte: „Also müsstest du Gott eigentlich für Minnie danken."

Hmm …

4.
Alle Menschen groß und klein

Im Matthäusevangelium heißt es, als Jesus die Menschen sah, habe er Mitleid mit ihnen bekommen, denn sie waren erschöpft und hilflos – wie Schafe, die keinen Hirten haben (Matthäus 9,36). Heute haben wir das natürlich alles im Griff. Heutzutage haben christliche Gemeinschaften keinerlei Anlass, sich erschöpft und hilflos zu fühlen. Es ist ja immer Hilfe verfügbar. Also alles in Butter, oder?

Nein, nicht direkt. Hirten werden immer noch gebraucht, und für jeden, der sich da engagieren will, gibt es genug zu tun. Es wird nie an Menschen mangeln, die eine nicht schikanöse und konstruktive, nicht mobbende Organisation und Hilfe brauchen.

Zu Bridget und mir sind im Laufe der Jahre unzählige Leute sehr freundlich gewesen. Dafür sind wir sehr dankbar.

Ich schätze, wir müssen uns alle darin abwechseln, Hirten und Schafe zu sein. Wenn wir das akzeptieren und uns wirklich dahinterklemmen, werden wir einer ganzen Heerschaar unterschiedlichster Menschen begegnen. Es wird nicht immer leicht sein; in der einen Rolle ebenso wenig wie in der anderen. Schließlich zeigen wir uns nicht unbedingt von unserer attraktivsten Seite, wenn wir erschöpft und hilflos sind. Doch es gibt Veränderung, und der Prozess wird immer faszinierend und lehrreich und demütigend und herzerwärmend sein – und gelegentlich auch höchst unterhaltsam.

Ich könnte Ihnen von Tausenden wirklich lebenden Menschen erzählen, die wir im Lauf der Jahre kennengelernt haben. Hier sind nur ein paar davon – ach ja, und wie Sie sehen werden, auch eine frei erfundene Person.

Hazel

Als ich Hazel kennenlernte, waren wir beide sechzehn Jahre alt. Mein letztes Gespräch mit ihr fand vor zehn Jahren am Telefon statt, kurz vor ihrem letzten Krankenhausaufenthalt. Sie bat mich, für sie zu beten, und diesmal tat ich das auch – jeden Tag, bis ich von ihrem Tod erfuhr.

Hazel ist nur eine von vielen tapferen Überlebenden, denen wir begegnet sind, eine von denen, die an jedem einzelnen Tag körperliche und emotionale Kämpfe zu überstehen haben. Mit ihrer schweren Behinderung von Geburt an war es schon eine schmerzhafte, mühsame Angelegenheit für sie, sich fortzubewegen. Dazu kamen Ereignisse in ihren frühen Jahren, die tiefe Narben in ihrem Innern hinterlassen hatten. Als Teenager war sie bitter und voller Groll. Was immer ich oder andere ihr über den christlichen Glauben erzählten, stieß bei ihr nur auf Verachtung und wütende Ablehnung.

Nachdem ich von zu Hause weggegangen war, um in Bristol zu studieren, sah ich Hazel etwa ein Jahr lang nicht. Dann eines Tages, als ich am Ende eines Trimesters nach Tunbridge Wells zurückkam, traf ich sie direkt vor dem Bahnhof. Etwas war mit ihr passiert. Ein Licht leuchtete in ihr. Sie lächelte mich an. Kein wütender Sarkasmus mehr. Nur wer sie vorher gekannt hatte, konnte das Ausmaß dieser Veränderung erahnen. Ich fragte sie, was geschehen sei.

Daraufhin erzählte mir Hazel, sie sei in den Morgengottesdienst in einer kleinen Pfingstgemeinde oben in der St. Johns Road gegangen. Sie habe sich in die hinterste Reihe gesetzt, so weit wie möglich von der Bühne entfernt und so nah wie möglich am Ausgang, und sie habe mit niemandem geredet. Irgendwann während des Gottesdienstes spürte sie eine Hitze, die ihren ganzen Körper durchlief, vom Scheitel bis zu den Fußsohlen. Sonst passierte nichts, aber diese Hitze schien eine Restwärme in ihrer Seele hinterlassen zu haben.

Hazel hatte weiterhin mit vielen Problemen in ihrem Leben zu kämpfen und musste sicherlich von Zeit zu Zeit abgrundtief dunkle Erfahrungen machen, aber ich weiß, dass das Licht, das in sie hineingelegt worden war, nie erloschen ist. Eine solche Veränderung habe ich vorher oder hinterher bei keiner anderen Person erlebt.

Bridget und ich sind Hazel in den folgenden Jahren bei vielen Gelegenheiten über den Weg gelaufen, und jedes Mal haben wir den Mut, mit dem sie Hindernisse in Angriff nahm, und die Tiefe ihrer künstlerischen Kreativität bewundert. Ein Instinkt, der trotz aller Widrigkeiten niemals erlosch. Wie gerne würden wir noch einmal mit ihr zusammen sein, am liebsten in den „Museum Tea Rooms" in Hove, Sussex, wo sie so gern war und wo wir zum letzten Mal mit ihr Kaffee und Kuchen genossen.

Leider konnte ich bei Hazels Beerdigung nicht dabei sein. Mein Sohn Joe war so nett, an meiner Stelle hinzugehen und vor den Versammelten das folgende Gedicht zu lesen. Es heißt einfach „Hazel".

Hazel,
woran erinnere ich mich?
Katzen und riesige Kunstwerke
und wie kommt man von A nach B,
wenn L und Q dazwischenkrachen und das Pflaster sprengen
und die uralten Bären freilassen,
dann drängt sich X dazwischen, doch es ist kein sanfter Kuss,
es zeigt nur, dass irgendwo etwas misslungen ist.
Schon besser, wenn das T kommt, dich kitzelt mit der Möglichkeit,
dass Tausend dieser Teilbildchen kaum hörbar flüstern:
Oh, Hazel, du bist wunderschön.

Hazel,
woran erinnere ich mich?
Katzen und riesige Kunstwerke,
und jener Schritt raus aus der Dunkelheit
in einen unverhofften Wolkenbruch aus Licht.
Was war an diesem rätselhaften Morgen?

Wie gerne hätte ich es selbst gesehen,
wie das Alkali aus dem Himmel alle Säure
mit vollem, reichem Schwall neutralisierte.
Als ich dich dort in Tunbridge Wells neben dem Bahnhof
traf,
sah ich und spürte ich die umwerfende Kraft der Liebe.
Hazel, du warst wunderschön.

Hazel,
woran erinnere ich mich?
Katzen und riesige Kunstwerke,
ein heimliches Gespür
dafür, was es heißt, etwas zu machen;
zu sehen: Es ist gut.
Und dennoch wusstest du, dass alle unsere Welten unvoll-
ständig sind,
dass Farben fliegen müssen, bis unser Beitrag abgeschlossen
ist
und dort, wo alles neu und voller Liebe ist,
der Eine, der wahrhaftig weiß und der versteht,
dich bei den Händen nimmt und lächelnd zu dir spricht:
Da, schau, ich hab's dir doch gesagt,
es war so wahr, wie Blau wahrhaftig Blau ist,
Hazel, du bist wunderschön.

Vier Menschen, die Geschenke Gottes waren

Den folgenden Brief schrieb ich im Herbst 2015 für meine Website. Manche der Geschenke Gottes waren „unsigniert" in dem Sinne, dass zu dem Zeitpunkt, als wir sie bekamen, nicht zu erkennen war, dass sie etwas mit ihm zu tun hatten. Drei von den Geschenken, die wir durch die vier hier geschilderten Personen empfangen haben, waren genau das. Die Herkunft solcher Geschenke wird allzu leicht übersehen, vergessen oder durch religiöses Tamtam verdrängt. Das vierte Geschenk war keines von der unsignierten Art, aber über unsere Begegnung mit dieser Person zu schreiben war eine der schwierigsten Aufgaben meines Lebens. Wenn Du es liest, wirst Du verstehen, warum.

Liebe Freunde und Lieblingsfeinde,
während ich dies schreibe, schleicht sich unter der Camouflage eines dichten Nebels, der unsere ganze nordenglische Landschaft einhüllt, der Oktober ein. Ich muss zugeben, dass ich eine Schwäche für neblige Morgenstunden habe. Diese frühherbstlichen Tage lösen in mir einen Freudentaumel aus, wenn mir klar wird, dass wir nun wieder in die Jahreszeit eintreten, in der das gedämpfte Tageslicht die Einladung der elektrischen Lampen in die kleinen Cafés, die Bridget und ich viel zu sehr lieben, umso köstlicher funkeln lässt. In den besten davon gibt es nicht nur Kaffee, sondern natürlich auch Walnusskuchen. Und Scones mit Sahne und Konfitüre zum Tee. Und geröstetes Teegebäck. Und Yorkshire-Tee. Und Zitronenkuchen. Und Zeitungen zum Ausleihen. Und das alles mit einem wohldosierten Schuss süßer Melancholie.

Gestern Nachmittag sind wir nach einem arbeitsreichen, aber vielschichtigen Wochenende im Scargill House nach Hause gekommen. Dies war unsere jährliche Veranstaltung mit der ACW, der „Association of Christian Writers". Unter den Teilnehmern waren sowohl Autorinnen und Autoren, die schon etwas veröffentlicht haben, als auch solche, die noch darauf hinarbeiten. Viele von ihnen sind gute Freunde geworden, sowohl untereinander als auch mit uns. Das Thema in diesem Jahr lautete „Von Herz zu Herz", und es ging darum, dass wir aus wahrhaftiger Erfahrung heraus schreiben und darauf achten sollten, dass wir mit den Figuren vertraut sind, die in unseren Erzählungen oder Bühnenstücken auftreten.

Wir sagen allen Teilnehmern herzlichen Dank. Während dieser drei Tage wurden ein paar unvergessliche Texte geschrieben und laut vorgelesen. Wieder einmal staunten Bridget und ich über die tiefen Talente, die ausgegraben werden und zutage treten, wenn Menschen aus Leidenschaft und Wahrhaftigkeit schreiben. Es ist viel passiert, und ich vermute, das wird noch eine ganze Weile weitergehen in den Herzen derer, die im Laufe des Wochenendes, wenn auch mit kleinen Schritten, ihre eigene bedeutsame Reise zur Selbstentdeckung begonnen haben. Ob es um Osterglocken geht oder um Kindheitstraumata, ob in gleichgültigem oder nachdenklichem Ton geschrieben, es wird mit Sicherheit manches zu verarbeiten geben.

Seit unserer Rückkehr hatten auch Bridget und ich ein paar Dinge zu verarbeiten und sprachen wieder einmal über etwas, das uns schmerzhaft auf dem Herzen liegt. Es ist nicht leicht oder angenehm auszudrücken.

Fangen wir damit an, dass ich dir eine Liste präsentiere. Auf meiner Liste stehen vier Leute, und sie haben alle etwas gemeinsam, und zwar nicht nur den Umstand, dass ich über sie alle schon früher bei verschiedenen Gelegenheiten geschrieben habe. Ich vermute, du wirst diese Gemeinsamkeit schnell entdecken. Unser Schmerz hat seine Ursache und Quelle in einem bevorstehenden Ereignis, das mit der letzten dieser Personen zu tun hat. Also los.

Nummer eins auf meiner Liste ist jemand, den ich hier Philip nenne. Philip ging in der Grundschule in meine Klasse. Er war das, was strenge Eltern damals einen „Flegel" nannten. Die meisten von uns gingen ihm so weit wie möglich aus dem Weg.

Es war an einem gewöhnlichen Herbsttag, als wir etwa zehn Jahre alt waren. Auf dem Heimweg von der Schule durch den Park machten sich meine Freunde einen Spaß daraus, meine Schulmütze weit hinaus auf einen verschlammten, dreckigen Tümpel gleich außerhalb des Dorfes zu schleudern. Wir nannten ihn die Mergelgrube. Meine Mütze lag flach auf einem kleinen, plattgetretenen Schilfbüschel in der Mitte, weit außerhalb der Reichweite. Natürlich tat ich so, als fände ich das Ganze furchtbar lustig, obwohl mir innerlich zum Heulen war. Wenn ich ohne meine Mütze nach Hause kam, würde es einen Riesenärger geben.

Philip, der allein des Weges kam, wurde durch die allgemeine Heiterkeit angelockt. Als er merkte, was los war, rannte er zu seinem nahegelegenen Elternhaus und kam prompt in Gummistiefeln wieder zurück. Er schnappte sich einen langen, toten Ast, watete ins Wasser hinaus, barg meine Kopfbedeckung und überreichte sie mir ohne ein Wort. Vielleicht hatte er, und sei es nur für einen kurzen Augenblick, gemerkt, dass wir in unserer Entfremdung Brüder waren.

Die Verbindung hielt nicht lange. Für einen Moment war ich dankbar, aber vor allem war ich heilfroh, wieder einer von der Gang zu sein. Philip trottete allein wieder nach Hause.

Nach der Grundschule verlor ich Philip weitgehend aus den Augen. Wir gingen jeder unseren Weg, ich aufs Gymnasium und er auf die Realschule. Später hörte ich, dass er in diverse Gewaltverbrechen verwickelt war, irgendwann im Gefängnis gelandet und dann früh gestorben war, zermartert von Depressionen und Krankheit. Niemand hatte ein gutes Wort über ihn zu sagen.

Er holte mir meine Mütze zurück.

Der Zweite auf meiner Liste ist ein Mann, dessen Namen ich wohl nie erfahren werde. Er war Gepäckträger an einem Londoner Bahnhof, damals, als solche Leute noch existierten und man ihre Dienste in Anspruch nehmen konnte. Ich war ungefähr fünfzehn und völlig grün hinter den Ohren. Dieser Mann half mir, meine Sammlung unhandlicher Taschen (manche Dinge ändern sich nie, stimmt's?) zur Bushaltestelle vor dem Bahnhof zu tragen. Da mir nebelhaft bewusst war, dass Gepäckträger für ihre Dienste mit einer Art Trinkgeld entlohnt werden mussten, förderte ich zwei Zwei-Schilling-Münzen aus meiner Hosentasche zutage und drückte sie ihm in die Hand. Er musterte die beiden Münzen eine oder zwei Sekunden lang; dann hob er den Blick und schaute mir in die Augen. Im ersten Moment dachte ich, ich hätte etwas falsch gemacht. Vielleicht waren vier Schilling nicht genug. Doch bevor ich reagieren oder etwas sagen konnte, nahm er eine der Münzen von seiner Handfläche, reichte sie mir zurück und ging eilends zurück in Richtung Bahnhof.

Ich hatte diesen Mann noch nie vorher gesehen, und soviel ich weiß, bin ich ihm auch nie wieder begegnet. Im Grunde weiß ich nur eines über ihn.

Als ich jung und naiv war, war er freundlich und großzügig zu mir.

Nummer drei war ein Mann, der in dem Farbengroßhandel arbeitete, in dem ich Mitte der 1970er Jahre einen Ferienjob hatte. Ich war damals in Bromley in der Lehrerausbildung, und Geld war ein knappes Gut für Bridget und mich und unseren einjährigen Sohn Matthew. Es war keine Hilfe, dass wir damals beide noch Raucher waren und die einzige Unterbrechung in der eintönigen Mühsal, Tag für Tag acht endlose Stunden lang Farblieferungen zusammenzustellen, hin und wieder eine Zigarette war. Der Farbe beim Trocknen zuzuschauen gilt landläufig als der Gipfel der Langeweile, aber nur für die, die noch nie in den feuchten Schluchten eines farbverseuchten Universums eine Palette nach der anderen mit Lacken und Emulsionen vollgepackt haben.

Eines Morgens brach ich zur Arbeit auf und ließ meine Zigaretten zu Hause liegen. Geld, um mir neue zu kaufen, hatte ich nicht. Alles, was ich hatte, war meine Busfahrkarte. Ich war verzweifelt. Wie in aller Welt sollte ich einen ganzen Tag unablässiger Lacke-Plackerei überleben ohne Zigaretten, die mir helfen konnten, die Monotonie zu durchbrechen?

George, ein Mitarbeiter, der sich bestens auf die Kunst verstand, sich von unserem Chef nur in den seltenen Momenten sehen zu lassen, wenn er seinen Gabelstapler mit erhöhter Geschwindigkeit und theatralischem Eifer am Ende einer jener endlosen Schluchten vorbeischob, bemerkte während unserer Frühstückspause, dass ich nicht rauchte. Ich erklärte ihm, ich hätte meine Fluppen zu Hause auf der Kommode in der Diele liegen lassen. Er sagte kaum ein Wort dazu, aber von diesem Moment an bis zum Feierabend suchte er mich in regelmäßigen Abständen auf, um mir eine Zigarette aus seiner Schachtel anzubieten.

George war ein stiller, gleichmütiger, unambitionierter Mann von Ende vierzig. Er arbeitete schon seit Jahren in dem Lagerhaus, und soweit man es ermessen konnte, hat er wahrscheinlich bis zum Ende seines Arbeitslebens weiter Farbkanister durch die Gegend geschoben. Ich glaube, zu Hause hat er viel ferngesehen, aber das ist so ziemlich alles, was ich weiß, abgesehen von dieser einen unauslöschlichen Tatsache.

Er merkte, dass ich unglücklich war, und unternahm etwas dagegen.

Und damit kommen wir zu der vierten Person auf unserer Liste und zu dem Grund, der Bridget und mich im Moment so sehr schmerzt. Wir begegneten diesem Mann in der Zeit, als wir bei einer Radio-Talkshow mitarbeiteten, was eine willkommene Abwechslung in unserer Arbeit mit Heimkindern in der ersten Hälfte der 1980er war. Ich nenne ihn hier John. John war ungefähr fünfzehn Jahre älter als wir, ein vielseitig erfahrener Mann der Kirche, der uns durch seine mitreißende Persönlichkeit und seine sanfte, liebevolle Art mit einem Gott bekannt machte, dem es weniger ums Richten und um sinnlose Religiosität ging. Der viel eher ein warmherziger Freund war und ist als die streng dreinblickende Gottheit, die wir uns in unserem Geist und unseren Gedanken zusammengezimmert hatten, seit wir zum Glauben gekommen waren. Johns Gott war nett. Er vergaß einen nie. Ihm lag es viel mehr am Herzen, seine Beziehung zu uns zu reparieren und zu verbessern, als es uns selbst am Herzen lag. Johns Gott war nicht weich, aber man war sicher bei ihm, und er war still entschlossen, uns nicht unseren negativen Seiten zu überlassen. Es war eine Offenbarung. Wie die Sonne, die an einem trüben, lichtlosen Tag die Wolken durchbricht.

Das Verständnis und die Wertschätzung Gottes, die John uns während jener kurzen Jahre mitgab, sind für uns zum Grundgestein unseres Glaubens geworden, und wir werden immer dankbar sein für das Vorrecht, ihn gekannt zu haben. Er putzte die Fenster unserer Wahrnehmung und ließ eine Flut aus Licht herein.

Vor einigen Monaten, viele Jahre nachdem wir Kontakt zu ihm hatten, haben wir erfahren, dass es schwere Anschuldigungen gegen John gibt. Falls sich die Vorwürfe bewahrheiten, wird ihn das in eine tiefe Dunkelheit führen. Wir haben keinen Einwand gegen diesen Prozess. Wo großes Unrecht begangen wurde, müssen Dinge aufgedeckt und entsprechende Strafen ausgesprochen werden. Unser Schmerz entsteht aus dem heftigen Widerspruch in unseren Herzen zwischen dem Friedenskanal, der John zweifellos für uns war in den Jahren, als wir ihn kannten, und der Person, die möglicherweise unfassbar abscheuliche Verbrechen begangen hat.

Kein Mensch besteht nur aus einer Eigenschaft. Keiner von uns ist durch und durch gut oder durch und durch böse. Das Bild eines Mannes, der schweigend etwas in den Staub schreibt, während eine Frau darauf wartet, zu Tode gesteinigt zu werden, muss uns für alle Zeit davon abhalten, selbstgerecht oder abwertend über andere zu urteilen. Gemeinsam ist den vier Menschen auf meiner Liste ihre Bereitschaft, mich und im Falle Johns auch Bridget und viele andere Menschen zu beschenken. Die Geschenke, die diese Personen uns gemacht haben, waren wirklich und echt und gut, was auch immer in ihrem Leben sonst noch vor sich gegangen ist. Falls es je einen Ort gibt, an dem eine endgültige Abrechnung gemacht wird, werde ich ein wenig nervös, aber auch (hoffentlich) gern in der Pflicht stehen, von ihnen zu berichten.

Mag sein, dass ich bisweilen ein bisschen verwirrt bin, aber ich erkenne einen Becher Wasser, wenn ich ihn sehe.

Euch allen meine besten Wünsche,
Euer Adrian

Das Holzmännchen

Wir betonen ja immer gern, dass niemand sich den Weg in den Himmel verdienen kann, aber ich weiß aus Gesprächen mit vielen Christen, dass sie immer noch fest in der Hand eines Gesetzes leben, dessen Forderungen ihrer Meinung nach unweigerlich jedem, der versagt, die Tür vor der Nase zuschlagen werden. Vielleicht war ich auch einmal einer davon. Jetzt nicht mehr. Inzwischen weiß ich, dass wir alle Versager sind, und deshalb ist es gut, dass das Gesetz nicht mehr das letzte Wort hat. Leider habe ich auch gelernt, dass viele Christen nur sehr schwer davon zu überzeugen sind. Manchmal liegt es an einer Art umgekehrtem Stolz, einem sturen, ja geradezu militanten Beharren auf ihrem Recht, über ihren eigenen Wert oder Unwert selbst zu entscheiden. Manchmal ist es aber auch ein echtes Problem für Menschen, deren Selbstwertgefühl durch persönliche Erfahrungen ernsthaft beschädigt wurde.

A: Ich kann an gar nichts anderes denken als daran, wie verdorben ich innerlich bin. Der Sünden sind so viele. Kaum ist man eine los, taucht eine andere auf und nimmt ihren Platz ein. Ich glaube, ich werde nie gut genug sein, um irgendetwas wirklich Nützliches für Gott zu tun. Ja, ich weiß, niemand ist vollkommen, aber …

B: Nun, da du gerade davon sprichst, niemand außer meinem Freund Richard. Er hat noch nie in seinem Leben eine Sünde begangen.

A: Das gibt es doch gar nicht, dass jemand noch nie etwas Falsches getan hat – oder?

B: Doch, bei meinem Freund Richard ist das so.

Pause.

A: Er hat noch nie etwas falsch gemacht? Ein perfekter Christ?

B: Mein Freund Richard – er hat noch nie etwas gestohlen, niemals jemanden ermordet, niemals Ehebruch begangen, nie jemanden beneidet, nie der Lust gefrönt, niemals gelogen, nie eine feige Tat begangen, nie jemanden verletzt, nie jemanden geschlagen, nie jemanden bedrängt, schikaniert oder gehasst –

A: Aber es muss doch –

B: Richard – ehrlich – er war nie habgierig, rücksichtslos oder geizig, er hat nie Müll auf die Straße geworfen, nie Unfrieden gestiftet, ist nie mit zu viel Alkohol im Blut Auto gefahren und hat nie das Eigentum anderer Leute beschädigt. Er hatte nie auch nur einen einzigen unfreundlichen Gedanken, er nimmt nie etwas übel, verbreitet keinen Klatsch und Tratsch, kommt nie zu spät und wird niemals anzüglich oder beleidigend. Er hat niemals irgendeinen Konflikt verursacht, fortgesetzt oder gutgeheißen. Er beklagt sich niemals, er lästert nie, er betrinkt sich nie, er isst nie zu viel, er verehrt keine Götzenbilder und ist nie gemein oder aggressiv oder bösartig.

A: Aber ist das nicht –

B: Richard schaut sich niemals üble Videos an, verurteilt aber auch nicht jene, die das tun; er ist niemals selbstgerecht oder übermäßig sentimental oder hartherzig oder unversöhnlich. Er ist niemals deprimiert, exaltiert oder affektiert. Er raucht nicht, er flucht nicht, er wird niemals grob, er starrt nie jemanden an. Richard hat niemals auch nur eine einzige Sünde begangen. Ach ja, und eine Sache noch.

A: Was denn noch?

B: Er wird nicht in den Himmel kommen.

A: Das überrascht mich nicht. Wahrscheinlich fühlt sich niemand in seiner Nähe sonderlich wohl, oder?

B: Nein, nein, das ist es nicht, es ist – also, weißt du was? Soll ich ihn dir vorstellen?

A: Hmmm ja. Vielleicht. Wann?

B: Jetzt gleich. Warte. Er ist in meiner Tasche.

A: Was?!

B: Da ist er ja. Schau. Er ist ein kleines Holzmännchen. Ich habe ihn geschnitzt. Und in den Himmel kommt er nicht, weil er aus Holz ist.

A: Ja, aber warte mal. Das ist doch ein bisschen unfair gegenüber dem kleinen – Richard. Du sagtest doch – du sagtest doch, er wäre ein perfekter Christ.

B: Nein, sagte ich nicht – du hast das gesagt. Ich habe dir nur alles aufgezählt, was er nie falsch gemacht hat. Das Problem mit dem kleinen – mit dem guten alten Richard ist nämlich, dass er zwar nie irgendeine der Sünden begangen hat, von denen ich gesprochen habe, aber auch nie irgendetwas anderes getan hat. Kann er ja auch nicht. Er ist aus Holz. Also …

A: Also?

B: Also spielt es keine Rolle, ob du für den Rest deines Lebens nie wieder etwas Falsches tust. Das wird dich nicht zu einem Christen machen, und es bringt dich auch nicht in den Himmel.

A: *(Pause)* Aber was denn dann?

B: Nun, das ist eine ganz andere Frage.

Schnappschüsse aus Israel

Vor ein paar Jahren besuchten wir zum ersten Mal das Heilige Land. Die Gruppe, die wir damals mitbetreuten, wuchs uns sehr ans Herz, und allein schon in dieser Weltgegend zu sein war ein unvergessliches, komplexes Erlebnis. Hier sind nur drei Schnappschüsse von dieser Reise.

Erster Schnappschuss

Wir sitzen auf steinernen Stufen, eigens gebaut für Touristen und Pilger, und schauen hinab auf ein schmales, träge dahinfließendes Wasserband. Wir sind umringt von eifrig knipsenden Gruppen aus mindestens vier anderen Ländern. Alle scheinen ganz aufgeregt darüber zu sein, dass sie hier sind.

Ich ertappe mich bei der Frage, ob das denn wirklich der Jordan sein kann. Mein inneres Bild des berühmten Flusses ist wohl überproportional aufgebauscht durch seine große Bedeutung in verschiedenen Teilen der Bibel. Die Texte jedoch, die mir in diesem Moment als Erstes einfallen, betreffen Naaman, den Heerführer des Königs von Aram, der von dem Propheten Elisa die Anweisung erhielt, sich siebenmal im Jordan zu baden, um seine Hautkrankheit loszuwerden. Ich vermute, Naaman warf zuvor erst einmal einen Blick auf den verschlammten israelischen Fluss, denn er kam zu dem Schluss, dass seine Chancen doch im Abana oder im Parpar, den herrlich klaren Gewässern in seiner heimatlichen Gegend von Damaskus, erheblich besser sein müssten.

Schließlich änderte er jedoch seine Meinung. Zu seinem Glück und zum Glück derer, denen etwas an ihm lag, aber ich kann ihn schon verstehen. Man hat den Eindruck, dass ein Sprung in diese zähflüssige Brühe mehr schaden als nützen könnte.

Zum Glück behalte ich meine negativen Gedanken für mich, denn ein paar andere in unserer Gruppe sind aus ihren jeweils eigenen Gründen davon überzeugt, dass eine Taufe im Jordan genau das sei, was sie brauchen – und sie haben völlig recht. Mir kommen die Tränen, als diese bereitwilligen Seelen eine nach der anderen für endlose zwei Sekunden unter der undurchsichtigen Oberfläche verschwinden und mit einem Ausdruck auf den Gesichtern wieder auftauchen, den ich nicht einmal versuchen werde zu beschreiben.

Ebenso bewegend ist es, wie zwei Mitglieder unserer Gruppe alle konfessionellen oder theologischen Differenzen beiseitelassen, um an denen, die ins Wasser hinabgestiegen sind, die Taufe zu vollziehen. Am Ende tunken sich diese beiden Männer, die für unsere Gruppe in vielfacher Hinsicht ein großer Gewinn sind, gegenseitig unter Wasser, verschwinden wie zwei sehr ungeübte Synchronschwimmer in den Fluten und tauchen einen Augenblick später mit breit strahlenden, tropfnassen Gesichtern wieder auf.

Der Jordan fließt hier schon sehr lange, aber es scheint, dass der Heilige Geist da unten zwischen den Fischen immer noch für individuelle Begegnungen zur Verfügung steht.

Zweiter Schnappschuss

Manche Mitglieder unserer Gruppe haben Probleme mit der Mobilität. Ich bin einer davon. Meine Mitreisenden sind jedoch sehr hilfsbereit und geduldig. Und die meiste Zeit treibt mich der Wunsch an, alles zu sehen, was möglich ist auf einer Reise, die sich vielleicht nie wiederholen wird. Hin und wieder jedoch wird es mir zu viel. Dies ist einer dieser Momente: Entweder falle ich jetzt um, oder ich finde einen Sitzplatz. Letzteres ist mir lieber, und während die anderen ein Gebäude betreten, in dem sich angeblich das Grab des Lazarus befindet, beschließe ich, meinem schmerzenden Rücken eine Pause zu gönnen, und setze mich auf eine niedrige Mauer. Gegenüber sehe ich den „Lazarus Souvenir Shop", ein Geschäft, das der kleinen Familie in Betanien, die Jesus so gerne besuchte, vermutlich noch nicht zur Verfügung stand.

Neben mir auf der Mauer sitzt ein Mann, dessen Arme und Beine und ganzer Körper verdreht und deformiert sind. An seiner Seite steht ein Pappkarton voller bunter Lesezeichen mit mehr oder weniger christlichen Motiven. Ein handgeschriebenes Schild bittet um „Spenden" von denen, die sich aus dem Karton bedienen möchten. Ich stelle mich vor und frage ihn nach seinem Namen.

Lächelnd antwortet er in völlig klarem Englisch: „Ich heiße Zid."

Ich denke im ersten Moment, das wäre nur ein bisschen falsch ausgesprochen.

„Ah", plappere ich, „Sid ist ein englischer Name, die Kurzform von Sidney."

„Nein, nein, ich heiße Z-z-zid." Er lässt den ersten Buchstaben lange summen, damit ich ihn auch ja richtig verstehe. „Und Zid ist die Kurzform von William."

Ich bin ein wenig irritiert über diese offenkundige Fehlinformation, aber ich mag Zid. Er ist ein sehr freundlicher Kerl. Ich deute auf seinen Karton.

„Und diese Sachen verkaufst du?"

„Ich verkaufe sie nicht. Ich nehme nur Spenden. Mein Onkel stellt sie für mich her."

„Ich verstehe. Und bist du Christ, Zid?"

„Nein, ich bin Muslim."

„Darf ich dich etwas fragen?"

„Natürlich"

„Du bist Muslim, aber du verkaufst den ganzen Tag christliche Souvenirs an die Touristen, ebenso wie viele andere Muslime hier in Betanien und an vielen anderen Orten. Ist das – also, macht es euch etwas aus?"

Das schiefe Lächeln, mit dem Zid diese Frage quittiert, ist eine seltsame Mischung aus Traurigkeit und Mitleid. Ich schätze, er merkt, dass ich ein besonders ahnungsloser Ausländer bin.

„Du musst verstehen", sagt er freundlich, „dass wir hier sehr arm sind."

Ich komme mir ein bisschen verloren vor in dem Schweigen, das nun folgt. Dann fällt mir etwas ein.

„Zid", sage ich, „du bist Muslim, und ich bin Christ. Darf ich dir ein paar Worte sagen, die ein muslimischer Dichter namens Dschalal ad-Din Rumi vor ein paar Hundert Jahren geschrieben hat?"

„Ja, natürlich."

„Er schrieb sinngemäß: ‚Jenseits von richtig und falsch liegt ein Ort. Dort treffen wir uns.' Vielleicht können wir beide uns dort auch eines Tages treffen."

Zid nickt freundlich zum Einverständnis. „Abgemacht."

Bevor ich gehe, reiche ich meinem neuen Freund die Hand. Er hebt mühsam seinen missgebildeten Arm, schüttelt mir die Hand und hält sie dann noch einen Moment fest.

„Dieser Ort", sagt er, „wenn wir uns dort treffen, bringst du mir etwas mit?"

„Ja, gern. Alles, was erlaubt ist. Was hättest du denn gern?"

Ich bin wirklich neugierig. Was für ein besonderes Geschenk wünscht sich Zid von mir bei unserer Begegnung in einer mystischen Zukunft?

„Eine große Tafel Cadbury-Vollmilchschokolade. Kannst du mir so eine mitbringen?"

Wir müssen beide lachen.

„Ja", sage ich, „wenn es irgendwie möglich ist, verspreche ich dir, mein Bestes zu tun, um dir eine Maxi-Tafel Cadbury-Schokolade mitzubringen. Bis dann, Zid."

Später befällt mich ein Gefühl der Traurigkeit und Frustration. Hätte Jesus neben Zid gesessen, so hätte er dem armen Mann seine Sünden vergeben und ihn körperlich geheilt. Die krummen Glieder wären gerade und stark geworden. Ich habe überlegt, ob ich ihm anbieten soll, für ihn zu beten, aber der Glaube und der Mut dazu haben mich verlassen. Die Worte wollten einfach nicht aus meinem Mund kommen. Schade. Ich wünschte, sie wären gekommen. Aber ich bin auch froh, dass sie nicht gekommen sind. Die Wahrheit macht uns immer frei, und manchmal ist das wunderbar. Aber manchmal ist es nicht leicht, diese Freiheit auch zu leben.

Ich hoffe, Gott wird es möglich machen, dass Zid und ich uns eines Tages an jenem Ort treffen. Gibt es im Himmel eigentlich Schokolade?

Eine Stimme flüstert: „Alles ist möglich – sogar Schokolade."

Dritter Schnappschuss

Wir hatten das Glück, am friedlichen Gartengrab in Jerusalem eine wunderbare englische Führerin zu treffen, die die turbulente Verwirrung, die bei einigen von uns entstand, als wir erfuhren, dass Ereignisse von entscheidender Bedeutung an verschiedenen Orten stattgefunden haben könnten, behutsam beseitigte.

„Vielleicht wurde er hier begraben", sagt sie, „vielleicht auch nicht. Aber das spielt eigentlich keine Rolle, denn das Wichtigste ist, dass er auferstanden ist."

Hunderttausende, wohl eher Millionen Menschen kommen jedes Jahr ins Heilige Land, um nach Jesus zu suchen. Es ist ein wunderbares, verwirrendes, erschreckendes, aufregendes inspirierendes und ungemein aufschlussreiches Erlebnis, aber unsere Führerin hat absolut recht. Der Heilige Geist ist hier und überall, aber der Gekreuzigte ist Gott sei Dank nicht hier. Er ist auferstanden.

Die Wachstumsschmerzen von Simon Petrus

Für mich hat Schreiben viel mit Neugier zu tun. Es würde mich zum Beispiel brennend interessieren, herauszufinden, was wohl passieren würde, wenn ich in einer himmlischen Kneipe mit Simon Petrus ein Bier trinken würde. Natürlich habe ich eine ungefähre Vorstellung davon, in welche Richtung das Gespräch vermutlich laufen wird. Ich gehe ja nie irgendwohin ohne meine Ansichten, Vorurteile und das eine oder andere solide Steckenpferd. Was für eine Last.

Das Aufregende ist jedoch, dass Zuhören einen seltsam reinigenden Effekt auf die Wahrnehmung hat. Manchmal kommt es mir vor, als ob ich von meinen eigenen Denkprozessen einen Schritt zur Seite trete und dann, wenn wir beide wieder vereint sind, feststelle, dass wir beide unsere Meinung ändern mussten. Ein höchst befremdliches Erlebnis. Hier ist ein Beispiel.

Ich habe eine Reihe langfristiger Ziele in Bezug auf meinen ewigen Aufenthalt im Himmel. Von einem davon möchte ich jetzt erzählen. Damit diese Hoffnung sich erfüllen kann, müsste es in der Straße, in der sich meine himmlische Wohnstatt befindet, eine Kneipe geben. Dieses zweite Wohnzimmer, hell leuchtend wie das Ende einer dicken Zigarre an einem dunklen, aber himmlischen Herbstabend, wird der perfekte Ort für traute Gespräche mit Menschen sein, die mich schon immer fasziniert haben, aber zu meinen Lebzeiten nicht auf der Erde weilten.

Ich weiß nicht genau, wie in einer so verwirrend fließenden Umgebung eine konkrete Terminplanung vonstattengehen soll, aber mein großer Wunsch ist ein Treffen mit Simon Petrus bei meinem ersten Besuch in diesem Lokal.

Wenn wir uns dann behaglich in einer Ecke der Kneipe niedergelassen haben, werden der große Fischer und ich hoffentlich unsere dreifach frittierten Chips in den Ketchup tunken und uns unser Harvey's Best Bitter über die Zunge laufen lassen (in jener Heimat aller Wunder werden hoffentlich alle meine Lieblingsbiere aus nie versiegenden Fässern gezapft), und ich werde endlich all die Fragen stellen können, die sich bei mir über die Jahre angesammelt haben. Ich kann mir sogar schon fast vorstellen, wie das Gespräch verlaufen könnte.

ADRIAN: Danke. Gutes Bier.

PETRUS: Mmmm! *(nickt begeistert und schnipst Bierschaum von seinem haarigen Kinn)* Stark, nussig und Zimmertemperatur.

A: Hervorragend! Gut. Ach, da fällt mir ein, Petrus – du hast doch nicht etwa deine Schlüssel vergessen?

P: *(tut spielerisch so, als würde er mit einer Pistole auf mich schießen)* Der ist gut! *(wir beide lachen schallend)*

A: *(nach einer geselligen Pause)* Also, Petrus, wie du wahrscheinlich weißt, bin ich gerade erst angekommen hier im, äh …

P: Himmel?

A: Ja. *(schaue mich um)* Im Himmel. Die Sache ist die, ich bin unheimlich froh, dass du heute Abend hier bist, denn es gibt da etwas, das ich dich schon lange fragen wollte. Ich hätte nie gedacht, dass ich einmal die Gelegenheit dazu kriege. Aber jetzt sitzen wir hier! Es ist nur so, dass es ein bisschen – nun ja – es ist ein bisschen persönlich. Ist das okay für dich?

P: Na klar doch. Schieß los.

A: Okay. Also. Weißt du noch, wie Jesus sagte, du würdest der Fels sein, auf den er seine Gemeinde bauen werde?

P: Mhm! Ich erinnere mich. Das war, gleich nachdem er uns Jünger gefragt hatte, ob wir uns aus dem Staub machen wollten wie alle anderen. Ich sagte daraufhin sinngemäß: „Aus dem Staub? Ja wohin denn? Wir wollen wissen, wie wir ewig leben können. Du bist es, der uns alle Fragen beantworten kann." Da hat er sich gefreut wie Bolle.

A: Wie Bolle?

P: *(erfreut, aber ein bisschen verlegen)* Ach ja, den Ausdruck habe ich letzte Woche hier in der Kneipe aufgeschnappt. Gut, oder? Wie Bolle! Gefreut wie Bolle! Er hat sich gefreut wie Bolle!

A: Mhm. Na gut. Also, ich wollte dich Folgendes fragen. Als du das gehört hast mit dem Felsen, wie hast du – na ja – wie hast du dich dabei gefühlt?

P: Mhm. Gute Frage. *(nickt langsam)* Seltsam. Es war seltsam. Ich meine – auch gut irgendwie. Erwählt zu sein und so, um ein – Fels zu sein. Aber ganz ehrlich? Mir war überhaupt nicht klar, wovon er da redet, und ich kam mir hinterher genauso wenig wie ein Fels vor wie vorher. *(zuckt mit den Schultern)* Ich versuchte, meine Schulter breiter zu machen und ein bisschen mehr wie so eine Art Felsen auszusehen, aber nein, gefühlt habe ich mich nicht so.

A: Wie hast du dich denn gefühlt?

P: Äh … *(überlegt)* Ich glaube, ich habe mich gefühlt wie – ein Marshmallow.

A: Kann nicht sein. Damals gab es doch noch gar keine Marshmallows, oder?

P: Nein, aber ich habe sie ein paarmal probiert, seit ich hier angekommen bin. Ich habe alles Mögliche probiert, seit ich hier bin. *(reibt sich die Hände)* Das macht mir einen Riesenspaß! Aber ja, so habe ich mich gefühlt. Weich. Wabbelig. Wie ein Marshmallow. *(macht eine knetende Bewegung mit den Fingern)* Irgendwie – schwabbelig. *(denkt einen Moment nach)* Aber es war so – ich weiß nicht, ob du das verstehen kannst –, dass wir immer, wenn er uns sagte, wir seien dieses oder jenes, unwillkürlich daran geglaubt haben, auch wenn es überhaupt keinen Sinn ergab.

A: Weil er es war, der das sagte, meinst du?

P: *(wedelt mit dem Zeigefinger)* Genau! Weil er es war, der das sagte. Ich meine – ich erinnere mich zum Beispiel an unser letztes Essen mit ihm, bevor er ging, um – du weißt schon. Als wir mit dem Essen fertig waren, schaute er in die Runde, ganz ernst, und sagte, einer von uns würde ihn verpfeifen. Verraten. Also, wir waren alle völlig fertig. Ich weiß noch, wie ich Johannes zuflüsterte, er solle ihn fragen, wer von uns das sei. Als wir uns hinterher darüber unterhielten, kam heraus, dass wir alle, mit einer Ausnahme, natürlich überlegten, ob wir das vielleicht sein könnten. *(stellt sein Glas ab und hebt die Hände, um seinen Worten Nachdruck zu geben)* Nun, er hatte es doch gesagt! Also … *(Pause)* Klar, einer von uns – einer von uns wusste, dass er derjenige war. Du weißt ja, wer es war, oder? *(wieder eine Pause, bevor er leise fortfährt)* Und machen wir uns nichts vor, ein bisschen später – wie du wahrscheinlich weißt, es weiß ja so ziemlich jeder – war ich es auch.

A: *(lebhaft, nach einer angemessenen Pause)* Okay. Nochmal zurück zu dem Moment, wo du hörtest, dass ein Fels aus dir werden sollte – Entschuldigung, ich meine der Fels – was passierte dann?

P: Jede Menge. *(rutscht unbehaglich auf dem Stuhl herum)* Ich schätze, ich habe mich wohl von der ganzen Sache ein bisschen hinreißen lassen. Irgendwie kam ich auf den Gedanken, ich könnte vielleicht etwas für ihn tun – Sachen wieder einrenken und so.

A: Das ging ein bisschen schief, nicht wahr?

P: *(nickt traurig)* Ein bisschen, ja. Könnte man so sagen. *(beugt sich vor)* Du hast die Geschichte wahrscheinlich schon gelesen. Du musstest nicht damit leben, dass es da ein Buch gibt, in dem in allen Einzelheiten geschildert wird, wie idiotisch du dich während drei Jahren deines Lebens benommen hast, oder?

A: *(nach kurzem Überlegen)* Nun ja, in gewisser Weise schon … Aber erzähl nur. Ich möchte es von dir hören.

P: *(ein wenig überrascht)* Oh. Na ja, wie auch immer, das meiste, was ich vorher und nachher für ihn zu tun versuchte, war bestenfalls lächerlich, und im schlimmsten Fall waren es totale Schnapsideen. *(Schweigen)* Du willst bestimmt die ganze Liste hören, oder?

A: Nur wenn –

P: Na schön! Nein, ist schon gut. Na schön. Ohne bestimmte Reihenfolge. Wo soll ich anfangen? Ach ja. Damals auf dem Berg. Die Sache mit der Verklärung, wie du es nennen würdest. Prima Gelegenheit für mich, ein bisschen zu glänzen – oder auch nicht. Wir kommen auf dem Gipfel an, war ein ziemlich langer Marsch, hoffentlich gibt's jetzt erstmal eine Pause, und dann bin ich so überwältigt davon, wie Jesus sich in eine menschliche Fackel verwandelt *(er ist übrigens der Einzige, der glänzt)* und wie dann auch noch die beiden geistlichen Giganten Mose und Elia bei ihm auftauchen, wie geistliche Giganten das eben so machen, dass ich mich nützlich zu machen versuche, indem ich ihnen anbiete, ihnen ein Dach über dem Kopf zu bauen. Aber wieso sage ich so etwas? Womit sollte ich etwas bauen? Ich hatte kein Werkzeug. Kein Material. Holz gab es nicht. Ich plapperte einfach mit dem ersten Gedanken los, der mir durch den Kopf schoss. Am liebsten wäre ich im Boden versunken. Super gemacht, Fels! Genial.

A: Ja, aber woher solltest du wissen –

P: Weiter geht's. Andere Gelegenheit. Eine ganze Weile später. Er versucht mir die Füße zu waschen. Er wäscht mir die Füße. Natürlich sage ich „NEIN!" und mache großspurig einen auf falsche Demut und bilde mir ein, dass er das gute Beispiel zu schätzen weiß, das ich den anderen gebe. Und er schaut mir direkt in die Augen und sagt mir im tiefsten Ernst, dass ich mit ihm nichts zu schaffen haben kann, wenn ich mir nicht von ihm die Füße waschen lasse. Und dann, was mache ich? „Ja! Ja! Ja!" Ich fange an zu krakeelen wie ein Fünfjähriger, dass er mich am ganzen Körper waschen soll, nicht nur die Füße, alles! *(schüttelt den Kopf)* Ich kann dir sagen, ich werde jetzt noch knallrot, wenn ich nur daran denke.

A: Aber meinst du nicht –

P: Und wir dürfen auf keinen Fall den Klassiker vergessen, oder? Unfassbar! Was mache ich? Hör dir das an. Kaum hat er mich Fels genannt, nehme ich den Sohn Gottes zur Seite, um ihm ein bisschen den Kopf zurechtzurücken, ist das zu fassen? Um ihn zurechtzuweisen. Hmm? Um ihm eine Standpauke zu halten. Der Fels, das Fundament der Gemeinde, greift mal durch und sorgt für Ordnung. Ich habe Klartext mit ihm geredet. „Diese Sache mit dem Sterben vergessen wir jetzt mal ganz schnell wieder", sagte ich. „Da wird nichts draus. Ich werde persönlich dafür sorgen, dass dir ein langes, glückliches Leben beschieden ist."

A: Davon war er nicht beeindruckt.

P: Nein, er war nicht beeindruckt. Das hat ihm nicht gefallen. Es war richtig gruselig. Er warf mir Namen an den Kopf – einen bestimmten Namen, um genau zu sein. Der springende Punkt, der Punkt, den ich nicht verstanden hatte, der Punkt, der mir einfach nicht in den schwerfälligen Schädel wollte, war, dass er liebend, liebend, liebend, liebend gern ein langes und glückliches Leben geführt und Fische gebraten und Geschichten erzählt und wer weiß was noch alles getan hätte. Klar, in dem Moment kapierte ich das einfach nicht, aber im Grunde läuft es darauf hinaus, dass ich tatsächlich versuchte, ihm in aller Sachlichkeit und Vernunft und Freundlichkeit die Rettung der Welt auszureden. Aaah! Stell dir das vor! Satan benutzt den frisch ernannten Felsen, um all das zu zerschlagen, was auf ihm aufgebaut werden soll. *(schüttelt fassungslos den Kopf)* Wenn das keine Ironie ist.

A: Hör mal, du musst jetzt nicht auch noch darauf zu sprechen kommen, was –

P: Einer der schwersten Momente. Ich erzähle dir davon. *(ringt mit der Erinnerung)* Eines Tages rief er mich zu sich und setzte sich mit mir zusammen. Nur er und ich. Wir saßen einander gegenüber, dicht beisammen. Und ich muss sagen, er redete mit mir wie mit einem echten Freund. Er konnte das. Er konnte manchmal auch ein heiliger Schrecken sein, das kann ich dir sagen. Aber diesmal nicht. Er war sogar richtig – sanft. Aber das, was er sagte – also, das kehrte mir die Eingeweide nach außen. Satan wolle mich durchsieben und prüfen, sagte er mir. Wie Weizen. Ist das zu fassen? Mich! Ich verstand nicht, wieso ich geprüft werden sollte. Ich war stark. Ich war zuverlässig. Ich würde ihn nie im Stich lassen.

Das waren meine Gedanken. So dachte ich wirklich. *(erinnert sich einen Moment lang schweigend)* Er werde für mich beten, dass mein Glaube nicht aufhört, sagte er dann. Und ich solle meine Brüder und Schwestern stärken, wenn ich zurückkäme von wo auch immer ich hingehen würde. Ich sagte es ihm klipp und klar. Ich gehe nirgendwohin. Ich stehe dir zur Seite.

Und weißt du was? In dem Moment sah er richtig traurig aus. Wirklich traurig. Er sprach ganz leise. „Petrus, mein Freund", sagte er, „du wirst mich dreimal verraten, ehe der Hahn kräht."

Und mich packte die Panik. Ihn verraten? Unvorstellbar. Das Problem war nur – er hatte es gesagt. Er hatte es gesagt. Fels? Ein Löffel Pudding, das war ich! Grauenhaftes Gefühl.

A: *(leise)* Wie war es im Garten?

P: Ach ja. Der Garten. Getsemani. Was passierte, als drei von uns mit ihm nach Getsemani gingen? Zur Unterstützung, dafür waren wir da. Ich weiß nicht, was die anderen dachten, aber ich wusste, dass das meine Rolle war. Der starke, zuverlässige Unterstützer. Und was mache ich? Ich schlafe ein. Zwei Mal. Der schnarchende Fels. Er war völlig am Ende. Total fertig. Es tat ihm entsetzlich weh. Und mitten in alledem, ob du es glaubst oder nicht, machte er sich Sorgen darum, dass unsere Gemeinschaft auseinanderbrechen könnte. *(starrt für einen Moment ins Leere, in der Erinnerung versunken)* Er war in einem furchtbaren Zustand in jener Nacht. Völlig zerrissen. Ungelogen – er schwitzte Blut. So hatte ich ihn noch nie erlebt. So hatte ich noch nie irgendjemanden erlebt.

Später dann in derselben Nacht, als diese verd– … als sie kamen, um ihn festzunehmen, war ich hellwach, und jetzt kam meine große Chance, zu zeigen, dass ich es wirklich ernst meinte damit, ihm zur Seite zu stehen. Ich zückte mein Schwert, um ihn zu verteidigen, und schlug um mich. Hätte mal besser zielen sollen. Am Ende hatte ich einem von den Kerlen ein Ohr abgeschnitten. Fünf Sekunden später hatte der Kerl ein neues Ohr.

„Steck dein Schwert weg. Ich brauche es nicht. Tausend Engel stehen in Alarmbereitschaft. Die brauche ich auch nicht."

Er brauchte mein Schwert nicht. Er brauchte mich nicht. Ich starrte ihn bloß an. Einen Moment lang konnte ich mich nicht rühren. Dann schlich ich mich davon in die Dunkelheit.

Und wie inzwischen die ganze Welt weiß, hatte er mit der anderen Sache auch recht. Unten im Hof hörte ich mich dreimal hintereinander zetern und rufen, ich hätte nichts mit ihm zu schaffen. Ich kenne ihn gar nicht! Ich kenne ihn nicht! Ich habe nie ein Wort mit ihm gewechselt. Warum sollte ich mich mit so einem Loser abgeben? Dann fing dieser Hahn an zu krähen. Ich hätte ihm den Hals umdrehen können. *(Pause)* Er drehte den Kopf und sah mich an.

A: *(leise)* Was war das für ein Gefühl?

P: Ich brach in Tränen aus. Rannte weg wie von der Tarantel gestochen. Der Fels, auf dem er seine Kirche aufbauen wollte, war ein heulendes Stück Elend unten im Schatten neben dem Tor. *(wedelt mit der Hand)* Ach, keine Sorge. Das ist alles Vergangenheit – falls die Vergangenheit überhaupt noch existiert. Und das Unglaubliche ist, und ich meine wirklich unglaublich, dass sich am Ende alles gut gefügt hat.

A: Ja. Ja, das hat es, nicht wahr? Aber was hat denn den Unterschied gemacht – am Ende, meine ich?

P: Auch eine gute Frage. *(nach ernsthaftem Nachdenken)* Im Grunde war es so, dass er mich dazu brachte, alle meine gewohnten Waffen niederzulegen. Ausnahmslos. Er machte mich überflüssig. Das hätte mir beinahe den Rest gegeben. Ich war – überhaupt nichts mehr. Aber jetzt weiß ich: Er musste das tun. Und später dann, als er aufgehört hatte, tot zu sein, briet er am Seeufer Fisch für mich. Das war schön. Wunderschön. Er fragte mich, ob ich ihn liebe. Drei Mal. Ja, sagte ich. Drei Mal. Dann bat er mich, ihm zu helfen. Mache ich, sagte ich. *(schweigt einen Moment)* Und das stimmte. Ich liebte ihn. Das tue ich immer noch. *(lächelt)* Und ich werde es immer tun. Bis in alle Ewigkeit.

A: Noch einen Halben?

P: *(hebt sein Glas)* Warum nicht? Noch ein Harvey's. Das beste Bier in der „Anglerruhe".

A: Oh! Komisch. Ich hätte schwören können, auf dem Schild draußen steht „Zur Schreibblockade".

P: Er würde es „Zum Zimmermann" nennen.

A: Wieso zum – ah! Natürlich. *(überlegt einen Moment)* Interessant. Wie nennen denn andere Leute diese Kneipe? Johannes der Täufer zum Beispiel, wie nennt er sie?

P: J der T? J der T nennt sie „Zum Königshaupt". *(lacht und fügt zufrieden hinzu)* Der war gut, oder? Egal, wie du es nennst – es ist der Himmel. Los, du bist dran mit Bierholen.

A: Okay. *(hält unsicher inne und klopft sich auf die Taschen)* Oh. Daran habe ich gar nicht gedacht. Brauche ich hier Geld?

P: *(lehnt sich lächelnd zurück)* Geld? Lieber Himmel, nein. Es ist alles schon bezahlt.

Im Zwiespalt – Jesus und die Syrophönizierin

Ich wünschte, ich hätte Mäuschen spielen können, als Jesus und die von der Not getriebene Frau aus Syrophönizien sich begegneten. Meine persönliche Interpretation dessen, was wir über diese Begegnung wissen, ist ein gutes Beispiel dafür, wie sich unsere Ansichten verändern können. Ich bin mir immer noch nicht ganz sicher, ob ich hinsichtlich mancher Schlussfolgerungen, die ich aus dieser Geschichte gezogen habe, mit mir selbst völlig einig bin, und Sie werden die Sache vermutlich noch einmal ganz anders sehen.

Dann wären wir zu dritt in der Debatte.

Es wäre mir eine Freude.

Mit einem Seufzer der Erleichterung betritt Jesus das Haus eines großzügigen Unterstützers in der Stadt Tyros und hofft wider besseres Wissen, dass seine Ankunft unbemerkt geblieben ist. Er kann sich vor Erschöpfung kaum auf den Beinen halten, nachdem er es unentwegt mit Scharen von Menschen zu tun gehabt hat, die ihn um Hilfe und Heilung anflehten. Er spürte es immer deutlich und schmerzhaft, wenn Kraft von ihm ausging bei der Heilung einer einzigen Person. Nachdem er sich auf die Bedürfnisse von Hunderten fokussiert und sie erfüllt hat, ist er ausgelaugt und braucht dringend einen Ort, wo er ausruhen und neue Kraft schöpfen kann. Heute könnte dieses Haus ihm genau das geben, was er braucht.

Aber es soll nicht sein.

Kaum hat er sich mit dem Rücken an eine gemütliche Nische in der Wand gelehnt und endlich dem Drang nachgegeben, seine Augen zu schließen, sagt ihm sein Gespür, dass noch jemand das Zimmer betreten hat. Als er seine Lider einen hauchdünnen Spalt weit öffnet, entdeckt er eine Frau, die vor ihm auf dem Boden kniet. Ihre Kleidung und ihr Verhalten verraten sofort ihre Herkunft. Sie ist keine Jüdin.

Als er die Augen weiter öffnet und ihr direkt ins Gesicht schaut, sieht er Intelligenz, Wachheit und eine brennende Leidenschaft, die sie zwar für den Moment im Zaum hält, die sich aber sicherlich gleich in ihren Worten äußern wird.

Im ersten Moment wird ihm das Herz schwer. Er weiß, wer sie ist. Eben noch hat er nicht die geringste Lust verspürt, dieser Frau zu begegnen oder ihr Hilfe anzubieten. Aber wozu ist eine Versuchung da, wenn nicht dazu, ihr zu widerstehen? Der Moment geht vorbei. Einmal tief durchatmen. Begegnungen wie diese sind einer der Gründe, warum er auf die Welt gekommen ist, und außerdem hat sie etwas an sich, was ihn irgendwie anspricht. Er lächelt ein wenig über seine eigenen Gedanken, beugt sich vor, stützt seine Ellbogen auf seine Knie und legt die Finger unter dem Kinn zusammen.

„Erzähl mir, was du auf dem Herzen hast."

Und schon bricht die ganze Geschichte aus ihr heraus wie ein brausender Sturm. Der unreine Geist. Das wahnsinnige Mädchen. Das Grauen. Das Leid. Die plötzliche Hoffnung. Die Reise. Die Entscheidung, um Hilfe zu bitten. Die Entschlossenheit, ganz allein dieses Haus zu betreten, getrieben von Liebe und Furcht.

Er hört ihr sanft nickend zu, während sie spricht. Als ihre Augen sich begegnen, ist da mehr als ein Anflug von gegenseitigem Verständnis. Bedingungslose Liebe, Leidenschaft, Entschlossenheit, Scharfsinn vielleicht. Wenn es so ist, dann sind das alles Dinge, die sie gemeinsam haben.

„Und vielleicht möchtest du als Nichtjüdin mir erklären", antwortet er schließlich – immer noch mit einem Lächeln auf den Lippen, die eine Augenbraue fragend hochgezogen –, „warum du meinst, ich wäre möglicherweise bereit, den Kindern das Essen wegzunehmen und es – den Hunden vorzuwerfen?"

Sie enttäuscht ihn nicht. Zum ersten Mal hellt sich ihre Miene ein wenig auf. Sie sammelt sich und weicht seinem Blick nicht aus.

„Weil, Herr", erwidert sie, „selbst die Hunde die Krümel fressen, die die Kinder unter den Tisch fallen lassen. Ist es nicht so?"

Anerkennend schmunzelt er leise.

„Ja, ja, das tun sie. Gut gesagt. Sehr gut gesagt. Und jetzt solltest du besser nach Hause gehen. Kümmere dich um deine Tochter. Sie wartet auf dich. Sie freut sich darauf, dich zu sehen." Eine Pause. „Es geht ihr gut."

Nachdem die Frau unter Freudentränen aufgebrochen ist, lehnt er sich zurück und lächelt ein wenig; dann schließt er erneut seine müden Augen und bittet um eine weitere Portion Kraft. Er weiß nur zu gut, was jetzt geschehen wird. Das Muster wiederholt sich in seinem Leben immer wieder. Es wird nicht unbemerkt bleiben, wie aufgewühlt diese Mutter das Haus verlässt. Schon bald – viel zu bald – werden die Nächsten da sein.

5.

Gesegnet sei Scargill

Seit seiner Wiedereröffnung Anfang 2010 haben Bridget und ich uns intensiv und voller Dankbarkeit in Scargill House[3] engagiert, das eingebettet in die herrlichen, honiggoldenen Hügel von Yorkshire liegt. Scargill ist das Zuhause einer bewusst christlichen Gemeinschaft und dient als Rückzugs-, Urlaubs- und Tagungsort. Wir wohnen zurzeit zwei Autostunden nördlich davon, aber durch enge Freundschaften und durch unsere regelmäßige Beteiligung an Vortragsveranstaltungen besteht der Kontakt bis heute weiter.

Die düsteren Erfahrungen der Covid-Pandemie in den Jahren 2020 und 2021 haben die Gemeinschaft von Scargill im Mark ihrer Identität getroffen. Die Organisation ist nicht nur für die dort lebenden Mitglieder da, sondern dient auch dem Wohl einer großen Zahl von Stammgästen und neuen Besuchern. Für die blieben während der ausgedehnten Lockdown-Zeiten die Türen verschlossen. Bislang hatte die Aufgabe, für die vielfältigen Bedürfnisse ihrer Gäste zu sorgen, den Mitgliedern der Gemeinschaft eine Möglichkeit verschafft, die Tiefe und Echtheit ihrer eigenen geistlichen Entwicklung in sicherem Rahmen zu prüfen und zu erforschen.

Wie zu erwarten stellte sich das hervorragende Leitungsteam den Herausforderungen und sicherte so das Überleben der Gemeinschaft. Scargill ist äußerst lebendig und entschlossen, nicht zu sterben.

---

[3] Von 1959 bis 2008 war Scargill House (North Yorkshire) ein Zentrum für christliche Konferenzen und Veranstaltungen. 2008 wurde es aus finanziellen Gründen geschlossen. 2009 kaufte das Scargill Movement das Haus. Es wird seitdem von einer dort ansässigen christlichen Gemeinschaft betrieben mit dem Ziel, der Kirche zu dienen sowie Einzelpersonen und Gruppen einen sicheren Ort zu bieten, um Gott und einander zu begegnen. (https://scargillmovement. org/)

Schon der vor über einem Jahrzehnt begonnene Prozess, Scargill House wieder zum Leben zu erwecken, brachte seine eigenen besonderen Herausforderungen, Entdeckungen und Reflexionen mit sich. Diese könnten im nach wie vor bestehenden Kontext von Corona eine ganz neue Kraft entwickeln. Mal sehen, was Sie davon halten.

Bridget und ich waren uns seinerzeit ganz sicher, dass es unser Auftrag war, unseren kleinen Teil zur Auferstehung von Scargill House beizutragen. Wir wussten, dass es auf diesem Weg Probleme und Hindernisse geben würde, aber wir hatten die starke Gewissheit, dass Gott fand, dies sei der richtige Platz für uns. Sonst hätten wir vielleicht schon in einem ganz frühen Stadium das Handtuch geworfen. In jenen ersten Monaten – da würden mir sicherlich alle Beteiligten zustimmen – wusste niemand so genau, was aus Scargill werden sollte oder wie das zu erreichen war. Kein Wunder, dass gelegentlich dunkle Momente Herausforderungen mit sich brachten, die wir nicht vorhersehen konnten.

Das Geschenk der Verwüstung

Es gab einen interessanten Moment ganz zu Anfang des neuen Lebens in Scargill. Das war während eines Treffens in der wunderschönen, von George Pace entworfenen Kapelle, hoch oben über den anderen Gebäuden. Die Anwesenden waren eingeladen, zu Gott zu sprechen, sei es im Stillen oder laut. Ein junger Mann, der am Ende der ersten Bankreihe in der Nähe des Ausgangs saß, stand auf. Während seines Gebets sagte er etwas Merkwürdiges. Er bat Gott, Scargill eine Verwüstung zu schicken.

Manchmal kommt es vor, dass ein Bild oder ein Klang oder ein paar Worte sich in meinem Kopf festkrallen und mich nicht wieder loslassen wollen. Dies war so ein Moment. Aber was konnte sein Gebet bedeuten? Der Gedanke, dass Scargill sich eine Verwüstung wünschen sollte, fand bei uns anderen wenig Widerhall. Kein Wunder. Warum in aller

Welt sollten wir eine Verwüstung begrüßen? Dennoch war ich von seiner Bedeutung überzeugt, auch wenn ich kaum verstand, wovon ich überzeugt war.

Als das neue Scargill allmählich in groben Umrissen erkennbar wurde, entdeckten wir die Wahrheit hinter diesem Gebet und die Tiefe seiner Bedeutung. Wir hatten Verwüstung bestellt, und Verwüstung sollten wir bekommen.

Die Lektionen, die wir während der folgenden Jahre lernten, erwiesen sich als über die Maßen wertvoll. Wie Salomo, nachdem sich das Innere seines neuerbauten Tempels verdunkelt hatte, machten auch wir die Erfahrung, dass Gott immer wieder sein Versprechen hält, in einer Wolke gegenwärtig zu sein. In manchen Momenten kamen uns die Tränen. Wir begegneten so vielen Besuchern (und auch einigen Mitgliedern der Gemeinschaft), die sich mit ihren Dysfunktionen, ihren Enttäuschungen und ihrer Ratlosigkeit in unsere offenen, aber unkundigen und unsicheren Arme flüchteten.

Im Rückblick war die Verwüstung, die sie mit sich brachten, ein Geschenk für uns. Offensichtlich war es unsere Aufgabe, den Schmerz und die Dunkelheit, die sie in sich trugen, ohne viel Drumherum zu akzeptieren und in die Arme zu schließen. Entscheidend war, dass wir uns entschlossen, sie nicht mit sogenannter „Seelsorge" zu bearbeiten, was unsensiblen „Seelsorgern" meist mehr bringt als den „Beseelsorgten". Diese Entschlossenheit, keinen unnützen Druck auszuüben, ist nach wie vor ein wichtiges Merkmal der Scargiller Gastfreundschaft. Aber ich kenne auch viele in der Gemeinschaft von damals bis heute, die eingestehen würden, dass eine Menge Fehler gemacht worden sind.

Es gab so viel zu lernen. Es war eine geradezu erschreckende Erfahrung, dass Schmerz, Enthüllung, Konflikte und Trauer oft in einem einzigen lehrreichen Paket verpackt sein können.

Der Schmerz war manchmal grauenhaft. Die Enthüllung war manchmal tief und oft zutiefst hilfreich. Gelegentliche Konflikte taten weh, waren aber vielleicht unvermeidlich.

Die Geschichte ist bekannt. Die Kreuzigung tut weh. Die Auferstehung ist schwer zu bewältigen. Die Geschichte geht weiter. Das muss sie. Verwüstung ist nach wie vor ein willkommener Gast im Scargill House.

Arbeitende Freunde

Von Anfang an begegneten wir Menschen aus aller Welt, die unser Denken herausforderten. Manche wuchsen uns ans Herz. Darunter waren Mitglieder der Gemeinschaft ebenso wie Gäste und freiwillige Helfer. Zwei aus der letzteren Gruppe (die heute „Arbeitende Freunde" genannt wird), ein Mann und eine Frau, die wir kurz nach unserer Ankunft kennenlernten, haben bei Bridget und mir tiefe Spuren hinterlassen, obwohl sie sich selbst kaum so einschätzten, als leisteten sie einen wichtigen Beitrag zur Entwicklung von Scargill.

Paul war ein älterer Herr voller Marotten und liebenswerter Macken. Er kam regelmäßig und schuftete unermüdlich im Hausteam. Paul war kein sehr selbstbewusster Christ, aber er war ein gläubiger Mann, und er hatte oft Fragen, die nach einer Antwort verlangten.

Als ich eines Tages die Einfahrt hinunter zu unserer Hütte ging, traf ich meinen Freund, der gerade emsig irgendetwas ausbuddelte. Ich mochte Paul. Es war immer eine Freude, mit ihm zu plaudern. Er hielt inne, stützte sich auf seinen Spaten und schob sich den Hut in den Nacken.

„Adrian, falls du einen Moment Zeit hast, dürfte ich dir vielleicht eine Frage stellen?"

„Na klar."

„Also, es ist so", fing er etwas zögerlich an. „Ich bin – also, ich bin nicht sehr gut im Beten und solchen Sachen. Mir ist ein Gedanke gekommen, was ich da machen könnte, und ich habe mich gefragt, wie du wohl darüber denkst."

Ich spitzte die Ohren. Paul überraschte mich oft mit neuen Ideen.

„Also", sagte er, „ich habe mir gedacht, ich könnte doch Gott jeden Job, den ich hier mache, als eine Art Gebet anbieten. Also, ich meine – ich würde dann sagen: ‚Hier, Gott. Das ist für Jim.‘ So ungefähr. Meinst du, so etwas könnte als Gebet durchgehen?"

Es gibt nicht viele Leute, die wirklich originell sind.

„Paul", sagte ich, „ich wünschte, das wäre mir eingefallen. Das ist eine fantastische Idee."

Er lächelte, zog den Hut wieder in die Stirn und buddelte weiter.

Dann war da Irene. Ihre Gebete für Scargill waren legendär. Sie war ein unvergleichliches Beispiel für selbstloses Engagement für eine Sache, an die sie leidenschaftlich glaubte. Ihr Tod traf alle hart, die sie gekannt hatten.

Das folgende Gedicht, das ich zu ihrem Andenken geschrieben habe, ist zum Teil inspiriert von einem Moment, in dem ich Irene unerwartet auf dem Berghang hinter Scargill House stehen sah. Hinter ihr leuchtete das intensiv silberne Licht der Abendsonne durch das strahlend weiße Haar, das ihr Gesicht umrahmte. Es sah aus, als trüge sie einen Heiligenschein.

Ein echter Heiligenschein war es natürlich nicht,
schon eher eine Täuschung durch das Licht.
Die Sommersonne fließt wie Wasser über Scargills Kalksteinhänge.
Irene stand da, ästhetisch-akademisch, ihre Alltagspose,
inmitten zwischen jenes Stromes Glanz und meinen Augen.
Nur blendend weißes Haar, von hinten angestrahlt,
das einen nie verblassten Schnappschuss hinterließ
und Hoffnung bannte auf den Film meiner Erinnerung.
Ein Heiligenschein kann es natürlich nicht gewesen sein, nicht wahr?
Wahrscheinlich war es nur das ungewohnte Licht.
Wer könnte schon in dieser dunklen Zumutung von einer Welt
behaupten, einen Heiligenschein zu tragen?

Nicht Irene,
Nicht die Person, die sie bisweilen zaghaft wie ein kleines Kind
im Spiegel ihrer Selbstprüfung betrachtete.
Nein. Du, und er, und sie, und die, die Leute, die sie liebte,
und sogar jene, die ihr keine Liebe zeigten,
die wurden lichtumkränzt und waren oft selbst überrascht,
wenn ihrer rückhaltlosen Demut glitzernd helle Gischt sie traf.
Nein, nein, es war kein Heiligenschein.
Wohl eher eine Offenbarung unserer eigenen Bedürftigkeit,
deiner und meiner Sehnsucht nach Verheißungen und Zeichen,
dass Himmelsschätze und die Währung liebevoller Herzen
nie ihren Wert verlieren.
Es kommt ein Tag, an dem wir sehn und wissen werden:
Das ist wahr.
Doch bis dahin sagt Gott: „Hier ist sie, sie ist mein,
ihr Herz ist reich, ihr Leben ist bei mir und denen, die sie liebt,
durchtränkt mit Licht und Frieden,
und oh, ihr müsstet sehen, wie ihr Heiligenschein hier strahlt."

Die Mahlzeit, nicht das Rezept

Ein rein theoretisches Christentum kann eine sehr verlockende und überzeugende Alternative zu echtem Engagement darstellen. Aber es führt eher in die Begrenzung als in die Freiheit. Wir fangen gerade erst an, zu verstehen, was das bedeuten könnte.

Unsere Erfahrungen in Scargill haben uns gelehrt, wie wichtig es ist, Menschen anzulächeln. Eigentlich selbstverständlich, oder?

Zu den spannendsten Dingen im Leben eines strauchelnden, lahmenden Nachfolgers Jesu, wie ich einer bin, gehört die Erkenntnis, dass es manchmal nötig ist, Menschen in Situationen, in denen sie am wenigsten damit rechnen, ein aufrichtiges Lächeln zu schenken. Ein breites Lächeln kann eine ungeahnte Wirkung entfalten, aber da ich von Natur aus eher zum reptilienhaften Ende der Skala des Lächelns neige, trifft es sich für mich gut, dass man das Lächeln Gottes auch ohne einen bestimmten Gesichtsausdruck weitergeben kann. Das kann auf alle möglichen Arten geschehen. Zum Beispiel dadurch, dass man einem überlasteten Freund bei der Gartenarbeit hilft. Oder durch den Bau eines Brunnens, der eine kleine Siedlung in den Slums von Bangladesch mit sauberem Wasser versorgt. Es kann eine Stunde sein, die man mit einem einsamen, alten Menschen verbringt. Es kann ein anonymes Geschenk sein, eine unerwartete Entschuldigung, ein vorübergehendes Aussetzen der Regeln oder eine freundliche Lüge, wenn man seinem Bruder vorflunkert, man wolle die letzte Wurst gar nicht, er könne sie sich ruhig nehmen. Manchmal reicht es auch schon, ausnahmsweise mal den Mund zu halten.

All diese Dinge und noch viele weitere kommen regelmäßig im Leben von den Christen vor, denen es mehr darum geht, Christus in der Welt zu repräsentieren, als darum, nur von ihm zu reden. Und ja, natürlich stimmt es, dass auch viele Nichtchristen beständig solche Taten der Liebe tun. Was macht den Unterschied aus?

Liebe hat nur einen Ursprung, egal, wer du bist oder woran du glaubst. Diejenigen, die sich auf den schwierigen, faszinierenden, verwirrenden und hoffnungsvollen Weg des christlichen Lebens begeben haben, hoffen und glauben, dass wir die Quelle der Liebe entdeckt haben, wie und wo auch immer sie zum Ausdruck kommt.

Hin und wieder sind auch Worte nötig, und ein Lächeln von Herzen ist etwas Wunderbares, aber echte, unverfälschte Liebe bietet eine Mahlzeit, kein Rezept.

Stell dir vor, du hast zu Hause Gäste zum Abendessen. Nachdem du sie zu Tisch gebeten hast, findet jeder an seinem Platz ein Rezept, säuberlich für ihn bereitgelegt.

„Es ist ein perfektes Essen!", schwärmst du ihnen vor. „Nur das beste

Gemüse, und ein wirklich gutes Stück Fleisch. Die Zubereitung ist genau beschrieben; ihr braucht das Rezept nur mit nach Hause zu nehmen. Wir wünschen euch alles Gute, wenn ihr es verwendet. Genießt die Zeit, und erzählt dann mal, wie es gelaufen ist. Viel Segen!"

Immer wieder treffen wir enttäuschte, leicht verwirrte Christen, die sich fragen, warum die Dinge nicht so gelaufen sind, wie sie gehofft hatten. Rezepte gab es zuhauf, aber die Teller blieben leer. Vielleicht sollten diese sehnsüchtigen verlorenen Töchter und Söhne mal ein Wörtchen wechseln mit jemandem, der ihnen auf dem Heimweg in die Quere gekommen ist. Das Gespräch würde vielleicht so verlaufen:

GEMEINDELEITER: Guten Morgen. Du wolltest mich sprechen? Wie geht es dir?

VERLORENER SOHN: Gut, danke. Na ja, einigermaßen. Ja, ich wollte dich sprechen. Ich wollte dir mitteilen, dass ich – oh je, es nützt ja nichts, um den heißen Brei herumzureden – dass ich beschlossen habe, wieder zu gehen. Bevor ich aber gehe, möchte ich mich bei dir bedanken, dass du mich so herzlich und freudig begrüßt hast, als ich kam. Es ist nur so –

G: Oh! War das nicht wunderbar, was alles passiert ist, als du kamst? All die Geschenke. Der Mantel? Der Ring? Die Schuhe? Das gemästete Kalb? Das große Fest? Die totale Vergebung des Vaters!

V: Mhmmm … ja. Ja, genau darum geht es.

G: Was denn? Hast du dich nicht darüber gefreut?

V: Äh, na ja, doch, schon – gewissermaßen.

G: Gewissermaßen?

V: Es war überwältigend. Ich meine, eben noch war ich hoffnungsvoll, aber ziemlich niedergeschlagen auf dem Weg nach Hause, und plötzlich tauchst du auf und bietest mir all diese Dinge an. Ich konnte es kaum glauben. Ich dachte – ich hab's geschafft! Ich bin angekommen! Es war fantastisch.

G: Okay, und wo ist das Problem?

V: Nun ja – diese Sachen. Die Geschenke. Wo soll ich anfangen? Okay, nehmen wir zum Beispiel den Ring.

G: War das nicht ein wunderschöner Ring?

V: Schon möglich, aber – ich habe ihn nie zu Gesicht bekommen. Sieh mal – dir ist doch klar, oder, dass du nur so getan hast, als ob du ihn mir an den Finger steckst? Da war gar kein Ring.

G: Der Mantel –

V: Nein, hör auf. Da war auch kein Mantel. Da waren keine Sandalen. Da war kein Ring. Das hast du alles nur vorgespielt. Das weißt du genau. Das Kalb. Dieses gemästete Kalb läuft immer noch wohlgenährt und quietschvergnügt draußen auf der Weide herum. Ich fasse es nicht, dass ich mich mit allen anderen an den Tisch gesetzt und so getan habe, als ob ich einen Kalbsbraten esse. Das war alles nur gespielt. In Wirklichkeit war gar nichts da!

G: Ach ja, aber es waren Symbole – starke Symbole.

V: Nichts gegen Symbole, aber mit Symbolen kannst du nicht deine Füße schützen. Von Symbolen bekommst du keine ordentliche Mahlzeit. Ich spüre nichts von der Vergebung. Ich bin dem Vater nicht begegnet.

G: *(eindringlich)* Hör mal, ich muss dir das erklären. Du bist ihm begegnet – durch uns. Wir begegnen ihm und empfangen Vergebung durch unser Zusammensein, unsere Gemeinschaft. Bei unseren Versammlungen. Das gilt für uns alle.

V: Für mich nicht. Schau – ich gebe zu, eine Zeitlang habe ich diese ganzen Pantomimenspielchen sehr genossen, aber jetzt nicht mehr. Ich will meinem Vater begegnen. Ich will Vergebung empfangen. Ich will, dass es wirklich passiert.

G: Okay, weißt du was? Ich habe hier ein Buch über das wahre Wesen des Glaubens, das schon Tausenden von Leuten geholfen hat. Ich glaube, es spricht genau dein Problem an. Der Mann, der es geschrieben hat, ist durch genau dieselben –

V: Ich will nicht, dass irgendjemand oder irgendetwas mein Problem anspricht, vielen Dank. Ich will nur eines. Das, was ich von Anfang an wollte. Ich will nach Hause.

Die Waffenrüstung Gottes

Auf manche Themen kommen Bridget und ich bei unseren Veranstaltungen in Scargill immer wieder zu sprechen. Eines davon ist Paulus' berühmte Metapher von der „Waffenrüstung Gottes". Man kann sie endlos ausquetschen, ähnlich wie das Gleichnis vom verlorenen Sohn. Es kommt immer noch ein weiterer interessanter Tropfen heraus. Hier geht es um den Gürtel der Wahrheit und den Helm des Heils.

Paulus stand sehr auf Metaphern, oder? Ich habe großes Verständnis dafür, zumal ich persönlich immer wieder der Versuchung erliege, immer noch auf einem Lieblingsgedanken herumzureiten, wenn seine Nützlichkeit schon längst erschöpft ist. Folgendes hat Paulus (wenn es denn Paulus war) tatsächlich geschrieben:

> *Deshalb ergreift die Waffenrüstung Gottes, damit ihr an dem bösen Tag Widerstand leisten und alles überwinden und das Feld behalten könnt. So steht nun fest, umgürtet an euren Lenden mit Wahrheit und angetan mit dem Panzer der Gerechtigkeit und beschuht an den Füßen, bereit für das Evangelium des Friedens. Vor allen Dingen aber ergreift den Schild des Glaubens, mit dem ihr auslöschen könnt alle feurigen Pfeile des Bösen, und nehmt den Helm des Heils und das Schwert des Geistes, welches ist das Wort Gottes.*
>
> *(Epheser 6,13-17)*

Vor ein paar Jahren machte ich einmal die flapsige, aber durchaus zutreffende Bemerkung, in meinem Kleidervorrat seien viele dieser Ausrüstungsgegenstände nicht vorhanden. In meinem geistlichen Kleiderschrank entdeckte ich stattdessen die Boxershorts der Müdigkeit, die Feinripp-Unterhosen der Unverbindlichkeit, die langen Unterhosen der Lüsternheit, die Röhrenjeans des Zweifels, ein pinkfarbenes Plastikschwert, das ich mir von einem kleinen Freund geliehen habe, und die Sturmhaube der Verwirrung. Seither ist es ein bisschen besser geworden, aber bisher habe ich es noch nicht über mich gebracht, diese Sturmhaube tatsächlich wegzuwerfen.

Vielleicht ist es ja manchmal notwendig, die Waffenrüstung Gottes auch einmal abzulegen, denn sie kann unangenehm schwer werden und anfangen zu scheuern. Eine Frau aus unserem Bekanntenkreis wurde, als sie an einen Punkt tiefer Erschöpfung und Desillusionierung kam, aufgefordert: „Du gehst jetzt stracks die Treppe hinauf in dein Zimmer, Mädel, und legst die Waffenrüstung Gottes an!" Eine Tasse Tee und ein freundlicher Arm um die Schultern wäre in dieser speziellen Situation vielleicht erheblich nützlicher gewesen. Die Anwendung solcher metaphorischen Prinzipien im wirklichen Leben will also wohlüberlegt sein und sollte genau auf die Person oder Situation abgestimmt sein, mit der wir es zu tun haben. Die Waffenrüstung Gottes kann manchmal wirklich zwicken.

Aus einer ganz anderen Richtung betrachtet hätte ein junger Hirte namens David, als er im Alten Testament gegen Goliath kämpfen sollte, ganz genau gewusst, wovon ich rede. Für seine Aufgabe war die schwerfällige Rüstung des Königs nur unnützer Ballast. Er brauchte nur zwei Dinge. Das eine war eine Waffe, mit der er gut umgehen konnte. Seine Steinschleuder. Das andere war ein Freund an seiner Seite, dem er vertrauen konnte. Gott. Wie wir alle wissen, hat es funktioniert. Nächstes Mal könnte sich die Rüstung vielleicht als nützlich erweisen. Vielleicht auch nicht.

Abgesehen davon gibt es natürlich allerhand Interessantes und Nützliches aus Paulus' Liste militärischer Ausrüstungsgegenstände zu lernen.

Eine kurze Bemerkung zum „Gürtel der Wahrheit". Mir scheint, in diesem Zusammenhang ist eine bedeutsame und vertraute Beobachtung angebracht. Wenn man seinen Gürtel der Wahrheit nicht anzieht und ordentlich festschnallt, werden einem wahrscheinlich die Hosen herunterfallen. Das kann äußerst peinlich, blamabel und niederschmetternd sein. In der Kirche passiert das vielen. Mir ist es auch schon passiert. Ich bin sicher, andere könnten zum selben Thema einen weitaus tiefsinnigeren Gedanken beisteuern, aber für den Anfang soll das erst einmal reichen. Und ich sollte hinzufügen, dass für Hosenträger, und seien die noch so farbenfroh, dasselbe gilt.

Was kommt als Nächstes? Nun, wie steht es mit dem Helm des Heils? Wozu ist ein Helm da? Er schützt deinen Kopf und das, was du vermutlich im Kopf hast. Dein Gehirn, deine Gedanken, deine Gefühle, deine Motive, dein metaphorisches Herz – all das. Wo kommt dabei das Heil ins Spiel?

Wenn ich mich zurücklehne und über diese Frage nachdenke, erinnere ich mich an Zeiten in der Vergangenheit, in denen es ziemlich hoffnungslos aussah. In einer bestimmten Phase meines Lebens gab es nichts, woran ich mich festhalten konnte, außer an der Liebe meiner Familie und von ein paar Freunden, die mehr von Liebe als von Religiosität getrieben waren. Manchmal nahm ich eines meiner kleinen Kinder auf den Schoß und schöpfte Wärme und Geborgenheit aus dem Wissen, dass in diesem Moment, an diesem Tag, zu einem Zeitpunkt, an dem dieses Kind unmöglich verstehen konnte, was ich gerade durchmachte, seine Liebe die Rettung für meinen Kopf und mein Herz und meine Hoffnung war.

Der Verbrecher, der an dem Kreuz neben Jesus elend langsam verreckte, erlebte im letzten Augenblick auf völlig unerwartete Weise etwas ganz Ähnliches. Plötzlich, gerade in dem Moment, als Scheitern und Schmerz und Tod alles andere in seinem Kopf verdrängten, sah er in den Augen des Mannes neben ihm die kaum glaubliche Möglichkeit, dass alles doch noch gut werden könnte.

„Bitte denk an mich, wenn du dort ankommst."

„Kein Problem. Wir sehen uns nachher.“

Vielleicht müssen wir das Versprechen auf ein glückliches Leben nach dem Tod retten und wieder aufleben lassen – eine wahrhaft märchenhafte Vorstellung.

Denn diese Aussicht liegt, sofern wir nicht grob falsch informiert wurden, im Zentrum von allem, was Gott in dieser Welt zu tun versucht. Es besteht jedoch die Gefahr, dass wir die Schönheit dieser magischen Verheißung verwerfen, vielleicht aus Angst, dass wir das Reale und das Fantastische auf kindische Weise verwechseln und – welch ein Graus! – sogar die falschen Worte verwenden. Wir können und sollten manchmal ein Gefühl von echter Romantik auf dem Weg genießen, den wir mit Jesus zurücklegen. Nicht die Art Romantik, die sich zwischen Menschen abspielt, so wunderbar sie auch sein kann. Sondern die Romantik der Freude und Verzweiflung und des harten Kampfes und der tiefen Verwirrung und plötzlichen Offenbarung und der wiederkehrenden Flut von Licht und Hoffnung gerade dann, wenn die Dunkelheit undurchdringlich erscheint.

Diese Hoffnung, diese göttliche Gewissheit, dass ein glückliches Leben für immer möglich ist, ist der Helm, der meinen Kopf schützt und zusammenhält. Hin und wieder vergesse ich, wie wichtig er ist.

Stöhnen

Vor der Wiedereröffnung von Scargill verbrachten einige von uns ein paar höchst angenehme Tage in einem christlichen Hotel. Wir wollten uns Zeit nehmen, darüber zu beten, was der Kern des Gelöbnisses sein sollte, das neue Mitglieder der Gemeinschaft ablegen sollten. Keine leichte Aufgabe. Ideen hatten alle, aber unser gemeinsamer Wunsch war es, niemanden dazu aufzufordern, etwas Unmögliches zu versprechen. Beim Abendessen fiel uns immer wieder auf, wie ungewöhnlich fröhlich die Frau war, die uns das

Essen servierte. Und das, obwohl wir gesehen hatten, dass sie schon den
ganzen Tag schwer geschuftet hatte.

Wir erklärten ihr, wir seien dabei, eine neue Kommunität zu gründen,
und fragten sie, ob ihr ein wichtiger Punkt einfiele, der in dem Gelöbnis zur
Sprache kommen sollte.

„Behalte dein Stöhnen für dich, bis der richtige Moment kommt, um es
herauszulassen", lautete ihre ziemlich überraschende Antwort.

Dieses kleine Goldkörnchen der Weisheit fand tatsächlich Eingang in das
ursprüngliche Gelöbnis, auf das wir uns einigten, und erwies sich in der
Folge als sehr wertvolle tägliche Erinnerung an die lebenswichtige Notwendigkeit, gelegentlich gegenüber der richtigen Person zum richtigen
Zeitpunkt seinem Frust Luft zu machen – und ebenso daran, wie negativ
es sich auswirkt, wenn jemand ständig zur falschen Zeit herumstöhnt.

Dabei kommt mir eine Erinnerung. Sie betrifft jemanden, den ich
früher kannte und der jetzt eifrig damit beschäftigt ist, die ermatteten
Bewohner einer weit entfernten Weltgegend aufzumuntern. Ich werde
ihn hier Fred nennen.

Fred hatte sich eine höchst nervige Gewohnheit zugelegt. In Grup-
pendiskussionen stellte er uns anderen immer eine Frage, um uns dann
zu sagen, wie wir sie beantworten würden, und uns schließlich zu erklären, dass wir uns irrten. Beispiel gefällig? Bitte sehr:

„Was, meint ihr, ist das grundlegende Problem mit unserer Kirchengemeinde?" Er hebt die flache Pranke, um uns vom Antworten abzuhalten. „Ja, ich weiß, ihr sagt jetzt bestimmt, das hat mit unseren evan-
gelistischen Aktivitäten zu tun, aber das ist es nicht. Es ist etwas anders.
Ich sage euch, was mit unserer Gemeinde vor allem nicht stimmt …"

Freds ermüdend einschüchternder Ton und die Art, wie er uns Min-
derbemittelte automatisch von der Diskussion ausschloss, brachten uns
mit der Zeit richtig auf die Palme. Wir gaben uns alle Mühe, christlich
damit umzugehen. Geduld, Vergebung, Gnade – all das strömte nur so
aus uns heraus. Mit der Zeit aber wurde es zu einer unausgesproche-

nen, aber unbestreitbaren Tatsache, dass wir ihn, falls sich nichts änderte, wohl würden umbringen müssen – in Liebe, versteht sich. Zum Glück konnte diese geistlich etwas fragwürdige Lösung des Problems umgangen werden, als einer von uns, der weiser und möglicherweise bodenständiger war als wir anderen, Fred zur Seite nahm und ihm nachdrücklich, aber freundlich zu verstehen gab, dass seine Gewohnheit, die Meinungen der anderen mit einem verächtlichen Stöhnen zu übergehen, unangenehm und wenig hilfreich sei. Fred hörte auf ihn und machte es von nun an anders – meistens jedenfalls.

Es ist ein großes Glück für uns, dass wir das Beispiel Jesu haben. Er konnte ziemlich direkt sein, manchmal sogar schroff. Aber oft, wenn jemand eine wichtige Frage stellte – zum Beispiel „Wer ist mein Nächster?" –, antwortete er in Form einer Geschichte. Warum? Ganz einfach – weil wir es nicht mögen, ausgeschimpft oder angestöhnt zu werden. Wir hören dann nicht zu. Warum sollten wir auch? Es funktioniert nicht. Aber Geschichten mögen wir. Geschichten funktionieren immer. Sie verschaffen uns Raum und Gelegenheit, selbst hinter die Antworten zu kommen, und das sind, wie Jesus sehr gut wusste, die Antworten, die uns viel mehr zufriedenstellen und die viel eher Bestand haben.

Stöhnen? Bringt nichts.

Also Fred oder Jesus? Jesus, würde ich sagen.

Wahrheit und Originalität

Eines unserer Wochenenden für christliche Autorinnen und Autoren, die Bridget und ich jedes Jahr im Scargill House anbieten, drehte sich um das Schreiben von Kurzgeschichten.

Mein eigener kurzer Beitrag dazu waren einige Gedanken über Wahrheit und Originalität im Kontext kreativen Schaffens, und ich dachte mir, dass dieses Thema, allgemeiner verstanden, auch ein weiteres Publikum interessieren könnte.

Es wird Sie nicht im Mindesten überraschen, dass das Hilfreichste, was ich zu diesem Thema je gehört oder gelesen habe, dem fruchtbaren Geist von C. S. Lewis entsprang. Sein Standpunkt war, dass Originalität in irgendeiner Form künstlerischen Ausdrucks nicht durch noch so fleißige oder fieberhafte Versuche, etwas Originelles zu erfinden, erzeugt werden kann. Lewis ist überzeugt: Wenn wir unsere schöpferische Aufgabe mit der Entschlossenheit angehen, die Wahrheit zu sagen, ist die Wahrscheinlichkeit viel größer, dass wir automatisch ein Werk schaffen, das wirklich neu und originell ist.

Dieser einfache Gedanke hat mir enorm geholfen. Aber mir ist auch klargeworden, dass wir uns selbst die Frage stellen müssen, was das eigentlich bedeutet. Eine schlichte Feststellung, was wir für wahr halten, ist natürlich nicht zwangsläufig kreativ im üblichen Sinne des Wortes. Wir zitieren oft diesen kleinen Reim:

> 1983 lud ich Jesus in mein Leben ein, und schon genau
> drei Tage später folgte mir dann meine Frau.

So wahr und unverbrüchlich diese Aussage auch sein mag, es dürfte wohl kaum jemanden geben, der darin ein Beispiel für Kreativität erkennt. Oder stell dir ein Treffen von Christen vor, bei dem sich die Wortmeldungen folgendermaßen anhören:

Wöchentliches Treffen eines Hauskreises der Kirchengemeinde St. Michael – der Kirche der schlichten Wahrheit

LEITER: Vernon, möchtest du anfangen?
VERNON: *(nervös und stockend, aber mit der gedämpften Begeisterung eines Menschen, dem trotz seiner Demut eine Offenbarung zuteilgeworden ist)* Äh, ja. Ich wollte gern sagen, dass ich jetzt etwas weiß, was ich bisher nicht wusste. Es geht um Entfernung. *(Kunstpause)* Die Entfernung von Croydon bis Littlehampton beträgt genau

sechsundfünfzigeinhalb Meilen, und die Fahrt dauert bei günstigen Verkehrsbedingungen eine Stunde und zwanzig Minuten – freitags im Berufsverkehr wahrscheinlich länger.

Feierliches Nicken und gemurmelte Danke (mehr als ein Dank) an den Herrn.

LEITER: *(ehrfürchtig ob der Tiefe der Erkenntnis)* Vielen Dank, Vernon! Schön. Grant, würdest du gern etwas sagen?

GRANT: Oh, okay. *(schickt sich räuspernd an, seine Bombe platzen zu lassen)* Ich möchte sagen, dass Fracking in den Vereinigten Staaten einen Schiefergasboom ausgelöst hat.

Uneinheitliche Reaktion; manche heben ihre Arme und danken dem Herrn, andere gucken verwirrt und tun es nicht.

LEITER: *(feierlich und nachdenklich)* Ein Schiefergasboom. Denkt nur! *(schaut in die Runde)* Wow, Leute. Janine *(rammt optimistisch die Faust in die Luft)* – verpass uns eine Wahrheit!

JANINE: *(sie hat schon gewartet und kann sichtlich ihren Jubel kaum zurückhalten)* Also, gerade heute Morgen habe ich in meiner stillen Zeit etwas völlig Neues gelernt. Wenn man – und genau das habe ich getan –, wenn man 3.764.196 durch neun teilt, kommt genau – genau 418.244 heraus!

ALLE: Halleluja! Oh ja! Preist seinen Namen! Lasst uns teilen, wie er geteilt hat! … *(usw.)*

LEITER: *(vor Freude den Tränen nahe)* Leonora, wir hatten bereits drei großartige Beiträge. Hast du noch etwas aktuelles Faktuelles …?

Kind des Teufels

Eine unserer vielen Seminarwochen in Scargill trug den Titel „Wo eine Quelle ist, ist auch ein Weg". Wie die Aufgeweckteren unter Ihnen sofort erraten werden, spielte das Thema Wasser in jenen fünf Tagen eine erhebliche Rolle, nicht zuletzt deshalb, weil der Himmel unaufhörlich weinte wie ein reuiger Sünder, bis am letzten Vormittag die Sonne durchbrach und ein Regenbogen in den lebhaftesten Farben, die wir je gesehen hatten, uns durch eines der großen Fenster zum Tal hin leidenschaftlich zu begrüßen schien. Ich vermute, alle, die diesen Regenbogen gesehen haben, haben ihn sich auf ihre eigene Weise als Friedenszeichen zu eigen gemacht.

Manchmal freilich muss der Regenbogeneffekt weit in die Lebensgeschichte eines Menschen zurückwirken, ehe wirklicher Friede möglich wird.

In der Bibel kommt Wasser sehr oft vor. Man lernt faszinierende Einzelheiten über Brunnen und Zisternen und Bäche und Flüsse und Seen und Meere. An einer Stelle verkündet Jesus, dass jeder, der einem der geringsten seiner Jünger auch nur einen Becher frisches Wasser reicht, belohnt werden wird. Während der Seminarwoche kamen wir einmal auf diese Worte zu sprechen.

Das ist eine wunderbare Verheißung, aber was ist, wenn die Gabe vom Geber vergiftet wurde? Ich erinnerte mich an einen tatsächlichen Vorfall aus meiner fernen Vergangenheit.

Ich sollte in einer Kirchengemeinde weit oben im Norden von England sprechen. An jenem kühlen Herbstabend wurde ich von einer Frau namens Janet am Bahnhof abgeholt. Sie würde für den Abend meine Fahrerin sein. Unser Gespräch verlief ungefähr so:

J: Hallo Adrian. Ich bin Janet. Ich bringe dich zum Gemeindehaus und fahre dich auch hinterher wieder zurück zum Bahnhof.
A: Aha, wunderbar! Danke, dass du dir die Mühe machst, ich weiß das wirklich zu schätzen. Schönes Auto übrigens, warm und bequem.
J: Kein Problem. Mache ich gern. Ich habe mich sogar freiwillig gemeldet.
A: Das ist aber nett. Vielen Dank.
J: *(nach einer Pause)* Du weißt es wahrscheinlich nicht mehr, aber wir sind uns schon einmal begegnet.
A: Wirklich? Kürzlich, meinst du?

J: Nein, das war vor drei oder vier Jahren. Du hast damals in meiner Gemeinde einen Abend gestaltet – das heißt, in meiner früheren Gemeinde, direkt an der Grenze. In Duncalk. Ein paar Meilen von hier.

A: *(kramt in seiner Erinnerung)* Duncalk …

J: Baptistengemeinde Duncalk. Der Pastor hieß Alec Downs.

A: *(erleichtert)* Natürlich! Jetzt fällt es mir wieder ein. Ich habe da sogar schon ein paarmal gesprochen. Habe mich sehr gut mit Alec verstanden. Ein guter Mann.

J: *(nicht wirklich zustimmend)* Mm.

A: *(nachdenkliche Pause)* Dann – bist du also dort weggegangen?

J: Ging nicht anders.

A: Ging nicht anders? Lieber Himmel. Warum denn?

J: Wegen Alec. *(grimmiges Schweigen)* Was er zu mir gesagt hat.

A: Was er zu dir gesagt hat? Was hat er denn gesagt?

J: *(holt tief Atem)* Es fällt mir schwer, das zu sagen, aber – na ja, Alec hat mir gesagt, ich sei ein Kind des Teufels.

A: Ein Kind des Teufels?

J: Das waren seine Worte. Er nannte mich ein Kind des Teufels. Also bin ich gegangen. Ich hatte keine andere Wahl.

A: Verstehe. Hmm …

Danach versiegte das Gespräch. Ich erinnerte mich gut an Alec. Ich hatte ihn sehr sympathisch gefunden, und ich konnte mir beim besten Willen nicht vorstellen, dass er so etwas gesagt hatte. Es passte einfach nicht zu ihm.

Später, auf dem Weg zurück zum Bahnhof nach der Veranstaltung, fragte ich bei Janet noch einmal nach:

A: Janet, vorhin, als du mich abholtest, hast du mir doch etwas erzählt – davon, was Alec zu dir gesagt hat?

J: Ja?

A: Wenn es dir nichts ausmacht – sag mir doch bitte noch einmal, was er gesagt hat.

J: Er hat mich ein Kind des Teufels genannt. Deswegen habe ich die Gemeinde verlassen.

A: Ein Kind des Teufels.

J: Genau.

A: Er hat also genau diese Worte gebraucht, ja? Er hat gesagt: „Janet, du bist ein Kind des Teufels"

J: Ja.

A: Genau in diesem Wortlaut. „Du bist ein Kind des Teufels."

J: *(eine plötzliche, merkwürdig erschrockene, unbehagliche Kehrtwende)* Nun ja – er sagte, mein Verhalten sei nicht so, wie er es von einem Kind Gottes erwarten würde. Also – hat er mich doch offensichtlich ein Kind des Teufels genannt, oder etwa nicht?

A: Aaah! Verstehe …

Der Rest der Fahrt verlief in keiner angenehmen Atmosphäre. Wie viele Leute mochten während der vergangenen zwei oder drei Jahre sonst noch von Janet gehört haben, warum sie die Baptistengemeinde in Duncalk verlassen hatte? Wie viele hatten die Geschichte weitererzählt? Wie sehr hatte sich die Lüge noch weiter verdunkelt und vertieft, während sie sich verbreitete? Was mich am meisten beunruhigte, war vielleicht, dass Janet sich, bis ich ihr ein wenig auf den Zahn fühlte, offenbar selbst erfolgreich eingeredet hatte, dass Alec wirklich diese Worte gebraucht hatte.

So etwas passiert leicht, wenn wir verletzt werden. Ich kenne den Prozess nur zu gut. Wir legen uns eine Auswahl möglicher Antworten an die Person zurecht, die uns so wütend und unglücklich gemacht hat. Mindestens eine dieser Antworten ist wahrscheinlich eine Art falscher Vergebung, die nicht darauf aus ist, zu helfen und zu heilen, sondern zu verletzen und auf subtile Art Rache zu nehmen. Eine andere kann eine defensive Verzerrung der Tatsachen sein, wenn wir schildern, was uns gekränkt hat. Das war Janets Zuflucht.

Ich habe selbst schon mit solchen Versuchungen gekämpft. Manchmal brennen sie in uns.

Ich fürchte, die ehrliche Antwort bringt meistens ein Opfer mit sich.

Sie haben schon befürchtet, dass ich das sagen würde, oder? Am Ende können wir nichts anderes tun, als so still wie möglich dasitzen, unsere abgelegten Waffen vor uns auf dem Boden, und Gott fragen, ob er so freundlich wäre, uns wissen zu lassen, wie Christus die Sache sieht, und uns zu helfen, entsprechend zu handeln. Das funktioniert ziemlich oft.

Ein Becher lebendigen Wassers ist immer rein, und er kann Wunder bewirken. Aber schon ein winziger Tropfen vergifteter Wahrheit kann wie eine Art geistliches Nervengift viel Schaden anrichten.

In aller Öffentlichkeit verborgen

Wir haben es immer sehr genossen, mit Gästen die Bibel zu erkunden, besonders wenn es uns gelang, ein neues Licht auf Abschnitte zu werfen, die uns so vertraut geworden sind, dass wir sie kaum noch beachten. Die Tagung unter dem Titel „In aller Öffentlichkeit verborgen" war einer von vielen Anlässen, bei denen wir uns als moderne Jünger die Aufgabe stellten, dem Verlangen Jesu zu folgen und unser Denken zu öffnen.

Es war ein bisschen alarmierend, Jesus sagen zu hören, dass der Geist weht, wo er will. Hier ist das vollständige Zitat aus Johannes 3,8:

> *Der Wind bläst, wo er will, und du hörst sein Sausen wohl; aber du weißt nicht, woher er kommt und wohin er fährt. So ist ein jeder, der aus dem Geist geboren ist.*

Wenn wir uns die Evangelien ehrlich anschauen und ebenso ehrlich unsere eigene Reaktion auf das wahrnehmen, was dort geschrieben steht, und es zulassen, dass der Geist uns in unerwartete Richtungen bläst, dann kann es sein, dass wir herausgefordert werden, zu akzeptieren, dass 1. Korinther 13,12 absolut und vielleicht auf beruhigende Weise zutreffend ist:

Wir sehen jetzt durch einen Spiegel in einem dunklen Bild; dann aber von Angesicht zu Angesicht. Jetzt erkenne ich stückweise; dann aber werde ich erkennen, gleichwie ich erkannt bin.

(1. Korinther 13,12)

Wenn wir Dingen oder Menschen oder Orten wiederbegegnen, die wir einst gut gekannt haben, kann es uns so vorkommen, als wären sie größer oder kleiner geworden, bunter oder auch überraschend farblos. Mir fallen zwei mögliche Gründe dafür ein.

Erstens ist das Ding oder der Mensch oder der Ort selbst nicht das Eigentliche, worum es geht. Das Wesentliche ist, was in uns oder mit uns passiert ist, als wir eng damit verbunden waren. Sich zu verlieben zum Beispiel kann aus der ödesten Umgebung ein Märchenland machen.

Der zweite mögliche Grund ist ähnlich: Unsere Interpretation der Vergangenheit oder die gesammelten Bruchstücke einer Erinnerung kristallisieren mit der Zeit zu etwas, das wir als zutreffendes Bild des damaligen Geschehens wahrnehmen. Es kann verwirrend sein, ja sogar sehr wehtun, wenn wir in einem solchen Bild Fehler entdecken.

Für mich sind die „Abenteuer"-Romane von Enid Blyton ein klares Beispiel dafür, wie eine Erinnerung durch Fakten sabotiert werden kann. Ich habe diese Bücher geliebt. *Die Insel der Abenteuer. Das Tal der Abenteuer. Der Zirkus der Abenteuer.* Für mich als kleinen Jungen waren sie real, handfest, voller Farbe und Faszination. Die Figuren – Lucy-Ann, Jack, Philip, Dinah und selbst der Papagei Kiki – waren echte, abgerundete Charaktere, Leute, die ich innig liebte. Ich wollte sie kennenlernen. Ich wollte mit ihnen zusammen sein. Wäre die Rückwand meines Kleiderschranks ein bisschen wandelbarer gewesen, so wäre ich in ihre Welt hinübergegangen.

Als ich sie dann als junger Teenager noch einmal las, war das eine zutiefst verstörende Erfahrung. Es tat weh und versetzte mir einen gewissen Schock. Es kam mir vor, als wären weite Teile dieser Welt, die ich in Erinnerung hatte, wegpoliert oder weggeworfen worden, und was zurückblieb, erschien mir ziemlich seicht und ohne Funkeln und Tiefe und Anziehungskraft. Es war – langweilig.

Was also war passiert? War es bei Enid Blyton Genialität gewesen oder einfach nur Glück? Gewiss, sie schuf Räume, aber offenbar war ich es, der sie gefüllt hatte. Ich möblierte, dekorierte, schmückte sie mit allem Nötigen. Wann immer ich ein neues „Abenteuer"-Buch las, las ich nicht nur das Werk einer Autorin, sondern ich stürzte mich voller Freude in eine Welt, die ich liebte. Kritik fand nicht statt. Es war ja real.

Interessanterweise haben das Erwachsenwerden und vierunddreißig Jahre eigenen Schreibens es mir schwer – nicht unmöglich, aber schwer – gemacht, beim Lesen von Erzählliteratur so uneingeschränkt zu glauben und mich von ganzem Herzen hineinzugeben wie damals.

Kann einem mit der Bibel und insbesondere mit dem Neuen Testament vielleicht etwas Ähnliches passieren? Es kann durchaus sein, dass man Ansichten über die vier Evangelien kritiklos übernimmt, die einer sorgfältigen Prüfung gar nicht standhalten. Manchmal kann es natürlich einfach daran liegen, dass ich mir nicht die Zeit genommen habe, die betreffenden Abschnitte selbst richtig zu lesen. Ich erinnere mich zum Beispiel an meine Verblüffung, als ich entdeckte, dass die äußerst bedeutsame Bethanien-Geschichte nur aus einer Handvoll Versen besteht. So viel Inhalt in so einem kleinen Gefäß.

Belohnt Gott gutes Verhalten und Gehorsam? Wenn Ihre Antwort ein typisch düsteres Nein ist, lohnt es sich vielleicht, noch einmal einen Blick in das sechste Kapitel des Matthäusevangeliums zu werfen. Aber achten Sie auf die Verdrehung des Inhalts.

Oder um etwas Ernst herauszunehmen: Hat Jesus tatsächlich den Menschen gesagt, sie sollen hingehen und mit einem Fuchs reden? Manche werden sofort wissen, worum es hier geht.

Macht Jesus in den Evangelien zwei Aussagen, von denen er weiß, dass sie nicht wahr sind? (Ich überlasse es Ihnen, selbst dahinterzukommen.) Vielleicht müssen wir ein paar Fenster aufreißen.

Wussten Sie, dass einmal eine so große Menschenmenge zusammenkam, um Jesus zu sehen, dass die Leute sich gegenseitig niedertrampelten? Zeit für einen Griff zur Konkordanz.

Wenn es also so ist, dass wir unsere Sicht möglicherweise korrigieren müssen, was folgt daraus für uns? Ich kann das nur für mich selbst beantworten. Meine Freude an der Bibel und meine tiefe Wertschätzung ihr gegenüber sind nicht geringer geworden, nur weil ich entdeckt habe, dass manche meiner Erinnerungen an die Heilige Schrift fehlerhaft oder verzerrt sind. Meine aufregend lebendige Enid-Blyton-Welt hat leider nicht überlebt. Aber das stärker fokussierte, den Kontext beachtende Lesen der Schrift während der letzten Jahrzehnte hat eine Bereicherung und eine Relevanz mit sich gebracht, die ich mir als junger Mann nicht hätte träumen lassen. Ich bin sicher, dass Menschen wie Richard Wurmbrand, Dietrich Bonhoeffer und unzählige andere, die ebenso wie wir durch einen Spiegel in einem dunklen Bild sahen, deshalb Gefängnis, Folter oder Tod in Kauf nahmen oder einen geliebten Menschen oder ein angenehmes Leben aufgaben, weil auch sie die besondere Qualität von Worten kannten, die manchmal ein erstaunliches Eigenleben entfalten. Ich vermute, dass die Basis, auf der all diese Leidenden und Märtyrer standen, auf biblischer Wahrheit beruhte, und dass ihre Füße fest in der Wahrheit verankert gewesen sein müssen. Menschen stimmen mit den Füßen ab; so viel steht fest.

Davon abgesehen halte ich es für unerlässlich, dass wir lernen, das trübe Abbild in jenem Spiegel und die halb ausgeformte Erkenntnis, von denen Paulus im ersten Korintherbrief spricht, ernst zu nehmen. C. S. Lewis formulierte in seinen apologetischen Werken (Apologetik ist übrigens die Verteidigung des Glaubens) Argumente für den christlichen Glauben, die vielen Menschen sehr geholfen haben. Aber es waren seine Kinderbücher, mit denen er den innersten Kern seines Glaubens an Jesus am erfolgreichsten und am tiefsten vermittelte. Gegen Ende seines Lebens brachte er Gedanken zum Ausdruck, die Mutter Teresa, die viele Jahre lang an Depressionen und an einem Gefühl der Trennung von Gott litt, bestens verstanden hätte. Hier ist ein Zitat aus der Lewis-Biografie von A.N. Wilson:

> *„Wenn wir uns nicht in die Gegenwart Gottes versetzen können, ist es immerhin etwas, sich in die Abwesenheit Gottes zu versetzen, in wachsendem Maß wahrzunehmen, dass wir ihn nicht wahrnehmen, bis wir uns vorkommen wie jemand, der neben einem riesigen Wasserfall steht und kein Geräusch hört, wie ein Mann, der in einen Spiegel blickt und kein Gesicht darin sieht, wie wenn wir im Traum mit der Hand nach sichtbaren Gegenständen greifen und nichts spüren.“*[4]

C. S. Lewis kannte zweifellos die Bibel und schätzte sie. Aber er hatte auch eine Ahnung von der Unbegreiflichkeit Gottes und spürte die Herausforderung, ohne das Hilfsmittel logischer Argumente seinen Glauben an diesen Gott zu erhalten und auszudrücken.

Ich muss gestehen, dass ich das theoretische Christentum manchmal leid bin. Seien wir ehrlich. Manche Dinge mögen verborgen oder unerklärlich sein, aber andere liegen offen zutage und lohnen es vielleicht sogar, dass man einmal gründlich über sie nachdenkt. Hier ist ein Beispiel aus dem alttestamentlichen Buch Micha:

> *Es ist dir gesagt, Mensch, was gut ist und was der Herr von dir fordert: nichts als Gottes Wort halten und Liebe üben und demütig sein vor deinem Gott.*   *(Micha 6,8)*

---

[4] C. S. Lewis, Die vier Arten der Liebe (Basel: Fontis 2021).

Niemand behauptet, es sei leicht, diesen biblischen Richtlinien zu folgen – am wenigsten die gegenwärtigen und zukünftigen Gemeinschaften in Scargill. Aber sie sind klar und verständlich und für die meisten von uns machbar genug, um es zumindest zu versuchen.

6.

Fragen von Leben und Tod
in Zeiten der Pandemie

Ich schreibe diese Worte im Frühjahr 2021, inmitten der Covid-Pandemie, die weltweit eine so gewaltige Wirkung entfaltet hat. In Großbritannien sind über einhunderttausend Menschen infolge des Corona-Virus ums Leben gekommen. Die Zahlen steigen weiter, doch nun sind Impfstoffe verfügbar und werden seit Dezember Millionen von Menschen verabreicht. Bridget und ich haben kürzlich unsere ersten Impfungen bekommen. Draußen wird es heller. Der Frühling rollt langsam heran, und wir strecken uns dieser eindrücklichen Metapher der Natur entgegen wie nie zuvor. Wir möchten gerne fröhlich sein, aber in der ganzen Welt hat sich ein Hunger nach Hoffnung ausgebreitet. Die Ursache ist nicht ein Mangel an Glauben, sondern an Erfahrung. Wenn Sie dieses Buch in Händen halten, kann inzwischen alles Mögliche passiert sein – oder auch nicht.

Dieser Teil des Buches ist aus mehr als einem Jahr der Leiden, des Heldentums, der Hoffnung, der Enttäuschung und der zumindest hier im Westen beispiellosen Einschränkungen unseres Alltagslebens geboren. Ich hoffe und bete, dass bis zu dem Tag, an dem Sie das lesen, alles – oder so viel wie möglich – gut geworden ist.

Gedanken inmitten des ersten britischen Lockdowns

In den letzten Jahren hat es mir viel Freude gemacht, die Briefe für meine Website zu schreiben. Ich vermute, die Freude daran erklärt sich zum großen Teil dadurch, dass ich mehr oder weniger frei bin, zu sagen, was ich will und wie ich es will. Der folgende Brief war eine erste Reaktion auf den

Ausbruch des Virus und auf unser zunehmendes Bewusstsein, dass wir es mit etwas zu tun hatten, das ernster und tödlicher ist, als irgendjemand sich hätte vorstellen können. (Wusstest du übrigens, dass „Corona-Pandemie" ein Anagramm für „Ein Coma-Operand" ist?)

Liebe wer immer dies liest und alle, die es nicht lesen, das Erste, was es über das Coronavirus zu sagen gibt, ist, dass es eine &%^&£%&, $&%$&%, &*^%$^&, *^$% zusätzliche Belastung ist zu all den anderen Dingen, mit denen meine Familie, die meisten unserer Bekannten und unzählige Leute, die uns kontaktieren, sich bereits herumschlagen. Wo steckt Gott in alledem? Frag ihn selbst.

Ich sage mir, wenn ich Gott wäre, hätte ich das nicht zugelassen. Allerdings bin ich trotz und wegen einer Reihe von seltsamen, aber überzeugenden Erfahrungen entschlossen, ihm in der Dunkelheit ebenso zu vertrauen wie im Licht. Was gibt es zu sagen? Es wird dich nicht überraschen, dass mir und meiner Frau Bridget drei Dinge dazu einfallen – schließlich sind wir seit vielen Jahren vom Anglikanismus geprägt.

Das Erste ist eines der häufigeren, aber weniger auffälligen Wesensmerkmale der Liebe. Bridget und ich haben schon immer darüber gestaunt, wie elastisch und grenzenlos dehnbar die menschliche Fähigkeit zur Anteilnahme ist. Liebe kann sich genau so weit ausbreiten, wie sie reichen muss, wie weit auch immer das sein mag. Dieses grauenhafte Virus macht vielen Menschen Angst, aber wir bemühen uns, daran zu denken und Hoffnung aus dem Wissen zu schöpfen, dass wir alle, egal welchen Glaubens oder Nichtglaubens, immer noch Superspreader für etwas sein können, was man als positives Virus bezeichnen kann. Das Virus der Liebe ist unglaublich mächtig. Es kann ein Haus, eine

Straße, ein Dorf, eine Stadt oder möglicherweise sogar die ganze Welt erreichen. Seichtes Geschwafel? Nein, es gibt nichts Tieferes oder in seinen Auswirkungen Praktischeres als die Liebe.

Der zweite Gedanke hängt mit Gerüsten zusammen – nein, nicht einschlafen, es lohnt sich, das zu hören. Während der letzten zehn Jahre haben Bridget und ich herausgefunden, was es heißt, Entsetzen und Enttäuschung zu erleben, wenn schlechte Zeiten kommen und das Gebäude unseres Glaubens Risse bekommt und unter der Last einzustürzen beginnt. Mit dieser Erfahrung sind wir gewiss nicht allein. Es ist, als hätten wir uns auf Gerüste verlassen, die uns bis jetzt aufrecht und anscheinend intakt gehalten haben. Die Säulen einer solchen Stützkonstruktion können sehr unterschiedlich sein, etwa Musik, Frömmigkeit, Bibelstudium, bestimmte Gebetsstile, Erziehung oder Gemeinschaft mit Gleichgesinnten. Diese Stangen und Bretter und unzählige andere, die an sich harmlos oder sogar wertvoll sind, können aber unter der übermächtigen Last einer finsteren Bedrohung wie dieser fürchterlichen Pandemie plötzlich nachgeben und sind dann nicht mehr in der Lage, das Haus der Wahrheit und der Liebe abzustützen, von dem wir doch gehofft hatten, dass es den Kern dessen ausmacht, wer wir sind.

Vielleicht besteht die Möglichkeit, dass all dies eine ungewöhnlich dramatische Gelegenheit ist, unsere Prioritäten zu überprüfen. (Wenn dir bei diesen Worten ein verächtliches Schnauben entfährt, kann ich es dir nicht verdenken. Schnaube ruhig, soviel du willst. Es trifft trotzdem zu.) Der dritte Punkt betrifft die Hamsterkäufe. Da ging es ja ziemlich wild zur Sache. Ganze Häuser, vollgestopft mit Toilettenpapier und Flaschen mit antiseptischen Handwaschlösungen. Schlangen von Menschen wie wir, die die

Siebzig überschritten haben. Schon frühmorgens standen sie vor dem Supermarkt Schlange. Viele nette Leute und ein paar Leute, die alles andere als nett sind. Hier ist vor allem eine Geisteshaltung gefragt, eine entschlossene, großzügige Sichtweise, die die Entfaltung der Großzügigkeit zulässt und die Entwicklung eines bösen Geistes verhindert. Ja, es ist offensichtlich. Ja, es muss geschehen.

Die Israeliten in der Wüste durften keine Vorräte anlegen und hätten es auch gar nicht gekonnt. Das Manna fiel vom Himmel und war vierundzwanzig Stunden lang genießbar. Danach vergammelte es mit einem Schlag – es hatte überhaupt keinen Sinn, sich einen Vorrat anzulegen. Die ganze Schar beschwerte sich lautstark bei Mose, aber die Lektion musste gelernt werden. Du bekommst, soviel du brauchst, und zwar dann, wenn du es brauchst. Nimm es an. Sei dankbar.

Das sind unsere drei banalen Gedanken. Ich glaube kaum, dass sie viel verändern werden, aber wenn sie den einen oder anderen Lichtschimmer in die gegenwärtige Dunkelheit hineinlassen, lasst uns beten, dass das reicht. Alles Liebe an alle, die wir kennen, und auch an die, die wir nicht kennen,

Adrian

Tage unseres Lebens

Seit Anfang April 2020 haben Bridget und ich dreiundsechzig tägliche Podcasts unter dem Titel „Kein Ufer in Sicht" aufgenommen. Zu finden auf YouTube. Im Laufe dieser Wochen haben wir durchaus den einen oder anderen ernsten Punkt angesprochen, aber wir hatten auch viele lustige Momente. Die Reaktionen der Zuhörer haben deutlich gezeigt, dass jede

Gelegenheit, jeder Vorwand, jeder Grund zum Lachen willkommen und dringend benötigt war. Auch unsere typische Schrulligkeit hat geholfen.

Als ich in einem der Podcasts etwas hervorkramte, was ich mit Mitte sechzig über meine Wahrnehmung der verschiedenen Wochentage geschrieben hatte, besonders darüber, welche Farbe und welchen Charakter ich jedem Wochentag zuschreibe, war die Reaktion überwältigend. Vergiss die Weltprobleme. Alle hatten etwas zu sagen darüber, welche Farbe der Mittwoch und der Freitag und insbesondere der Sonntag haben. Das hat uns ziemlich überrascht.

Als ich diesen Text schrieb, war ich seit sechsundsechzig Jahren, fünf Monaten und einem Tag auf der Welt, insgesamt also seit 24.241 Tagen. Oder anders gesagt, ich hatte mich 3.463 Wochen lang des Lebens erfreut (oder auch nicht erfreut). Das bedeutet, dass ich jeden Wochentag schon 3.463-mal erlebt hatte, einschließlich des Tages, an dem ich den Text schrieb, und der ein Montag war.

Sie können sich vielleicht vorstellen, dass ich in dieser langen Zeit ein paar ziemlich starke Überzeugungen zu jedem der sieben Wochentage entwickelt hatte, und ich stelle fest, dass sich diese Überzeugungen nicht verändert haben. Ihre Wahrnehmungen sind vielleicht anders, aber das spielt keine Rolle. Dies hier sind meine.

Der Montag ist für die meisten Menschen so grau und flach wie Schiefer. Selbst wenn es nicht regnet, ist es doch so, als ob es regnen würde. Sogar wenn die Sonne scheint, regnet es. Sogar wenn Dürre herrscht, regnet es. Sogar wenn es so trocken ist wie die trockenste Trockenheit der Weltgeschichte – na? Richtig, es regnet.

Freilich nicht für mich. Ich arbeite zu Hause. Hier in meinem Büro ist der Montag so bezaubernd blau wie das Ei einer Heckenbraunelle. Ich mag ihn, und er mag mich. Ich bleibe trocken. Selbst wenn es regnet, schaue ich gern von meiner behaglichen, trockenen Warte aus zu. Also, ich wünsche Ihnen einen schönen Tag bei der Arbeit. Werden Sie nicht zu nass.

Der Dienstag ist irgendwie rundlich und schwabbelig. Ein mit Gelee gefüllter Tag, der in alle möglichen Formen geknetet wird von Leuten, die plötzlich merken, dass letzten Freitag Dinge liegengeblieben sind, um die man sich am Montag hätte kümmern müssen, was sie aber nicht getan haben, weil sie bei diesem endlosen Regen keine Lust dazu hatten. Der Dienstag ist grün. Kein helles, fröhliches Grün, aber immerhin vielleicht einen Hauch weniger trostlos als die Farbe von Erbsenbrei. Ich mag übrigens Erbsenbrei.

Der Mittwoch ist braun wie ein geteerter Zaun. Er ist ein ziemlich erwachsener Tag mit einer ausdruckslosen, strengen, hölzernen, heimwerkerartigen Stimme, die einem sagt, man möge doch endlich etwas Praktisches zustande bringen, bevor man die ganze Woche vertrödelt hat. Manchmal macht sich der Mittwochabend unverhofft schick und tanzt ein bisschen herum, aber nur, wenn man während des Tages etwas auf die Reihe gekriegt hat. Ganz unter uns: Der Mittwoch ist ein bisschen eingebildet.

Der Donnerstag ist ein seltsamer Tag. Ein Einhorn von einem Tag. Farbe? Grau. Silbergrau. Mehr wie ein fein gearbeitetes Kettenhemd als wie Schwermetall. Ein bisschen Gaze ist auch irgendwo dabei. Was ist Gaze? Der Donnerstag ist eine Frau, glaube ich. Sie winkt und lockt uns immer weiter hinter sich her auf dem glitzernden Pfad, der uns schließlich zum Freitag führen wird.

An einem Donnerstag könnte alles Mögliche passieren, aber meistens tut es das nicht.

Freitag. Ah, Freitag! Der Freitag ist ein brutzelndes, mit Fisch gefülltes, knisterndes Feuer von einem Tag. Der perfekte Zeitpunkt, um nach der Arbeit beim nächsten Fish-&-Chips-Laden vorbeizuschauen und sich eine große Portion Schellfisch mit Pommes und dienstagfarbenen Erbsen und Brot und Butter zu gönnen, und dazu eine Kanne Tee. Aaah!

Der Freitag hat die Farbe glühender Scheite im Kamin. Er weckt in mir die Erkenntnis, dass der Mittwoch von vor zwei Tagen so laut schreien kann, wie er will, das bringt gar nichts, denn der Freitag flüstert und turtelt mir ins Ohr: „Keine Sorge, das Wochenende ist schon fast da …"

Im Lauf der Jahre lernt man, dass der Freitagabend sehr oft das Beste am Samstag ist.

Der Samstag ist gelb, fast golden, aber nicht ganz. Die Sandstrände des Samstags sind sehr verlockend. Man schlendert am Ufersaum entlang und sucht nach exotischen Muscheln. Man findet zwar fast nie welche, aber es könnte ja sein. Der Samstag spielt eine sanfte, ermutigende Melodie, aber dazwischen setzt er auch mal ein paar abrupte, herausfordernde Akkorde. Ach, Samstag, mein alter Freund, was habe ich über die Jahre an zarten Hoffnungen in dich gesetzt. Manchmal wurde ich nicht enttäuscht. Eine Frage wollte ich dir schon immer mal stellen: Warum, ach warum hängst du immer mit dem Sonntag zusammen?

Der Sonntag ist ein Gewitter. Manchmal nur schwere Wolken, wie ein Unglücklichsein, das sich nie wirklich eine Träne abringen kann; manchmal ein schwarzer Himmel mit spektakulär zuckenden weißen Lichtblitzen. Der Sonntag leidet unter einer Identitätskrise, was vielleicht daran liegt, dass er zwischen Samstag und Montag eingezwängt ist.

„Ich glaube, ich hätte auch ein Samstag sein können", sagt der Sonntag mit trauriger, leiser Stimme. „Ich glaube sogar, ich war mal einer. Ich weiß es nicht mehr genau. Egal. Ach ja, und fürs Protokoll: Ich weise jede Verantwortung für den Montag strikt von mir."

Der Sonntag ist entweder der freie Tag Gottes oder der freie Tag der Menschheit. Entweder-oder. Oder beides. Kein Wunder, dass er sich nicht zurechtfindet. Armer Tag.

Bis bald. Habt einen schönen Tag.

Angst vor Tomaten

Während der Pandemie war viel von Angst die Rede. „Glaube statt Angst"
lautete und lautet der ermutigende Aufruf mancher Kirchengemeinden,
und natürlich hat das seinen Sinn, wenn man es hinkriegt. Das Problem
mit der Angst ist, dass es so viele Dinge gibt, vor denen man sich fürchten
kann. Ich habe einmal ein Buch mit dem Titel „Gesprengte Ketten" ge-
schrieben. Darin sollte es darum gehen, wie man mit Angst fertigwerden
kann. Ich hatte gedacht, es würde dabei vor allem um die Ängste anderer
Leute gehen. Tatsächlich aber entdeckte ich eine verwirrende Vielfalt und
Menge an Ängsten in mir selbst.

Bei einer unserer frühen Aufnahmen während des ersten Lockdowns lu-
den wir die Hörer dazu ein, von ihren Ängsten zu erzählen, auch von den
extremeren Formen. Wir hörten von einer Person, die schon immer unter
einer irrationalen Angst vor Wassertürmen litt, und erfuhren zu unserer
Erheiterung, dass diese Angst tatsächlich als „Thalassophobie" klassifiziert
ist. Kein Märchen.

Dann kamen natürlich auch wir an die Reihe. Bridget bekannte sich zu
einer so panischen Angst davor, Telefonanrufe zu tätigen und anzunehmen,
dass sie mir manchmal lieber das Telefon quer durchs Zimmer zuwarf, als
selbst dranzugehen.

Und ich? Ich musste zugeben, dass eine meiner irrationalen Ängste
Früchte betraf, und zwar vor allem eine bestimmte Art von Früchten.

Ich habe seit jeher ein Problem mit Tomaten.

Da, jetzt habe ich es ausgesprochen. Welche Erleichterung. Ich dachte schon, das bringe ich nie fertig.

Das Tomatenproblem ist komplex und vielschichtig. Ich benutze To-
matenketchup, seit ich denken kann. Als Kind hatte ich sogar folgenden Lieblingsreim:

Schüttelst du den Ketchup gut,
kommt erst nix und dann die Flut.

Allerdings muss man sich vor Augen halten, dass mein argloses kindliches Gemüt zwischen den Tomaten selbst und dem Ketchup, der daraus hergestellt wurde, nie einen Zusammenhang sah. Tomaten waren Tomaten. Ketchup war Ketchup.

Das Leben war damals so viel einfacher. Interessanterweise (ich weiß ja, dass Sie Ihr Interesse kaum zügeln können) hätte es damals auch nichts geändert, wenn ich den Zusammenhang erkannt hätte. Die Tomaten, die in unserem Gewächshaus wuchsen, waren süße, liebenswerte kleine Geschöpfe mit einem ausgeprägten Tomatengeschmack. Ich liebte sie. Und ja, ich aß sie auch. Ich erinnere mich undeutlich, dass Oscar Wilde es einmal so ausdrückte:

Doch jeder Mensch isst die Früchte, die er liebt.

Im Laufe der Jahre blieb meine Vorliebe für Ketchup konstant, doch über meine Beziehung zu Tomaten selbst legte sich ein düsteres Leichentuch. Jene sanften, lieblichen, weit zurückliegenden Gewächshaustage waren für immer dahin, und die Dinger, die sich immer noch frech als Tomaten maskierten, waren nicht mehr so wie früher. Sie waren sauer. Sie waren entweder ekelhaft schwabbelig oder widersetzten sich höhnisch jedem Angriff menschlicher Zähne. Manche waren lächerlich groß. Gigantische scharlachrote Klumpen der Fadheit. Sie schmeckten nach nichts, schienen aber von ihrer Mangelhaftigkeit nicht das Geringste zu ahnen. Außerdem wollten sie sich partout nicht mit den übrigen Salatzutaten mischen – zu stolz vermutlich, um mit der Farbe Grün in Verbindung gebracht zu werden. Dabei gibt es doch sicher keine hässlichere Erscheinungsform des Rassismus als Salatdiskriminierung.

So wurde ich zum Abstinenzler und bin es bis heute geblieben (abgesehen von Käse-Tomaten-Baguettes, die ich sehr mag; und Ketchup, wie bereits erwähnt; und rohe Tomaten in Scheiben auf Toast mit einem Spritzer Öl und ein wenig Basilikum. Außerdem Tomatensuppe, meine Lieblingssuppe überhaupt; und Tomatenrelish, ein hervorragender Dip – ach, und beinahe hätte ich es vergessen: Getrocknete Tomaten sind köstlich zu Oliven).

Diejenigen, die meinen Glauben an Gott noch nicht teilen, wird es interessieren zu erfahren, dass ich, seit ich den vorigen Absatz beendet habe, mit meinem Freund Peter Ryder telefoniert habe, der mir, als er hörte, dass ich über Tomaten schreibe, von seinem eigenen Damaskus-Erlebnis in diesem Zusammenhang erzählte. Wobei Peter seine Offenbarung natürlich nicht wirklich auf der Straße nach Damaskus empfing. Es war auf der Straße nach Pocklington, einem kleinen Marktflecken am Fuß der Yorkshire Wolds, aber die Auswirkungen waren ähnlich.

Peter hielt in einer Parkbucht, um ein belegtes Brot zu essen, das seine Frau ihm zubereitet hatte. Als er hineinbiss, betrat er eine doppelte Wirklichkeit, wie er es beschreibt. Er ertappte sich dabei, dass er Tomatenstücke aß, eine Frucht oder ein Gemüse, das ihm bis dahin ein Gräuel war. Im gleichen Moment wurde ihm bewusst, dass er diese Speise, von der er geschworen hatte, sie werde nie wieder über seine Lippen kommen, nicht nur aß, sondern genoss.

Sein Leben war hinterher nie wieder dasselbe. Peter hörte auf, wider den Stachel zu löcken, und gab sich ganz den Tomaten hin, besonders im Süden Frankreichs. Und jetzt frage ich Sie: War das Gott, oder war das Gott?

Wenn ich wirklich ehrlich bin, trage ich noch die Narben der Wunden, die ich mir durch Verrat zugezogen habe im Zusammenhang mit Orangen, Satsumas und Mandarinen.

Leider muss ich sagen, dass daran größtenteils meine Frau schuld ist. Wir sind schon seit unzähligen Jahren verheiratet, und unsere ansonsten glückliche Beziehung wurde nur durch ihre unerklärliche Entschlossenheit getrübt, mir Orangen, Satsumas und Mandarinen zu verabreichen, die einfach für den menschlichen Verzehr nicht süß genug sind. Immer wieder falle ich auf ihre verführerischen Lügen herein – jedes Mal.

„Nun komm schon, probier doch mal ein Stück von der Orange. Sie wird dir schmecken. Sie ist wirklich saftig und süß."

„Das hast du letztes Mal auch gesagt, aber es stimmte gar nicht. Sie war sauer, und ich habe sie ausgespuckt."

„Ja, aber die hier ist ganz anders. Ich sage dir – die ist für mich schon fast zu süß."

„Nein, ich glaube, ich werde lieber nicht –"

„Ach komm schon, nur ein winzig kleines Stück. Ab in den Mund damit."

„Also gut, na schön, her damit ..."

„Und? Wie schmeckt's?"

„Aaargh!"

Ungenießbar, wie immer. Ich musste es ausspucken, wie immer. Verraten und in die Irre geführt, wie immer. Wohlgemerkt, es sollte mich eigentlich nicht überraschen. Schließlich habe ich es mit einer Frau zu tun, die zum Vergnügen halbe Grapefruits verspeist. Ohne Zucker! (Von dieser unheilvollen Vorliebe erfuhr ich erst, nachdem wir vor Gott und dem Pfarrer unser Hochzeitsversprechen abgelegt hatten. Mancher würde darin einen hinreichenden Grund für eine Annullierung sehen.) Sie legte all diese Versprechen ab, verschwieg aber geflissentlich, dass zwischen uns jemals diverse Zitrusfrüchte stehen könnten.

Aber nun ja, wir haben das ausgefochten, und manches entschädigt mich ja auch. Meine Frau und ich sind uns in einer Sache völlig einig. Er ist der Weinstock, wir sind die Reben. Und jede Rebe, die keine Frucht bringt, wird abgeschnitten und verbrannt. Also sind wir uns einig geworden, dass Bridget sich um alles kümmert, was das geistliche Äquivalent von Tomaten, Orangen und allen anderen Zitrusfrüchten ist, und ich für die Bananen, die reifen Birnen, die Erdbeeren und andere süße, nicht aggressive Früchte zuständig bin. Bisher scheint das zu funktionieren.

Geduld im Lockdown

Dieser Text erschien ursprünglich in einer Ausgabe von „The Plough“ (Der Pflug), einer Zeitschrift der Bruderhof-Gemeinschaft.

Die Reaktionen der Leser auf diese Erzählung von einem Leben mit den Einschränkungen des Lockdowns fand ich hochinteressant. Bei manchen kam genau das an, was ich hatte sagen wollen. Andere kamen zu einer beinahe entgegengesetzten Deutung. Ich fälle kein Urteil über diese unterschiedlichen Reaktionen, aber ich erinnere mich, irgendwo einmal gelesen zu haben, dass Bücher und Geschichten ebenso sehr uns lesen wie wir sie. Ich fand diesen Satz damals ein bisschen banal, aber wenn ich jetzt darüber nachdenke, muss vielleicht doch etwas Wahres daran sein.

Was glauben Sie, worum es in dieser Geschichte geht?

Liebe Mary,

es ist etwas passiert. Aber wem kann ich davon erzählen? Am liebsten hätte ich angerufen und Dich gebeten vorbeizukommen. Natürlich wäre das Zeitverschwendung gewesen. Du bist ja immer noch nicht aus Exeter zurück. Bist gestrandet im Haus Deiner Schwester, seit der Lockdown verhängt wurde. Ich habe keine Adresse und keine Telefonnummer.

Oh Mary, ich vermisse unsere Mittwochvormittage. Wir hatten einander immer so viel zu erzählen über das, was Gott uns lehrte. Ich hatte besonders viel Freude daran, die Bedeutung der Bilder zu erforschen, die der Heilige Geist uns füreinander schenkte. Und an Kaffee und Kuchen, versteht sich. Bei Dir gab es immer Dominokuchen, bei mir Mokka-Walnuss-Torte.

In diesen zwei Stunden hatten wir immer das Gefühl, dass Gott wirklich existiert, nicht wahr? Ich habe Dir das nie gesagt, Mary, wahrscheinlich war es mir zu peinlich,

aber nachdem Du gegangen warst, hatte ich sehr oft das
Gefühl, als wäre Gott mit Dir nach Hause gegangen und
Ihr hättet mich allein zurückgelassen. Manchmal habe ich
sogar geweint. Wie albern. Gott ist doch überall. Das weiß
ich ja. Er verlässt uns niemals.

Sicherlich.

Manchmal klingelt in dieser seltsamen Zeit das Telefon,
aber nie bist Du es. Ich weiß, wir sollen Gott unser ganzes
Leben anvertrauen und es ihm überlassen, zu entscheiden,
was geschieht. Ich habe ja auch um inneren Frieden gebetet
und um Vergebung für mein mangelndes Vertrauen, aber
ich frage mich immer wieder, warum Du mich nie anrufst.
Natürlich hoffe ich sehr, dass Dich dieses grauenhafte Virus
nicht erwischt hat, und selbst wenn Du gesund geblieben
bist, hattest Du ja vielleicht einfach zu viel zu tun, um Dich
zu melden. Vielleicht musstest Du Dich im Lockdown voll
darauf konzentrieren, Dich um Deine kranke Schwester zu
kümmern. Das verstehe ich. Sie hat Vorrang. Du musst entscheiden, was das Wichtigste ist, und es dann auch tun.

Das Problem ist, seit Gott mir jenes völlig klare Bild gab,
das uns schließlich zu der Entscheidung führte, unseren
Hauskreis zu verlassen, gibt es sonst einfach niemanden,
dem ich von meinen Neuigkeiten erzählen könnte. Was
würde passieren, wenn ich zurückginge und Herrn Du-
weißt-schon-wer aufsuchte? Stell Dir vor, wie ich in diesem
ach-so-stillen Zimmer bei ihm sitze, umgeben von geraden
Linien und Bücherregalen, und ihm mit rot angelaufenem
Gesicht zu erklären versuche, was passiert ist, und mich wie
verrückt anstrenge, nicht gleich mit meiner ganzen Begeisterung herauszuplatzen. Ich würde das nicht schaffen, Mary.

Du weißt, wovon ich spreche. Dieses kleine, erwachsene
Lächeln, bei dem ich mir immer wie ein kleines Kind vor-

komme. Die Art, wie er sich zurücklehnt und beschwichtigend die Handflächen nach unten senkt, um mich und meine Gefühle zu bremsen. Diese besonnene, freundliche Stimme, die sagt, wir müssten alles prüfen, um sicherzugehen, dass es wirklich von Gott kommt. Ich vergebe ihm und liebe ihn, wie es uns geboten ist, aber ich vertraue darauf und glaube daran, dass die Gabe, die mein himmlischer Vater mir geschenkt hat, zu wichtig ist, als dass ich riskieren dürfte, dass sie vergeudet wird.

Nein, Du bist die Einzige, die mich verstehen wird, Mary, und deshalb schreibe ich Dir dies und vertraue trotz allem im Glauben darauf, dass der Herr dafür sorgen wird, dass mein Brief Dich erreicht. Ich möchte, dass Du ihn liest und zurückschreibst, um mir zu sagen, was Du denkst.

Folgendes ist mir passiert.

Ach, eines sollte ich vorher noch deutlich machen, bevor ich es Dir erzähle. Ich habe gesagt, dass ich Dich sehr vermisse, und das ist auch so. Das fällt mir schwer genug, aber die Einsamkeit dieser vergangenen Wochen geht so tief, dass sie manchmal richtig in der Brust schmerzt. Ja, wir wissen beide, Du und ich, dass Christen nicht einsam sein müssen. Gott ist genug für alle unsere Bedürfnisse. Aber dieser wunderbare amerikanische Prediger auf unserer letzten DVD sagte doch, dass uns manchmal eine Wüstenzeit zuteilwird, ein Geschenk von Gott, das unseren Glauben stärker macht. Ich glaube, in so einer Wüstenzeit stecke ich vielleicht gerade. Ich bete jeden Tag und mache morgens meine Stille Zeit, und ich achte sehr darauf, den Spaziergang zu machen, der uns nachmittags erlaubt ist, aber der Rest des Tages war in meiner Wüstenzeit länger und schwerer auszufüllen als in irgendeiner anderen Zeit meines Lebens. Das solltest du wissen. Aber mein Glaube wird wachsen.

Sicherlich.

Folgendes ist passiert. Eines Tages fand ich in einer Schublade, die ich mir aufgehoben hatte, weil ich sie als allerletzte aufräumen wollte, ein altes Kartenspiel. Ich nahm es heraus und spielte damit eine Runde Patience oder Solitär, wie es manchmal genannt wird. Dazu setzte ich mich an den kleinen Klapptisch meiner Mutter unter dem Frontfenster, wo wir mittwochs immer Kaffee und Kuchen genießen.

Wir beide sind es ja gewohnt, einander unsere Sünden zu bekennen, Mary, sodass ich Dir das sagen kann. Ich habe mich in dieses Spiel völlig vertieft, war vielleicht sogar ein bisschen besessen davon. Wie du weißt, läuft das Patiencespiel immer nach demselben Muster ab, aber der Verlauf ist immer unterschiedlich, weil die Karten vor jedem Spiel gemischt und in einer zufälligen neuen Reihenfolge ausgelegt werden. Ich gewinne selten. Vielleicht liegt es daran, dass ich mich immer streng daran halte, den Stapel der Restkarten nur dreimal durchzugehen, nachdem ich die ersten sieben Reihen ausgelegt habe.

Drei Tage meiner Wüstenzeit habe ich so mit endlosen Patiencespielen gefüllt. Danach fing ich an, mich schuldig und weit weg von Gott zu fühlen. Am Abend des dritten Tages kniete ich unglücklich an meinem Bett nieder, um diese aufkeimende Sucht zu bekennen und den Herrn zu bitten, mir zu helfen, diese Versuchung zu überwinden.

Am nächsten Morgen setzte ich mich niedergeschlagen zur Stillen Zeit hin. Als ich widerstrebend die Bibel aufschlug, merkte ich, wie ich in einem tiefen Sumpf der Bedrücktheit versank. Schon der Gedanke, dass es mir nicht erlaubt war, mich fröhlich an mein Fenster zu setzen und meine Karten auszulegen, sobald ich meine Stille Zeit beendet und den Frühstückstisch abgeräumt hatte, war für mich kaum zu ertragen.

In diesem Moment geschah das Wunder.

Die Bibelverse zu meiner Andacht stammten aus dem siebten Kapitel des Predigerbuches. Ich konnte kaum glauben, was ich da sah. Ausgerechnet an diesem Morgen war der achte Vers des siebten Kapitels dran, der wörtlich so lautet:

Besser das Ende einer Sache als ihr Anfang; besser LANGMÜTIG als hochmütig.[5]

Langmut! Patience, verstehst du? Ich habe das Wort in Großbuchstaben gesetzt, aber ich habe ganz bestimmt nicht nach diesen Versen gesucht. Auch nicht die Bibel wahllos irgendwo aufgeschlagen. Nichts dergleichen. Die Worte starrten mir einfach ins Gesicht. Du verstehst bestimmt, was für eine Freude sie in mir auslösten. Gott war da. Er redete zu mir. Ich war nicht allein. Halleluja! Ich konnte sogar beinahe eine richtige Stimme hören, die sagte: „Janice, du hast dir zu Recht Gedanken über deine Versunkenheit in dieses Spiel gemacht. Aber das Ende dieser Sorge wird viel besser sein als der Anfang. Dein Stolz hat dir weisgemacht, ich könnte mit den Kleinigkeiten deines Lebens nichts zu tun haben. Lass mich in deinen Spielen präsent sein, und du wirst Zeuge sein, wie ich Großes tue."

Oh Mary! Ich hatte Gänsehaut, als ich mich zu meiner nächsten Runde Patience an den Tisch setzte. Gott würde bei mir sein, und ich konnte es kaum erwarten, zu sehen, wie sein Wille sich manifestieren würde. Ich bin ungeschickt mit Karten, aber während ich mein Bestes tat, um die Karten gründlich zu mischen, wurde mir bewusst, dass ihre Reihenfolge nun nicht mehr zufällig sein würde. Sie

---

[5] Original: „The end of a matter is better than its beginning, and patience is better than pride."

würde von Gott selbst bestimmt sein. Ein erregender Gedanke! Was würde er mir dadurch zeigen?

Ich wage zu behaupten, dass es fast eine priesterliche Erfahrung war, als ich die Karten verdeckt in sieben Reihen auslegte, eine in die erste Reihe, und jeweils zwei, drei, vier, fünf, sechs und sieben Karten in die anderen. Mit zitternder Hand drehte ich die unterste Karte in jeder der sieben Reihen um. Ich weiß noch genau, welche sechs Karten als erste aufgedeckt wurden. Es waren Pik sieben, Karo neun, Karo vier, Herz zwei, Pik drei und Kreuz fünf. Für mich war das wie eine bestätigende Umarmung Gottes. Noch ehe ich die siebte Karte umdrehte, jubelte ich innerlich in dem Wissen, dass es mindestens drei mögliche Spielzüge gab, bevor ich weitere Karten vom Reststapel ziehen musste.

Dann drehte ich die siebte Karte um. Ich starrte sie an und traute meinen Augen nicht. Als ich es endlich begriff, sackte mir das Herz im Leib herunter wie ein Stein.

Mary, die letzte Karte war ein Joker. Ein Joker, Mary! Ich hatte vergessen, die Joker herauszunehmen, bevor ich die Karten mischte. Menschlich gesehen war mir klar, wie so etwas passieren konnte, aber was war die geistliche Bedeutung? Wo hatte Gott hier seine Hand im Spiel? Warum hatte er mich durch die Bibel so klar geführt? Wenn er wirklich am Ruder war, dann hätte er doch sicher nicht zugelassen, dass ich so einen dummen Fehler mache.

Sicherlich.

Ich hielt die Karte hoch, schloss die Augen und betete um Weisheit und Einsicht.

Ein paar Momente vergingen. Als die Offenbarung kam, war es – oh, es war, als würde ein Licht eingeschaltet, als begännen plötzlich Glocken zu läuten oder als fiele ein Brief von einer Freundin auf die Fußmatte vor der Haustür. Ein

Joker. Natürlich! Mary, Gott war der Joker. Ich hatte ja ganz vergessen, dass unser Gott Sinn für Humor hat. Das haben wir beide doch so oft gesagt, nicht wahr? Er lacht gern mit seinen Kindern. Dass er es zugelassen hatte, dass diese Joker-Karte sich mitten in mein Spiel verirrte, erinnerte mich daran, dass er mit mir lacht und lächelt, selbst in den unwahrscheinlichsten Momenten.

Mit Dank im Herzen raffte ich meine Karten zusammen, entfernte sorgfältig die Joker, mischte das Spiel, so gut ich konnte, und legte erneut meine sieben Reihen aus.

Mary, wir haben immer versucht, einander die Wahrheit zu sagen. Auch jetzt bin ich fest dazu entschlossen. Die Wahrheit ist, dass ich wirklich dachte, Gott würde mich dieses nächste Patience-Spiel gewinnen lassen, vielleicht als eine Art Belohnung oder kleines Geschenk, nachdem er mich die Lektion mit dem Joker gelehrt hatte. Ich wollte, dass er freundlich zu mir war. Ich wollte etwas Besonderes sein. Ja, ich weiß, das hört sich albern an. Ich kann es nicht ändern. Es kam mir einfach so vor, dass das schön und richtig wäre.

Anfangs dachte ich auch, er würde mich gewinnen lassen. Manche Phasen in diesem nächsten Spiel waren wie einer jener Träume, in denen auf einmal alles endlich einen Sinn ergibt und man genau weiß, dass man auf dem richtigen Weg ist. Es war großartig.

Eines nach dem anderen tauchten die vier Asse aus dem Reststapel auf oder kamen in Sicht, wenn ich eine neue Karte in einer der Reihen umdrehte. Es war ein erhebendes Gefühl, Mary. Rote Zehnen auf schwarze Buben. Schwarze Neunen auf rote Zehnen. Siebenen auf Achten. Zweien auf Dreien. Buben auf Damen. Gott und ich und die Karten drehten uns gemeinsam in einem perfekten, raschen, fröhlichen Reigen, der einen Erfolg unausweichlich erscheinen ließ.

Aber es sollte nicht sein.

Ein König tauchte auf wie ein grässliches Stoppschild – das Letzte, was ich jetzt sehen wollte. Er machte meinem Spiel ein Ende.

Und doch, Du errätst es sicher schon, war das eine weitere und noch wichtigere Lektion, die ich lernen musste. Die Gegenwart des Himmelskönigs wird immer das Wichtigste in unserem Leben sein. Menschliche Erfolgsgedanken sind nichts im Vergleich zu dieser wunderbaren Wahrheit.

So, nun weißt Du alles. Das war mein aufregendes Erlebnis, und natürlich bin ich zutiefst dankbar für seinen Zuspruch und alles, was er mich gelehrt hat. Solange der Herr die Karten bestimmt, die in unserem Leben ausgeteilt werden, wissen wir, dass wir im allerwichtigsten Sinne niemals verlieren können. Bei Gott gibt es keinen Zufall. Das kann nur die Wahrheit sein, nicht wahr?

Sicherlich.

Oh, aber Mary, ich hatte solche Freude an dem mittleren Teil dieses Spiels. Ein richtiger Rausch! Es war wie Fliegen. Wie alles Mögliche. Und schließlich war es am Ende der Herz-König.

Ich hoffe, Du rufst bald an. Ich hoffe, Du kommst eines Tages aus Exeter zurück. Mokka-Walnuss-Torte gibt es bei mir immer nur, wenn Du kommst. Ich freue mich so sehr darauf, Dich wieder in die Arme zu schließen.

Alles Liebe von Deiner eingesperrten Freundin

Janice xxxxxxx

P.S.: Was ich noch sagen wollte: Im Lauf dieses Spiels hat der Herr mich durch ein Wunder von meiner Patience-Besessenheit geheilt. Ich spiele jetzt kaum noch.

Ihr seid kostbarer als viele Sperlinge

Das Leben mit den Einschränkungen des Lockdowns hatte mindestens zwei unerwartete positive Aspekte. Der eine war die öffentliche Anerkennung, die Vertretern mancher Berufe plötzlich zuteilwurde, die bislang kaum Aufmerksamkeit bekommen hatten. Dazu gehörten unter anderem die Mitarbeiterinnen und Mitarbeiter in Altenpflegeheimen, die Leute von der Müllabfuhr, die Belegschaften der Supermärkte – sie alle wurden endlich einmal wahrgenommen und wertgeschätzt. Das war immerhin einmal eine kleine Pause von der zwar verständlichen, aber auf die Dauer sehr ermüdenden Verehrung für Glamour und Ruhm.

Ein weiterer Lichtblick war das allgemein aufflammende Interesse am Gärtnern und die Freude daran, Vogelfutter hinauszustellen, wobei immer wieder von Sichtungen einer riesigen Vielfalt von Gartenvögeln berichtet wurde. Gartenarbeit ist im Allgemeinen nicht so mein Ding, aber wir beide wurden ganz versessen darauf, uns mit den verschiedenen Arten von Samenkörnern und anderem Futter zu befassen, mit denen wir die besagte riesige Vielfalt von Vögeln in unseren Garten zu locken hofften.

Wir kauften also Vogelhäuschen und bauten sie auf und füllten sie mit Futter, brachten unser äußerst effektives Fernglas aus den Tiefen unserer gesammelten Kramkisten zutage und setzten uns erwartungsvoll und aufgeregt auf bequeme Stühle in unserem Wohnzimmer an der Hinterseite des Hauses. Außerdem wappneten wir uns mit einem Buch voller farbiger Darstellungen sämtlicher Gartenvögel in Großbritannien, sodass wir im Falle des Eintreffens einer riesigen Vielfalt sofort nachschlagen könnten, um welche Arten es sich handelte.

Die folgende dramatisierte Schilderung unserer ersten Erfahrung damit kommt der Wahrheit beinahe unerträglich nahe.

B: Okay, so, alles ist aufgebaut. Links haben wir Fettklöße und eine
      Wildsamenmischung. Das müsste alle möglichen Vögel anlocken,
      besonders im Winter.

A: Super. Sehr gut. Wie ist es mit den Distelsamen? Es wäre wirklich schön, wenn uns ein paar Stieglitze besuchen würden. Ich finde diese Vögel unfassbar hübsch.

B: Sie sind bezaubernd. Ach ja, Zeisige mögen auch Distelsamen. Die werden wohl auch kommen.

A: Zeisige gehören auch zu den Finken, oder? Mit großen Schnäbeln.

B: Genau. Was noch? Ach ja, ich habe rund um die Futterhäuschen auch ein paar Maisflocken auf dem Boden verstreut. Die sind für die Amseln. Und die Meisen und die Grünfinken habe ich auch nicht vergessen. Die sind offenbar ganz wild auf Sonnenblumen-kerne.

A: Prima. Jede Menge von der guten alten Hirse für die Haussperlinge und die Ringeltauben. Ein paar Spatzen werden wir doch wohl kriegen, oder?

B: Warum nicht? Die müssen ja auch etwas fressen. Ich hoffe nur, dass die anderen Vögel sie nicht – na ja – verdrängen.

A: Ja, das wäre schade, nicht wahr? Einfach nicht fair. Die armen kleinen Spatzen. Wir werden das im Auge behalten. Sag mal, wäre es nicht fantastisch, wenn wir bald einen Buntspecht zu sehen bekämen? Die kommen manchmal auch in Gärten. Ich kann es nicht erwarten. Möchtest du das Fernglas zuerst haben?

B: Nein, fang du an. Ist das aufregend! Was wohl unser allererster Vogel sein wird?

A: Okay, schauen wir mal. *(Pause)* Ähm, bisher noch nichts. Warte mal! Da ist einer! Da ist einer! Wow! Wow! Macht sich direkt über die Distelsamen her!

B: *(klatscht in die Hände)* Ein Stieglitz?

A: N-n-n-nein, es ist mehr so ein bräunlicher Vogel, glaube ich. Bin mir nicht ganz sicher …

B: Wahrscheinlich ein Zeisig. Interessant. *(schlägt aufgeregt im Buch nach)* Die Frage ist – ist es ein Erlenzeisig oder ein Birkenzeisig? Der Erlenzeisig hat einen schwarzen Kopf und so eine Art –

A: Ha! Nein, nein. Ich bin mir ziemlich sicher, dass es ein ganz normaler Haussperling ist.

B: Ich hätte nicht gedacht, dass die scharf auf Distelsamen sind.

A: Dem hier scheinen sie zu schmecken. Kann ich ihm nicht verdenken. Er schlägt sich den Bauch voll, bevor der große Ansturm kommt.

B: *(zeigt mit dem Finger)* Moment mal! Da ist noch einer! Auf dem anderen Futterhäuschen. Schnell – gib mir das Fernglas. *(Pause)* Also, das – das ist – das ist ganz bestimmt – das ist noch ein Sperling. *(Pause)* Oh, jetzt sind beide Sperlinge weggeflogen. Moment mal! *(aufgeregt)* Ein ganzer Vogelschwarm – rings um beide Futterhäuschen. Wow!

A: Fantastisch! Jetzt geht die Post ab. Was sind das für Vögel?

B: Warte mal – lass mich mal gucken. Ein paar davon sind Sperlinge, aber … Ah! Ah!

A: Was? Was sind die anderen für welche?

B: Du kannst gleich selber schauen. *(Pause)* Ich bin ziemlich sicher, die anderen sind –

A: Meisen?

B: N-n-nein.

A: Rohrammern?

B: Rohrammern sind es eindeutig nicht … Oh! Jetzt sind sie alle gleichzeitig weggeflogen.

A: Hast du herausfinden können, was es für welche sind, bevor sie weggeflogen sind?

B: Äh, größtenteils Sperlinge – na ja, alles Sperlinge. Oh! Schau mal! Schau doch! Da ist ein Vogel ganz allein gelandet. Bestimmt hat er die anderen alle verscheucht. Schau du mal! Schau es dir an! *(reicht das Fernglas hinüber)* Sag schon! Was ist das?

A: Also, wenn ich mich nicht sehr irre, ist das – komm schon, Vogel, dreh dich um, damit ich deinen Kopf sehen kann. Ah! Schon besser. Das ist eindeutig – ein Sperling. Jetzt ist er auch schon wieder weg. *(lässt das Fernglas sinken)* Ich glaube, das war's fürs Erste.

B: *(nimmt das Fernglas)* Wahrscheinlich hast du recht – Moment mal! Das da ist definitiv kein Sperling.

A: Genial! Was ist es?

B: Es ist eine Taube. Eine große, dicke, plumpe Taube.

A: Und was macht sie?

B: *(langsam)* Nicht viel. Sie sitzt an der Vogeltränke, reckt sich träge nach oben und pickt Körner aus den Futterbehältern – wie ein Betrunkener am Büfett. Eine große, dicke, fette, dumm aussehende Taube. *(lässt das Fernglas sinken)* Jetzt hat sie sich fallenlassen und ist davongeflattert.

A: *(ein wenig enttäuscht)* Okay. Na, das war's dann wohl. Also, was schreibst du denn jetzt in unserem neuen ornithologischen Beobachtungsbuch auf die erste Seite?

B: Millionen Sperlinge und eine übergewichtige Taube, schätze ich. *(sie schreibt)*

A: Weißt du was? Schmuggle einfach einen Stieglitz mit hinein. Das hebt die Laune. Merkt ja keiner.

B: Na ja, wir können ja nicht wissen, ob nicht einer von diesen Sperlingen in Wirklichkeit ein heruntergekommener, altersschwacher Stieglitz war.

A: Genau! Der würde sich mächtig gebauchpinselt fühlen. Los, schreib ihn rein.

Schätze im Lockdown

Bridget und mich hat es fasziniert und getröstet, in dieser schwierigen Zeit Schätze zu entdecken, die an Wert gewannen. Das war häufiger der Fall, als wir erwartet hatten. Hier sind nur einige davon, zuerst das Abendmahl.

Das Abendmahl hat mir schon immer viel bedeutet. C. S. Lewis spricht von dem Empfinden, beinahe körperlich berührt zu sein von der Verbindung mit Jesus, die entsteht, wenn wir auf seine ernstliche Bitte hin mit Energie und Nachdruck seiner gedenken. Mir geht es auch so, und ich bin zu der Überzeugung gekommen, dass die technischen Details, wie wir Brot und Wein miteinander teilen, für Gott wahrscheinlich keine Rolle spielen. Ich muss allerdings zugeben, dass mir die anglikanische Art immer am liebsten war. Freilich nicht wegen irgendwelcher „magischen Hände", wie ich hinzufügen muss. Keines Menschen Hände sind magisch oder demütig genug, um für diese Aufgabe qualifiziert zu sein. Nein, es steckt etwas Pikanteres und Dramatischeres dahinter. Es hängt mit der Wegstrecke zusammen, die wir von unserem Sitzplatz bis zum Abendmahlstisch zurücklegen müssen. Auf diesen Weg macht man sich am sichersten und besten ohne viel Gepäck. Auch wenn das viel verlangt ist, wenn wir auf unseren Schultern Bürden tragen, die sich nicht ohne Weiteres unter der Kirchenbank verstauen lassen.

Da ist diese Reihe von Rücken unterschiedlicher Breite und Form vor uns, und allen wird kompromisslos genau das Gleiche geboten, sowohl im körperlichen wie auch im geistlichen Sinn. Wie wunderschön und merkwürdig. Unmöglich, es als zusammenhängenden Text zu lesen und zu verstehen, und auf mysteriöse Weise unberechenbar. Am Tisch des Herrn können Dinge passieren.

Während des Lockdowns haben Bridget und ich diesen Akt der Erinnerung noch mehr schätzen gelernt. Die meiste Zeit haben wir uns mittwochmorgens per Skype mit zwei guten Freunden zum Abendmahl getroffen. In einem seltenen Moment persönlicher Verletzlichkeit sagt uns Jesus, wie sehr er sich nach dem Ereignis gesehnt hat, das wir das Letzte Abendmahl nennen. Ich glaube, so ungefähr haben wir uns mittwochmorgens auch immer gefühlt. Wir konnten dabei viel lachen, ein bisschen weinen, lächerliche Dinge sagen, beten, ohne uns albern vorzukommen, die Liturgie unterbrechen, um eine Bemerkung zu machen oder eine Zeile zu ändern, und die schlichte, umwerfende Tatsache genießen, dass wir fünf in diesem magischen Mysterium, das die Geschichte dieser dunklen Zeit durchdringt und wahrhaftig unsere Dunkelheit aufhellt, miteinander verbunden sind.

Die Kommunion ist ein Schatz.

Meine Schatzkiste enthält außerdem einen kleinen Brocken aus dem Alten Testament. Ein Freund, der sich inzwischen längst auf eine Erkundungsreise ins nächste Leben gemacht hat, zeigte mir einmal einen Vers im Buch Hiob und sagte mir, er glaube, dass diese Worte mir im Lauf der Jahre viel bedeuten könnten. Ich bezweifle, dass er darin so etwas wie eine geistliche Offenbarung sah, aber genau das war es.

Kapitel 29 dieses großartigen Textes schildert, wie Hiob, geplagt von Krankheit und Ratlosigkeit, sich an die Zeit in seinem Leben erinnert, als er noch als wahrhaft glaubwürdiger Repräsentant Gottes zu den Menschen sprach und ihnen eine große Hilfe war. Im 24. Vers erinnert sich Hiob: „Wenn ich ihnen zulachte, so glaubten sie es kaum ...“

Wirklich eine wahre, prophetische Aussage. Im Lauf der letzten drei Jahrzehnte haben wir erlebt, wie viele schwer beladene Gläubige mit einem Spektrum von leiser Überraschung bis hin zu schockierter Sprachlosigkeit reagieren, wenn sie hören, dass Gott vielleicht tatsächlich mitten in ihrer Not mitfühlend und helfend an ihrer Seite ist. Womöglich lacht er ihnen sogar zu! Sie können es kaum glauben. Gott muss wohl mindestens so nett sein, wie es meine Mutter stets war, vielleicht sogar noch ein bisschen netter, falls meine inzwischen in ihrer himmlischen Wohnstatt residierende Mutter mir solche Ketzerei verzeiht.

Gottes Lächeln. Ein Schatz.

Ein Schatz scheint noch an Wert zugenommen zu haben: die Erlaubnis, die Wahrheit zu sagen. Schon seltsam, das als Christ eigens erwähnen zu müssen, finden Sie nicht auch? Natürlich sagen wir die Wahrheit. Ist doch klar.

Vielleicht liegt das Problem darin, dass wir Angst haben, Gott würde platzen und wie eine Seifenblase verschwinden, wenn wir ihn mit irgendeiner spitzen Wahrheit über unsere tatsächlichen Gefühle anpiksen. Als junger Christ fiel es mir unendlich schwer, mich zu trauen,

Dinge wie Enttäuschung oder Scheitern oder Verzweiflung klar auszudrücken. Ich wollte, dass Gott so war, wie er doch angeblich sein sollte, und ich wollte auf keinen Fall derjenige sein, der alles verdarb, indem ich ihm meine negative Wahrheit aufdrängte.

Ich verstehe mein jüngeres Ich. Ich kann das immer noch nachfühlen. Aber es ist doch wirklich ein riesiger Unfug, oder? Wenn wir ein erfülltes Leben wollen, wie es ja bekanntlich in der Werbung für das Evangelium angepriesen wird, dann ist es schon ein Handicap, wenn wir die Wahrheit unterdrücken.

Wir Christen haben großen Respekt vor den Psalmen. Wir reden davon, was für ein Glück es ist, dass wir durch sie die implizite Erlaubnis haben, zum Himmel emporzuschreien, wenn alle Zeltheringe sich gelöst haben und der Sturm dabei ist, unser Zelt über die Hecke in den Fluss zu pusten. In den letzten sechs Monaten haben Bridget und ich von vielen, vielen Menschen gehört, die einfach nicht verstehen können, wo Gott ist oder warum sich so dunkle Wolken über ihnen zusammenziehen. Aus den Verlautbarungen mancher kirchlichen Quellen geht hervor, dass wir nichts zu fürchten haben, und natürlich steckt letzten Endes etwas Wahres in dieser Aussage. Aber in der Zwischenzeit gibt es hier unten auf dem Boden der Tatsachen durchaus einiges zu fürchten.

Vielleicht könnte ein moderner Psalm für viele so lauten:

Wie sieht's bei dir da oben aus?
Hier unten ist es ziemlich miserabel.
(Das ist übrigens die gekürzte Fassung.)

Aber wenn Hiob recht hatte – und das vermute ich –, wartet Gott nicht mit missbilligender Miene am Spielfeldrand darauf, dass wir eine bessere Haltung zeigen, sondern ist mitten in unseren Wirren gegenwärtig.

Der Schöpfer des Universums ist das gewohnt. Jesus hat uns gesagt, dass die Wahrheit uns frei machen wird, und das wird sie auch. Sie brauchen keine Angst davor zu haben, Ihrem Schmerz Luft zu machen. Jesus hat das auch getan.

Die Erlaubnis, die Wahrheit zu sagen. Ein Schatz in diesen Zeiten. Noch ein Schatz. Der wichtigste. Die Zwiebel im Eintopf. Der Kämpfer in der Wüste. Der Hirte der Schafe. Das verlassene Opfer. Der Mann, der nie aufgab. Der Auferstandene. Mein Held. Jesus.

Ein Glaubensbekenntnis für heute

Ein persönliches Glaubensbekenntnis zu formulieren ist eine heikle Angelegenheit. Normalerweise liegt das daran, dass die Wahrheit von Natur aus nun einmal in einem Spannungsverhältnis zu der Loyalität steht, die eine Liebesbeziehung verlangt. Selbst wenn ich diesen Satz schreibe und ihn mir selbst vorsage, wird mir klar, dass er sich wie eine dieser Aussagen anhört, die eigentlich nichts bedeuten, wenn man sie zerpflückt.

Schön wär's.

In dieser außergewöhnlichen Zeit haben mehr und mehr Christen Schwierigkeiten, herauszufinden, was sie eigentlich wirklich glauben. Ich habe es als hilfreich und interessant erlebt, ein Glaubensbekenntnis zu entwerfen, das widerspiegelt, wo ich mit meinen Überzeugungen tatsächlich stehe.

Ich arbeite noch daran, aber ich hoffe, dass sich die Übung am Ende lohnt. Vielleicht versuchen Sie es selbst.

Ich glaube an den Gott, der sich blicken lässt, wann immer und wie immer und bei wem immer er will.

Ich glaube nicht an den Gott, der sich nie blicken lässt.

Ich glaube nicht an den Gott, der sich immer blicken lässt.

Ich glaube an den Gott, der zusah, wie die Kinder in Budapest mit Kugeln in ihren Leibern und ohne Schuhe an ihren Füßen in das kalte Wasser des Flusses fielen, und der nicht eingriff.

Ich glaube an den Jesus, der nicht kam, um Lazarus zu heilen, als die Freunde, die er liebte, ihn herbeisehnten und brauchten. Er hätte kommen können, aber er kam nicht. Er hätte es auch aus der Ferne tun können. Für andere hat er das getan. Diesmal nicht.

Ich glaube an den Gott, der zu mir gesprochen zu haben scheint.

Ich denke, ich glaube an den Gott, der mit der Kreuzigung und Auferstehung etwas Unerklärliches und Explosives vollbracht hat, damit ich nach Hause kommen kann – und damit ich herausfinde, was zu Hause eigentlich bedeutet.

Ich glaube an den Gott des Nebels, den Gott im Geheimnis, den Gott in den Fragen, den Gott bei Aldi.

Ich glaube an den Gott, der ein Bettler ist, ein hungerndes Kind, ein Kranker, ein Gefangener, eine verlorene Seele.

Ich glaube an den Gott, der so gütig war, mich einen winzigen Teil zur Heilung des tiefen Schmerzes in seinem Herzen beitragen zu lassen und ihm zu helfen, seine unaussprechliche Sehnsucht nach der Heimkehr seiner Kinder zu erfüllen.

Ich glaube an den Gott, der mich mit widerhallendem Schweigen und logischem Unsinn enttäuscht und verwirrt.

Ich glaube an den Gott, der mich gelegentlich überrascht und erfreut.

Ich glaube an den Gott, der mich mit einem einzigen ehrlichen, warmherzigen Flüstern zurück auf seine Seite bringen kann.

Ich glaube an den Gott, der in letzter Zeit auf mehrfache ganz konkrete Weise sehr gut zu mir war.

Ich glaube mit schwerem Herzen an den Gott, der vielen der Menschen, die ich liebe, keine Heilung bringt.

Ich glaube an den Gott, der nicht zulässt, dass ich ihn aus der Verantwortung entlasse.

Ich glaube an den Gott, der mich als Kleingeld in seiner Tasche trägt, Kleingeld, das er ausgeben kann, wofür er will.

Ich denke, ich glaube an den Gott, der sein Kleingeld liebt.

Herbstlaub im Frühling

Dieser Text wurde ursprünglich – mit einiger Vorlaufzeit – für die Herbstausgabe 2020 einer Zeitschrift namens „Families First" geschrieben. Ich denke, der konkrete jahreszeitliche Kontext macht ihn noch relevanter.

Dinge ändern sich. Ich kann zwar versuchen, etwas von meiner vertrauten, verlässlichen Vergangenheit in eine ungewisse Gegenwart hineinzuzwängen, aber mir hilft das meistens nicht weiter.

Ein Beispiel: Wir Christen sind wie alle anderen in dem Sinne, dass wir die Art von Sicherheit wählen, die wir wirklich wollen. In unserem verhältnismäßig wohlhabenden Teil der Welt genießen wir ein hohes Maß an materiellem Komfort und Sicherheit, sodass der Geist gerne wehen kann, wo er will, aber falls es ihm einfallen sollte, uns irgendwo hinzublasen, wo wir partout nicht hingeblasen werden wollen, können wir einfach bleiben, wo wir sind. Wir kommen auch so mehr oder weniger zurecht. Verstehen Sie, was ich meine?

Was für eine Art von Sicherheit wünsche ich mir?

Ich muss mich dieser Frage stellen. Etwas ist passiert. Die Welt ist seit Anfang dieses Jahres von einer eiskalten Welle des Unbehagens gepackt. Ein unsichtbares Grauen hat sich mit erschreckender Geschwindigkeit angeschlichen und das Gefühl der Sicherheit überwuchert. Es droht, unsere Fähigkeit zu ersticken, den Frieden und die Sicherheit zu bewahren, deren Quelle in der Vergangenheit nie wirklich versiegt war.

Menschen sind gestorben. Menschen sterben. Jeden Tag kommen die Zahlen in den Nachrichten. Riesige Zahlen von Todesfällen, und sie steigen immer weiter an. Dieses Ding mit dem Tod. Es muss also stimmen. Nicht darüber nachdenken geht nicht mehr. Es passiert jetzt. Jetzt. Jetzt. Genau jetzt.

So war es. Und so ist es.

An dem Tag, als die Gesamtzahl der Todesfälle die Zwanzigtausend erreichte, schien etwas in mir zu verrutschen und von mir abzufallen.

Hoffnung. Sicherheit. Friede. So etwas in der Art. Oder vielleicht war es der letzte Rest des Glaubens, dass in den Dingen dieser Welt ein wahrhaft sinnvolles Leben zu finden wäre. Wusste ich das nicht bereits? Ja. Aber nicht so, wie ich es in diesem Moment wusste. Am selben Tag schrieb ich die folgenden Zeilen:

> Hoffnungsmetaphern werden heute säuberlich gefaltet
> und sicher in der Schublade verwahrt.
> Bald hol'n wir sie wieder hervor, die Silberstreifen,
> und hoffen, wie es immer unsere Art.
> In ihre kalten Einzelteile brechen heute
> sogar Metaphern von Verlust und Schmerz.
> Nur eine überlebt, ein Mix aus Tod und Farben:
> Herbstlaub im Frühling bricht uns noch das Herz.

Jetzt, da dieser Artikel in meiner Lieblingsjahreszeit erscheint, steht mir noch lebendiger vor Augen, dass jene zwanzigtausend Herbstblätter und all die anderen, die seither herabgefallen sind, nach menschlicher Berechnung zur falschen Zeit verlorengegangen sind. Familien, Freunde und ganze Nachbarschaften haben akutes Leid erlebt, und diese Bürde wird bleiben und umso schwerer werden durch den Schatten der Furcht, in den sie eingehüllt ist.

Was für eine Art von Sicherheit wünschen wir uns?

Auf diese Frage gibt es sicherlich viele Antworten, und sie alle sollten gehört werden. Insbesondere in der christlichen Gemeinschaft haben viele Gläubige, vielleicht besonders jene, die seit Monaten mehr oder weniger auf sich allein gestellt überleben mussten, tapfer versucht, sich den Herausforderungen durch die Auswirkungen des Virus, den Lockdown und das allgemeine Gefühl der Ratlosigkeit darüber, wo Gott in diesem Chaos war und ist, zu stellen. Bei diesem Problem kann ich keine große Hilfe sein. Ich habe selbst keine Ahnung.

Eines weiß ich jedoch. Jesus sagte, dass die Wahrheit uns frei machen wird, und nach meiner Erfahrung kann es ungemein erfrischend sein, Dinge einfach so auszusprechen, wie sie sind.

Nur wenige Orte, wenn überhaupt, sind so sicher wie eine entschlossene, ehrliche Beziehung zu Gott.

Für diejenigen, die immer noch unter der erdrückenden Last einer persönlichen Katastrophe ächzen, ist hier ein Gebet, das vielleicht helfen kann. Ändern Sie es, wie Sie wollen. Fügen Sie Ihre eigene Wahrheit hinzu. Versuchen Sie es mal.

Gott, himmlischer Vater, wenn du der bist, der ich hoffe und bete, dass du bist: Die Substanz meines Glaubens scheint zusammenzubrechen. Ich versuche ihn aufzufangen oder abzufedern, während er um mich her zusammenstürzt, aber es gelingt mir nicht. Die Person, die unter diesen Trümmern zum Vorschein kommt, beeindruckt mich nicht. Ist alles weg? Bist du weg? Warst du da? Was soll ich tun?

Viele raten mir, da du mich immer noch liebst, solle ich weiter am Glauben festhalten, selbst wenn alles Risse bekommt und zerbricht.

Aber das Problem ist, dass Ratschläge von anderen nicht dasselbe sind wie eine Beziehung. Ich kann nicht so tun, als ob Liebe mich erfüllte, wenn es einfach nicht so ist. Ich will mich nicht mehr auf behelfsmäßige Stützen verlassen. Ich will etwas, das nicht zusammenbricht. Ich will dich. Ich will, dass mein Leben mit dir eng bei dir und warm und echt ist. Ich strecke mich jetzt nach dir aus. Begegne mir in meiner Furcht und Auflösung und meiner quälenden Traurigkeit. Ich brauche dich wirklich, wie ich es wohl bisher nie verstanden habe.

Danke, dass du mir zuhörst. Danke für Jesus. Ich hoffe, ich habe nichts Falsches gesagt.

Amen.

In den letzten paar Jahren hatten Bridget und ich viele Gelegenheiten, zu erleben, wie eine veränderte Herangehensweise oder Perspektive neue Zuversicht und Sicherheit bei denen schaffen kann, die es richtig machen wollen. Was auch immer das am Ende bedeuten mag.

Manchmal jedoch müssen wir, wie schon angedeutet, uns für eine solche Veränderung von dem Weg abwenden, dem wir bis hierher gefolgt sind. Im Gegensatz zu dem, was manche behaupten, wird uns nicht alle Wahrheit als Gesamtpaket überreicht, wenn wir Christen werden. Das Streben nach Wahrheit ist mehr eine Richtungsvorgabe als etwas, das man sich in die Tasche stecken kann. Jeder Fortschritt in diese Richtung bringt uns zurück zum Heiligen Geist und seiner berühmten Gewohnheit, überall herumzuwehen.

Was heißt wehen? Das weiß ich nicht genau, aber ich werde Augen und Ohren und Herz offenhalten, damit ich bei ihm sein kann, wo immer er ist. Ich vermute, wo immer mich das auch hinführt und was immer meine Ängste und Unzulänglichkeiten sein mögen, es kann keinen sichereren, friedlicheren Ruheort geben.

Der Ärger mit dem Gedöns

Ich möchte einer Person danken, die sich einen unserer Podcasts angehört und darauf geantwortet hat. Sie hat mich zu allerlei Gedanken im Zusammenhang mit einem bestimmten Wort inspiriert, das sie in ihrer E-Mail verwendete. Vielleicht wird sie selbst überrascht sein, zu hören, dass das besagte Wort „Gedöns" lautet. Dort sagte sie, während sie im Gebet nach Lösungen für ein drängendes Problem gesucht habe, habe sie sich „ergeben und das ganze Zeug".

Bridget und ich haben viel Zeit mit Menschen verbracht, die sich durch die ziemlich umfangreiche Sammlung von Gedöns hindurchgearbeitet haben, mit der Christen offenbar zu tun haben, die sich verzweifelt danach sehnen, dass etwas passiert, was sie einer Lösung der ernsten Probleme in ihrem Leben näherbringt. Vielleicht sollten wir die erwähnten bedauernswerten Leute von jetzt an immer fragen: „Hast du es schon mit dem Gedöns probiert?"

Ich schätze, dass wir so darüber reden, liegt daran, dass unser verständlicher Wunsch nach Veränderung uns dazu treibt, alles zu versuchen, was eventuell „funktioniert". Ich kann es uns nicht verübeln.

Da muss es doch irgendeinen theologischen oder geistlichen Knopf geben, auf den wir drücken können, damit das richtige Ergebnis herauspurzelt wie ein Schokoriegel aus einem dieser Selbstbedienungsautomaten!

Tatsache ist – und ich werde nicht müde, das zu wiederholen –, dass gar nichts funktioniert. Beten funktioniert nicht. Selbstaufopferung funktioniert nicht. Sich ergeben funktioniert nicht. Fasten funktioniert nicht. Spenden funktioniert nicht. Es gibt kein einziges Zeug in der Geschichte der Christenheit, das funktioniert, und inzwischen bin ich so weit, dass ich mich darüber freue, diese unbestreitbare Tatsache begriffen zu haben. Ich will ja gar nicht, dass diese Dinge funktionieren. Ich will auf gar keinen Fall, dass meine schwer erkämpfte Beziehung zu einem Gott, zu dem ich endlich so etwas wie echte Zuneigung gefasst habe, verwässert wird zu einem mechanischen Prozess, der, wenn ich die richtige Technik anwende, vielleicht tatsächlich funktioniert.

Bridget und ich beten viel für alles Mögliche, wo Gott willens sein könnte einzugreifen. Wir bringen hin und wieder auch Opfer und tun auch die meisten anderen Dinge auf meiner Liste. Aber wir wissen inzwischen, dass Gott tut, was er will und wann er es will. Auch wenn wir ihn lieben und unser Vertrauen in seinen guten Willen für uns wächst, ist es wirklich nicht so einfach, wie manche Leute zu denken scheinen, daran zu glauben, dass er tatsächlich alles in der Hand hat.

Wir wissen auch, dass häufig am Ende des Lichtes ein Tunnel wartet, und fangen gerade an, zu begreifen, dass der Weg durch die furchterregende Dunkelheit dieses Tunnels uns zu einem neuen und viel helleren

Licht am anderen Ende führen kann. Auch das ist nicht leicht, aber manche Leute, die wir kennen, hatten das Glück, den Gott, den sie zu kennen glaubten, im alten Licht hinter sich zu lassen, nur um im neuen Licht etwas oder jemanden zu entdecken, das oder der viel authentischer und mit weniger begrenzten Worten und Begriffen zu beschreiben ist.

Was bleibt für mich unter dem Strich? Gott ist Herz, Weisheit, Stille, Verletzlichkeit und Geheimnis. Seine Reaktion auf uns ist die Reaktion eines weisen Vaters auf die Kinder, die er liebt. Als Jesus in Matthäus 6 übers Beten spricht, sagt er nicht: „Geh in dein Kämmerlein und schließ die Tür zu und biete deinem Vater eine Auswahl an Zeug an, bis du das richtige erwischst und er dir gibt, was du willst. Sondern er sagt: „Dein Vater, der in das Verborgene sieht, wird dir's vergelten" (Matthäus 6,6).

Was wird wohl der Lohn sein? Wahrscheinlich eher kein Porsche, aber das liegt ganz bei ihm.

Der Vorrat des Quartiermeistes

Dies ist eine Antwort an eine der vielen Personen, die uns während dieser angespannten, schweren Zeit per E-Mail geschrieben haben. Sie hatte in einer Gruppensituation eine andere Person, die angegriffen wurde, unterstützt, war sich aber hinterher nicht sicher, ob sie das Richtige getan hatte.

Ich verstehe vollkommen, wie es Dir damit geht. Ich bin zwar bestimmt nicht qualifiziert, in irgendeinem dieser verzwickten und umstrittenen Bereiche eine umfassende oder absolute Wahrheit anzubieten, aber ein paar Dinge wären vielleicht hilfreich zu sagen.

Erstens, egal, was man in irgendeiner Hinsicht über den Mann denkt, den du unterstützt hast – ich glaube, deine Reaktion war richtig. Wir sind nicht aufgerufen, als religiöse Polizisten zu agieren, wenn Gott uns leidende Menschen in den Weg stellt. Sondern wir sind aufgerufen zuzuhören, Unterstützung anzubieten und die Liebe Gottes widerzuspiegeln. Verurteilen oder Verdammen ist uns nicht erlaubt. Wir sind lediglich Quartiermeister im Dienst des Heiligen Geistes. Was wir aus dem göttlichen Vorrat weitergeben, wird genau auf die Person zugeschnitten sein, die unserer Obhut anvertraut ist.

Natürlich kann es sein, dass wir die Anweisung, die uns gegeben wurde, infrage stellen. Auch Ananias fragte schließlich noch einmal bei Gott nach, ob es wirklich klug sei, Kontakt zu einer unerwünschten Person wie Saulus aufzunehmen. Ich glaube nicht, dass Gott Anstoß nimmt an einer ehrlichen Frage. Vielleicht müssen wir in unserer Betrachtungsweise ein bisschen jüdischer werden und durchaus Dinge mit Gott durchdiskutieren, aber am Ende wird es klug sein, nachzugeben und zu tun, was uns aufgetragen ist.

Natürlich ist in dieser Verantwortung eine Warnung versteckt. Weniger ist immer mehr, was vollmundige Aussagen angeht, die über das hinausgehen, was wir wirklich wissen. Für Menschen wie dich, die das Leid anderer wirklich berührt, kann es eine starke Versuchung sein, den Leidenden Dinge zu versprechen, die mehr von menschlichem Optimismus als von geistlicher Realität getrieben sind. Es kann auch Zeiten geben, in denen es unser Auftrag ist, nachdrücklich oder gar streng über alle möglichen Themen zu sprechen, wenn es viel leichter und angenehmer wäre, ein paar tröstliche Worte zu sagen. Liebe und Hingabe verlangen, dass wir tun, was wir den Vater tun sehen, nicht was wir gerne hätten, dass er tut.

Das ist jedoch etwas anderes als das Gebot der Fürsorge für jemanden, der vor den Augen anderer ungerechtfertigt angegriffen wird.

Wenn es einen Gott gibt – und die Hinweise darauf scheinen sich zu verdichten –, dann ist er in jeder Situation, die andere betrifft, aktiv involviert, ungeachtet ihrer Geschichte oder ihrer Sexualität oder ihres Glaubens oder ihres Mangels an Glauben oder sonst irgendetwas an ihnen. Wir dürfen uns gerne einmischen – solange wir nicht vergessen, dass er am Ruder ist.

Im Grunde sind wir sehr privilegiert, oder? Für uns gibt es reichlich zu tun und zu erleben. Wenn unsere Absichten eingebettet sind in den guten Boden der Barmherzigkeit, der Demut, des Gehorsams und in das Bewusstsein, dass wir nicht die leiseste Ahnung haben, was Gott als Nächstes tun wird, könnte es sehr aufregend werden.

Ich bin froh, dass dieser Bursche dich an seiner Seite hatte. Gut gemacht.

Hunger nach Veränderung

Gegen Ende Januar 2021 war die Versuchung stark, entmutigt zu dem Schluss zu kommen, dass Geduld und Hoffnung sinnlos seien. In der Öffentlichkeit herrschte eine Unruhe, beinahe ein Gefühl des Eingesperrtseins. Der dritte Lockdown lief anders als die beiden anderen. In unserem Teil der Welt zumindest verloren die zuvor grenzenlose Energie, die staatlichen Stellen zu unterstützen, und sogar unsere Entschlossenheit, das Gesundheitswesen zu schützen, allmählich an Kraft. Die Menschen waren niedergeschlagen und frustriert. Die Sache dauerte einfach viel zu lange. Immer häufiger wurden Regeln gebrochen, besonders von Menschen, für die das natürliche Streben, zu leben und vorwärtszugehen, abrupt zum Stillstand gekommen war. Würde es noch einmal anders werden? Und wenn ja, wann?

Bitte seien Sie mir nicht böse, wenn das Folgende etwas in unernste Gefilde abrutscht, aber ich kann mich des Gedankens nicht erwehren, dass die Kinder Israel nach Jahren in der Wüste Aaron vielleicht genau dieselbe Frage stellten, als sie darauf warteten, dass Mose nach seiner Begegnung mit Gott wieder vom Berg herabkam.

Als das Volk sah, dass Mose so lange auf dem Berge verharrte, siehe, da scharte es sich um Aaron und sprach: „Die Sache ist die: Wir warten nun schon eine Ewigkeit darauf, dass Mose wiederkommt, nachdem er mit Gott geredet hat. Er ist dein Bruder. Wie wär's mit einem Update?"

Aaron aber legte seine Hand ans Ohr und tat, als höre er eine Botschaft von Mose und Gott. „Höret nun auf die Worte meines Bruders Mose und des Herrn, eures Gottes: ,Wir wissen euren Gehorsam, eure Geduld und eure Bereitschaft, an unserer Exodus-Safari teilzunehmen, sehr zu schätzen. Bitte legt nicht auf, der nächste freie Mitarbeiter steht euch zur Verfügung, sobald die Gebote unterschrieben und beide Tafeln fertig graviert sind. Wir wissen, dass ihr wartet, und danken euch für eure Teilnahme an dieser aufregenden Wüstenerfahrung.'"

Doch die Israeliten ereiferten sich gegen Aaron und sprachen: „Siehe, wir haben die Nase voll von unserer überhaupt-nicht-aufregenden Wüstenerfahrung. Du hast hier den Hut auf. Gib uns etwas zu tun, während wir warten. Pronto!"

Da ward Aaron von Panik ergriffen. Er hob mit lauter Stimme an zu reden und verkündete einen Kochwettbewerb und versprach ein Manna-Festmahl für den Israeliten, der aus Manna das außergewöhnlichste Mahl zubereitete. Und siehe, alle Einreichungen für den Wettbewerb sahen genau gleich aus und schmeckten auch genau gleich, bis auf ein Stück Manna, das in der Mitte gefaltet war, mit einer schlafenden Eidechse darin. Aaron hob an zu reden und erklärte den Wettbewerb zu einem Riesenerfolg, doch siehe, alles Volk ereiferte sich abermals gegen ihn und sprach: „Gib uns sofort noch etwas zu tun, oder wahrlich, wir werden dich zerschmettern mit allen Steinen, die wir finden können, und dich vergraben tief in einer Düne."

In höchster Not hob Aaron abermals an zu reden und schwor, er habe noch haufenweise Ideen, zum Beispiel Makramee, Puzzlespiele, Gesichtsmalerei und Erfinden von kleinen Tänzen, die zeigen, wie nett Gott ist. Nichts davon aber gefiel den Israeliten. Am wenigsten aber gefiel ihnen das Sandburgenbauen, der gemütliche Spaziergang im Sand und alle anderen Aktivitäten, die irgendetwas mit Sand zu tun hatten. Und siehe, ein paar Hundert von ihnen fingen an, Steine zu sammeln.

Da blickte Aaron empor, und siehe, ein Leuchten erschien auf seinem Antlitz, dass es aussah, als habe er eine Eingebung. „Eine Band!

Lasst uns eine Band gründen! Spielt jemand gut Schofar? Nein? Glockenspiel? Nein? Holzkastagnetten? Aber Posaunen doch wohl! Nein? Leier? Zimbel? Harfe? Nein?"

Und siehe, tausend weitere Israeliten beugten sich herab und hoben Steine auf, um sie auf Aaron zu schleudern.

Aaron aber organisierte eilends allerlei Partyspiele. Den Kamelen Schwänze anzuheften scheiterte daran, dass alle Kamele sich entrüstet dagegen verwahrten, dass ihnen Schwänze angeheftet wurden, und die Anhefter an allerlei Körperteile traten, ehe sie denn davonrannten in die Wüste. Das Paketspiel war auch eine Pleite, weil die Pakete, gefertigt aus abgestandenem Manna, nur abgestandenes Manna und unerwarteterweise die Eidechse aus dem Kochwettbewerb, die in einem der Pakete schlief, enthielten. Und siehe, sie erwacht und beißt den, der sie auspackt. Verstecken machte auch keinen Spaß, denn siehe, es gab keine Verstecke, und siehe, dreitausend Israeliten versuchten, sich hintereinander zu verstecken.

Da erhob einer mit lauterer Stimme als alle anderen seine Stimme und rief: „Spielen wir ein Spiel namens ‚Wirf einen Stein auf jemanden namens Aaron, der lauter bescheuerte Ideen hat!'"

Aaron aber fürchtete sich und floh ein Stück den Berg hinauf, doch siehe, plötzlich drehte er sich um und rief mit lauter Stimme: „Wartet mal! Wartet mal! Ich hab's! Gebt mir alle eure goldenen Ohrringe, und siehe, ich organisiere euch bis morgen ein großartiges, wunderbares Spiel, das euch die Zeit vertreiben wird, dass ihr sie gar gänzlich vergesset!"

Und siehe, zweitausend begeisterte Mütter und Töchter füllten einen riesigen Sack mit Gold, und als der Tag sich neigte, sprach Aaron unglücklich zu seinem Weibe: „Weib, ich brauche eine Idee. Bis morgen. Viertausend goldene Ohrringe. Was mache ich damit?"

„Wahrlich, wahrlich", sprach sein Weib beschwichtigend, „gemeinsam wird uns beiden gewisslich etwas einfallen, das große Freude bringen wird allen Israeliten und Mose und wahrlich auch dem Herrn, Gott selbst …"

Gibt es einen Sinn hinter allem?

Der Lockdown hat viele Menschen zu allerhand neuen Heimwerkerprojekten inspiriert. Manches davon war durchaus beeindruckend. Sogar ich versuchte mich daran. Unser Haus hat drei Zimmer im Obergeschoss, ein recht großes Wohnzimmer an der Vorderseite, ein kleineres Gästezimmer an der Rückseite und eine Küche, die funktioniert, aber vor allem nur als Küche. Uns fehlte definitiv noch ein Arbeitszimmer, aber jetzt, so kann ich stolz berichten, haben wir improvisiert.

Etwas unerwartet Gutes ist während der Pandemie passiert: Wir scheinen es geschafft zu haben, unserem Haus einen zusätzlichen Arbeitsplatz abzuringen. Am Ende unseres Gartens steht ein großer Schuppen, der ursprünglich als Lagerraum gedacht war. Schon immer hatten wir vorgehabt, irgendetwas Nützliches damit anzufangen. Unser neuester Plan ist, aus dem vorderen Teil des Lagerraums ein einigermaßen behagliches Plätzchen zum Arbeiten, Beten und Whiskytrinken zu machen.

Es ging nur langsam voran, da meine Beweglichkeit und meine Heimwerkerfähigkeiten sowie mein Selbstvertrauen sich alle etwa auf dem gleichen Level bewegen. Zu meinem Stolz kann ich aber berichten, dass ich tatsächlich ein riesiges Ikea-Regal zusammengebaut habe, das nun eine komplette Wand des neuen Raumes bedeckt. Da diese Arbeit nur vor Ort im Schuppen bewerkstelligt werden konnte, war das eine beträchtliche und beängstigende Herausforderung. Den ganzen Prozess habe ich folgendermaßen in Erinnerung.

Ich fing an.

Es war seltsam. Das Ding breitete sich aus und wuchs wie ein stummes, gefräßiges Lebewesen quer über den Fußboden des Schuppens, während ich, mit angstgeweiteten Augen und in einem zombiehaften Zustand gefangen, immer wieder dieselben Montageschritte wiederholte, so effizient es meine begrenzten Fähigkeiten erlaubten. Als ich schließlich wieder aus meiner Trance auftauchte, fand ich mich zu meinem Entsetzen auf dem Boden liegend wieder, mehr oder weniger zwischen dem Regal und der Rückwand gefangen. Es war wie einer dieser fürchterlichen Zeitlupenträume oder wie die grausige Schlussszene eines billig gemachten Hitchcock-Films über einen Mann, der von einem Regalsystem verschlungen wird.

Schließlich waren keine Dübel (das sind hölzerne Dinger, die man in Löcher steckt, für die unter euch, die handwerklich nicht so begabt sind wie ich), und alles war fertig bis auf ein Quartett aus sehr großen, ausgewachsenen Schrauben, die in den vier Ecken am Sockel der Konstruktion eingeführt werden mussten.

Ich weiß noch, wie ich, flach auf dem mistverschmierten Boden in der lächerlich engen Lücke liegend, die zwischen dem Regal und der Schuppenwand noch für mich frei war, einen heiseren Seufzer der Erleichterung ausstieß, als ich mich an diese letzte Aufgabe machte.

Was ich allerdings vergessen oder mir in der wüsten Leere meiner Heimwerkererfahrung nie richtig klargemacht hatte, war die Wahrscheinlichkeit, dass die Vielzahl von kleinen Fehlern und Ungenauigkeiten, die mir irrelevant erschienen waren, während ich das verdammte Ding zusammensetzte, sich beim Bemühen, diese vier letzten Schrauben einzuführen, zu einer Katastrophe zusammenbrauen würden.

Das ungestalte Monster, das ich gedankenlos erschaffen hatte, widersetzte sich all meinen Handgriffen mit jeder Faser seines empörten Seins, stöhnte, ächzte, quietschte und fluchte, vermutlich auf Schwedisch, während ich es mit Gewalt zu zwingen versuchte, sich in die Konsequenzen meiner unzähligen kleinen Fehler zu fügen. Es dauerte eine ernsthaft, lächerlich, knochenbrecherisch lange Zeit. Es gab mindestens zwei dunkle, verzweifelte Momente, in denen der Teufel mir ins Ohr zischte: „Spielt es wirklich eine Rolle, ob der Schraubenkopf nun ein paar lächerliche Millimeterchen vorsteht?" Um eine Unterlegscheibe hätte ich ihm nachgegeben.

Aber ich habe nicht nachgegeben, und endlich war es geschafft.

Eine Weile blieb ich reglos liegen und wäre glücklich und zufrieden gewesen, meinen letzten Atemzug zu tun jetzt, nachdem ich die Sache zu einem guten Ende gebracht hatte. Nach einigen nebelhaften Minuten kam mir der Gedanke, dass ich vielleicht doch gar nicht unbedingt jetzt sterben müsste. Ich hebelte meinen verrenkten Körper mühsam aus seinem Sarg heraus, kroch erschöpft über die Fläche des besiegten Regals und ging los, um jemanden zu suchen, der stark genug war, um mir zu helfen, das Ding vom Boden emporzuhieven und an der Wand zu befestigen.

Ich will ja nicht angeben, aber jetzt, wo es steht, sieht dieses Regal (das ich, nur zur Erinnerung, ohne jedwede Hilfe zusammengebaut habe) eigentlich ganz gut aus.

Schließlich gibt es nach meiner Erfahrung keine Geschichte in dieser großen, weiten Welt, die nicht Sitz macht wie ein Welpe und darum bettelt, als Gleichnis, als Metapher oder wenigstens als bescheidener Vergleich verwendet zu werden.

Also gut. Mir kommt der Gedanke, dass jeder Versuch, sich auf das Virus, das Universum, Gott, uns und alles, was damit zu tun hat, einen Reim zu machen, vermutlich zumindest in dieser Welt meinen Kampf mit jenen vier Schrauben wie eine jämmerliche Bagatelle aussehen lässt. Wenn unsere Irrtümer in der Vergangenheit zu grundfalschen Schlussfolgerungen in der Gegenwart geführt haben, werden wir es wohl Gott überlassen müssen, alles wieder in Ordnung zu bringen.

Leben ohne Händeschütteln

Etwa Mitte April 2021 kam hier in England ein Tag, an dem viele Beschränkungen des dritten Lockdowns aufgehoben wurden. Diese neue Freiheit wurde dankbar begrüßt, aber viele von uns waren zu verunsichert, um darin einen Grund zum Feiern zu sehen. Hinter uns lag mehr als ein Jahr, in dem sich Hoffnung und Enttäuschung immer wieder abgewechselt hatten. Doch nun brach der Frühling an, und die Impfkampagnen schritten mit einem Tempo voran, das bis vor Kurzem kaum jemand für möglich gehalten hätte.

Die dunklen Wolken der Furcht und des Todes schwebten immer noch über uns, aber es tat gut, kleine Schritte in die Freiheit zu tun und sich den süßen Geschmack einer Veränderung zum Besseren auf der Zunge zergehen zu lassen. Eines Abends, nachdem ich mir zum millionsten Mal den Film The Sound of Music[6] *angeschaut hatte, schrieb ich die folgenden Worte. Durch einen merkwürdigen Zufall passen sie zur Melodie eines der bekanntesten Songs aus diesem Film.*

Leben, ohne
Hände zu drücken,
keine Umarmung,
kein Küssen, kein Zwicken,
Sehnsucht und Furcht,
wenn das Telefon tönt,
das alles finden wir weniger schön.
Versteckt hinter Masken,
Abstand zwei Meter,
kommt jemand zu nah,
so gibt es Gezeter.
Man traut sich kaum,
auf die Straße zu geh'n.
Das alles finden wir weniger schön.

Impfstoff-Forscher,
die triumphieren,
Frühlingserwachen
bei Menschen und Tieren,

---

[6] Deutsch: „Meine Lieder – meine Träume"

auf Spielplätzen schaukelnde
Kinder zu seh'n,
das alles finden wir schon eher schön.

Wenn die Nachrichten
sind bissig
und wir sind verzagt,
versuchen wir hoffnungsvoll aufzuseh'n
und denken an das, was schön.

7.
Albernheit vergeht nicht

Ja, Albernheit vergeht nicht. Still silly – after all these years.
  Das hört sich wahrscheinlich ziemlich seicht und wenig würdevoll an, oder?
  „Still crazy" – immer noch verrückt – klingt da schon viel interessanter. Vielleicht hört es sich nach einem wilden, romantischen Ausbrechen aus der Norm an, das in Wirklichkeit viel vernünftiger ist als die Vernunft selbst – oder nach irgendetwas ähnlich Sinnfreiem.
  Nein, Albernheit hat für mich einen ganz eigenen Wert und für die meisten Menschen, in deren Gesellschaft ich mich wohlfühle. Ich denke, es könnte etwas mit der Bereitschaft zu tun haben, auf Höhenflüge aller Art, ob eingebildet oder real, zu verzichten, die uns nur schwindlig und töricht machen. Die Bereitschaft, den Abstieg in das Lachen und die müßigen Mutmaßungen zu genießen und, wie ich in meiner Einleitung erwähnt habe, die Erkundung kleiner Abzweigungen, die uns an Orte führen können – und es oft auch tun –, die wir uns vorher nicht vorgestellt haben. All das spielt mit und noch manches andere, was ich nicht ganz zu fassen bekomme. Ein bisschen Albernheit, finde ich zumindest, hilft meistens ein ganzes Stück weiter. Sie ist eine zuverlässige Medizin. Heute, in meinem achten Lebensjahrzehnt, nehme ich meinen Glauben ernst genug, um zu wissen, dass ich mehr denn je hin und wieder eine Dosis Albernheit brauche. Nicht, dass daran je Mangel geherrscht hätte, besonders an der unfreiwillig komischen Variante. Dabei kommt mir eine Erinnerung.
  Bei einem Quiz wurde mir einmal eine Frage gestellt, die einfach zu beantworten war, und ich meine wirklich lächerlich einfach. Na gut, vielleicht war sie nicht ganz so lächerlich wie: „Wie nennst du das Ding mit den vier Fingern und dem Daumen daran am Ende deines Arms?", aber sie gehörte definitiv in dieselbe Kategorie. Trotzdem konnte ich sie nicht

beantworten. Heutzutage ist mir das nicht mehr so peinlich wie früher, als ich versuchte, die Begabungen auszuleben, die ich bei anderen bewunderte, aber eigentlich selbst nicht besaß. Ich weiß noch, wie unendlich schwierig es manchmal war, mit diesem Problem umzugehen. Ich glaube mich zu erinnern, dass ich einmal keinen anderen Ausweg sah, als plötzlich heftige Bauchschmerzen zu bekommen. Um ehrlich zu sein, heftige Bauchschmerzen wären mir lieber gewesen.

Ich hoffe, Sie werden diesen Abschnitt genießen. Aber vorab eine Frage: Werden Sie mit Demut und Stolz bekennen, dass Sie verrückt genug sind, sich mir anzuschließen? Oder mit selbstgefälliger Toleranz?

Während Sie über diese Frage nachdenken, habe ich hier eine der erwähnten kleinen Seitengassen für Sie.

Der heilige Johannes vom Kreuz

Vor ein paar Jahren habe ich versucht, mir vorzustellen, was wohl passieren würde, wenn der heilige Johannes vom Kreuz als Referent zu einem Damenkränzchen im zwanzigsten Jahrhundert eingeladen wäre. Bei dieser gedanklichen Übung schöpfte ich aus meinen recht spärlichen Kenntnissen über den berühmten spanischen Mystiker aus dem sechzehnten Jahrhundert und aus einer persönlichen Erfahrung aus den frühen Neunzigern, als ich den ziemlich missglückten Versuch unternahm, zu einer solchen Gruppe zu sprechen. Erst vor Kurzem habe ich aus dieser Spekulation einen Sketch oder einen Dialog gemacht.

Sie brauchen sich dafür lediglich einen etwas gestressten, zunehmend aggressiv aussehenden Mann in einem langen, braunen, robenähnlichen Gewand vorzustellen, der neben der etwas zu gutgelaunten Präsidentin der Organisation steht, deren Aufgabe es ist, den Ehrengast für diese Woche anzukündigen. Es beginnt damit, dass die Veranstalterin ihrem Referenten einen kleinen Ratschlag erteilt, bevor er mit seinem Vortrag beginnt.

PRÄSIDENTIN: Äh, kleiner Tipp unter Freunden, hl. Johannes – ach ja, soll ich Sie hl. Johannes nennen? Oder einfach Johannes? Oder ist es Ihnen vielleicht lieber, wenn ich Herr vom Kreuz sage? Oder –

JOHANNES: Äh, das ist mir eigentlich egal. *(zuckt die Achseln)*. Hl. Johannes passt schon.

P: Gut. Oh! Noch ein kleiner Tipp, hl. Johannes – einige unserer schon etwas älteren Damen werden wahrscheinlich nach ungefähr zehn Minuten einnicken oder auf die – Sie wissen schon – die *(spricht das Wort fast tonlos aus)* sanitären Anlagen aufsuchen müssen.

J: Wie bitte? Was müssen sie aufsuchen?

P: Die sanitären Anlagen. Sie wissen doch.

J: *(verwirrte Pause)* Oh! Ach richtig, ja.

P: Ja, also, wenn Sie schön laut und heiter sprechen und spätestens nach fünfzehn Minuten Schluss machen, das wäre großartig. Und dann gibt es Tee. *(kichert)* Um ehrlich zu sein, unsere Damen freuen sich häufig mehr auf Tee und Kuchen als auf die Referenten.

J: Tatsächlich?

P: Ja. Es sei denn, es gibt Dias. Dias mögen sie. *(hoffnungsfroh lächelnd)* Gibt es Dias?

J: Dias? Nein, ich glaube nicht. Nein. Keine Dias.

P: *(sichtlich enttäuscht)* Schade. Dias mögen sie wirklich gern. *(wieder munterer)* Wie auch immer, ich stelle Sie jetzt vor, ja? Und dann fangen wir an. *(klopft an eine Tischkante)* So, meine Damen, wollen wir anfangen? Schön, so viele von Ihnen hier zu sehen – zwölf, wenn ich mal schnell durchzähle, und das sind ja schon fast dreizehn. *(lacht über ihren kleinen Scherz)* So. Letztes Mal hat uns Mr. Simmonds mit seinen „Dias von West Brunton in alter Zeit" eine große Freude gemacht. Das hat uns sehr gefallen, nicht wahr? *(registriert die nickenden Köpfe – flüstert dem hl. Johannes zu)* Das hat ihnen gefallen. Die Dias, wissen Sie.

J: Können wir weitermachen?

P: Ja. Diesen Monat, meine Damen haben wir das große, große Glück, dass wir *(mit vor Begeisterung glucksender Stimme)* den hl. Johannes vom Kreuz als unseren Referenten gewinnen konnten! Der hl. Johannes ist ein – lassen Sie mich kurz nachschauen *(schaut in ihre Notizen)* – der hl. Johannes ist ein Mytsiker, und er ist zugleich –

J: *(tippt ihr an den Arm)* Mystiker.

P: Entschuldigung?

J: Ich bin kein – wie sagten Sie? – kein Mytsiker, ich bin ein Mystiker. Mystiker. Ich bin kein Mytsiker. Ich bin ein Mystiker.

P: Der hl. Johannes ist ein Mystiker, und – ooh, da fällt mir ein, meine Damen, das ist ja genau wie diese Julian, die beim vorletzten Mal den ganzen Weg von Norwich herkam und sich dann als Frau herausstellte – wer hätte das gedacht?! – und uns gesagt hat: Ende gut, alles gut. Was für eine schöne Botschaft. Obwohl ich sagen würde, sie war eine sehr optimistische Mytsikerin. *(lacht entzückt über ihren kleinen Witz)*

J: Mystikerin! Mystikerin! Sie ist eine Mystikerin. Ich bin ein Mystiker! Sie ist eine Mystikerin! Ich bin ein Mystiker! Hören Sie genau hin! Myst-.

P: Myst-.

J: -ic.

P: -ic. *(Der hl. Johannes macht eine ermutigende Geste)* Mytsiker. Haha, nur ein kleiner Scherz! Der hl. Johannes ist ein Mystiker, und er spricht zu uns heute – lassen Sie mich kurz noch einmal nachschauen –, ja, da haben wir es, er spricht zu uns heute über das Thema – oooh! *(bedeutungsschwer)* Die dunkle Seite der Kehle. Und damit haben Sie das Wort, hl. Johannes! *(schließt sich dem tröpfelnden Applaus an)*

J: Was?! Nein, Entschuldigung, da stimmt etwas nicht, oder? So habe ich das doch nicht gesagt. Es geht nicht um die dunkle Seite der Kehle. Oder? Das hört sich ja an, als ob jemand von einem Ungeheuer verschlungen wird. Es muss heißen: Die dunkle Nacht der Seele. Dunkle – Nacht – der – Seele.

P: *(unbekümmert)* Ach, wie dumm von mir, Entschuldigung. Natürlich. Der hl. Johannes vom Kreuz spricht nun zu uns über die dunkle Seite der Seele. Und damit …

J: Nein – nein, schauen Sie, das ist ja immer noch falsch, nicht wahr? Es geht nicht um die dunkle Seite der Seele. Das würde ja gar keinen Sinn ergeben. Die Seele hat ja gar keine – schauen Sie, es heißt die dunkle Nacht der Seele. Die dunkle Nacht! Die dunkle Nacht! Es heißt die dunkle Nacht der Seele!

P: *(mit geweiteten Augen, aber immer noch am Ruder – sie war früher Erzieherin)* Bitte vielmals um Verzeihung, Herr vom Kreuz. Also, meine Damen. Unser Gast spricht heute über *(überdeutliche Aussprache)* die dunkle Nacht der Seele. Bitte sehr, hl. Johannes! *(schließt sich erneut dem tröpfelnden Applaus an)*

J: Ja, vielen Dank. So! Mein erster Punkt ist, dass die dunkle Nacht der Seele für Seelenerfahrungen bei der Begegnung mit zwei notwendigen Läuterungen –

P: *(leise)* Geht es ein bisschen heiterer?

J: Sie bezeichnet die Erfahrungen der Seele in der Begegnung mit zwei notwendigen Läuterungen auf dem Weg zur Vereinigung mit der Gottheit. Die erste Läuterung ist die des sinnlichen oder empfindenden Teils der Seele, und die zweite ist –

P: Tut mir leid, dass ich Sie unterbreche, wo Sie gerade erst in Gang kommen, hl. Johannes, aber *(deutet ins Publikum)* ich glaube, Mrs. Wheeler hat bereits eine Frage. *(beugt sich vor)* Ja, meine Liebe? *(hört genau hin)* Ja. Ja. Mm. Ja. *(zum hl. Johannes gewandt)* Also, im Lichte dessen, was Sie gerade gesagt haben – gibt es heute Dias? *(verschwörerisches Lächeln)* Ich glaube, wir beide kennen die Antwort auf diese Frage, nicht wahr?

J: Oh ja! Lassen Sie mich das in aller Deutlichkeit sagen. Dias gibt es nicht. Ich arbeite nicht mit Dias. Ehrlich gesagt, ich habe nicht die leiseste Ahnung, was ein Dia ist. Ich bin ein kontemplativer Mytsiker, der –

P: Mystiker. Mystiker.

J: Ich bin ein Mystiker, dem Gott Einblick in eine komplexe und tiefgreifende Phase in der Entwicklung der menschlichen Seele gewährt hat. Und ich verwende keine – ich wiederhole – ich verwende keine Dias! Ich weiß nicht, was Dias sind, aber was immer sie sein mögen, ich – verwende – sie – nicht!

P: *(leidenschaftslos)* Wie schade. Sie mögen Dias wirklich sehr.

J: *(jetzt richtig sauer)* Tja, aber sie kriegen heute keine!

P: *(heiter, nach einer Schrecksekunde)* Wissen Sie was? Ich glaube, es ist Zeit für den Tee. Danken wir dem hl. Johannes für seinen wunderbaren Vortrag. *(führt den Applaus an wie zuvor)*

J: Aber ich habe doch noch gar nicht –

P: *(mit Margaret-Thatcher-Stimme)* Tee!!

Zeit für einen Limerick

Vor meinem geistigen Auge sehe ich die Präsidentin dieses Damenkränzchens am Abend nach dem Besuch des hl. Johannes vor mir. Sie sitzt in ihrem aufgeräumten Wohnzimmer am Kamin, mit einem Notizblock auf dem Schoß, in einer Hand ein Gläschen trockener Sherry, während sie in der anderen einen Kugelschreiber zwischen Daumen und Zeigefinger kreisen lässt. Sie hat einen Limerick verfasst.

Ein Mytsiker kam uns besuchen,
so trocken wie alter Kuchen.
Weil er statt Dias
Philosophie las,
woll'n wir ihn wohl nicht wieder buchen.

Im Traum sah ich 'ne Languste

Wer mich kennt, weiß, dass ich gerne die Stimmen berühmter Leute imitiere. Meinen Frank Spencer zum Beispiel muss man gehört haben, sonst glaubt man es nicht. Wenn ich Billy Connolly imitiere, ist es so, als wäre er selbst im Raum. Jetzt habe ich gehört, dass eine Gruppe von Wohlmeinenden, wie sie sich selbst beschreiben, sich vorgenommen hat, mich von meinen unglaublich akkuraten Bob-Dylan-Imitationen abzuhalten – zu meinem eigenen Besten, versteht sich. Nun, denen kann ich nur sagen, geht und meint es gut mit jemand anderem. Es gibt haufenweise Elvis-Imitatoren, die bei jeder noch so winzigen Gelegenheit ihre Stimme erklingen lassen. Geht doch und haltet die mal zu ihrem eigenen Besten davon ab.

Hier sind zwei Beispiele für meine wertvolle Arbeit. Das erste basiert auf einem Dylan-Song, in dem es darum geht, dass die Zeiten sich ändern oder so ähnlich. Das andere ist eine Hommage an sein Liedchen über den hl. Augustinus. Viel Spaß damit.

Wenn Sie mich tatsächlich im Stil des großen Barden singen hören wollen – ich bin sicher, das Erscheinen der DVD steht unmittelbar bevor.

Die Mandeln, sie sind voller Eiter

Kommt her, ihr Drogisten ringsum in der Stadt,
eure Hustenpastillen, die machen mich platt,
hab vierzig Grad Fieber, fühl mich nur noch malad',
lieg im Bett und kann nicht mehr weiter,
hör mich an wie ein strangulierter Pirat,
denn die Mandeln, sie sind voller Eiter.

Im Traum sah ich 'ne Languste

Im Traum sah ich 'ne Languste,
lebendig wie eh und je,

schwamm sie durch das Wasser
dieser sturmgepeitschten See.
Sie fuhr die Augenstiele aus
und suchte schmerzerfüllt
nach all den Krabben, die schon längst
geschält sind und gegrillt.
„Auf, auf, ihr Leute!", rief sie laut
und schrie mit aller Kraft:
„Ihr Meeresfrüchte-Connaisseurs,
hört meine Bittbotschaft.
Serviert man euch Langusten heut,
bitt ich euch, lasst sie steh'n!
Vielleicht ist dieser Leckerbissen
meine Tante Jane."

Manche sagen, Liebe ist ...

Als jemand, der sich vierzig Jahre mit Gedichten, Liedern und Texten beschäftigt hat, ist mir vielleicht allzu bewusst, dass es beim Schreiben ernsthafter Songs ein verbreitetes Problem gibt. Die ursprüngliche Inspiration besteht vielleicht aus ein paar sehr wirkungsvollen Worten, aber danach ist ja noch ein ganzer Song zu schreiben, in dem der Grundgedanke mehrere Male mit leichten Variationen wiederholt und in gereimten Strophen ausgedrückt werden muss. Der Anspruch, dabei die Metrik zu beachten und allgemein ein vernünftiges Qualitätsniveau durchzuhalten, kann einen schon mal dazu treiben, mit einem Buchhalterjob zu liebäugeln.

Mein Lösungsvorschlag, illustriert durch die folgenden Verse, lautet schlicht, die Reime den Inhalt bestimmen zu lassen. Mag sein, dass der Song nicht viel Sinn ergibt, aber zumindest kriegt man ihn so zu Papier. Dankesschreiben sind nicht erforderlich.

Manche sagen, Liebe ist ein Toaster,
der das Brot schön gleichmäßig bräunt.
Manche sagen, Liebe ist eine Weide,
mit Maschendraht rings umzäunt.
Manche sagen, Liebe ist wie Makramee
aus bunten Schnüren verschiedener Länge.
Doch manche sagen, Liebe ist eine Wäscheklammer
mit einem kleinen Metallgestänge.

Manche sagen, Liebe ist ein Klempner
mit der Rohrzange in der Hand.
Manche sagen, Liebe ist eine Flasche,
ob mit oder ob ohne Pfand.
Manche sagen, Liebe ist ein Werkzeugschuppen
voller Spaten und Rechen und Hacken.
Doch wir sagen, Liebe ist ein Schneemann
mit einer Möhre zwischen den Backen.

(langsam und mit echter Leidenschaft wiederholen)
Ja, manche sagen, Liebe ist ein Werkzeugschuppen
voller Spaten und Rechen *(bedeutungsschwer)* – ja, und
voller Hacken!
Doch wir wissen, Liebe ist *(bewegende Pause)* ein Schneemann,
er hat eine Möhre zwischen den Backen.

Mose empfängt die Tafeln

*Wenn jemand je verstanden hat, was „Geh zurück auf Los" bedeutet, dann
Mose. Diese lästigen Wege gehen wir immer wieder. Wir alle tun das. Wir
machen uns daran, die Küche zu putzen, und lassen prompt eine Flasche*

Wein auf die Bodenfliesen fallen. Fünfzehn oder zwanzig Minuten später
fangen wir dann an, die Küche zu putzen.
   Sie und Ihr Lebenspartner haben Lust auf eine Tasse Tee. Es ist keine
Milch im Haus. Ihnen beiden wird schlagartig klar, dass ein Leben ohne
Tee nicht lebenswert ist. Ihr Partner erteilt Ihnen den Auftrag, fünf Meilen
zum nächsten Laden zu fahren. Sie fahren hin, kaufen gewissenhaft vier
dringend benötigte Artikel, die Sie gestern beim Einkaufen vergessen haben,
und fahren wieder nach Hause – geplagt von dem nagenden Gefühl, etwas
Wichtiges vergessen zu haben. Ihr Partner verwandelt sich anlässlich Ihrer
Rückkehr ohne Milch in einen russischen Mafioso und erbietet sich, Ihnen
zu zeigen, wo die Flusskrebse den Winter verbringen.
   Ja, der Weg zurück auf Los kann hart sein, besonders wenn Sie wie Mose
Mist bauen und denselben schwer beladenen, ermüdenden Marsch zweimal
den Berg hinunter und wieder hinauf zurücklegen müssen.

GOTT: Mose! Da bist du ja wieder.

MOSE: Ja, Herr, da, wie du so treffend sagst, bin ich wieder. Du bist
    wahrlich ein großer und gütiger Gott, der alles weiß und sieht, was
    anderen verborgen ist. Du bist –

G: Ja, ich weiß schon. Dass du zurückgekommen bist, ist eigentlich
    weder mir noch anderen verborgen. Ich brauche kein Gott zu sein,
    der alles weiß, um zu wissen, dass du wieder da bist, denn du bist
    ja hier. Ich kann dich sehen. *(mit leisem Argwohn)* Und überhaupt,
    warum bist du so nett zu mir?

M: Kein besonderer Grund, Herr, ich versuche nur – du weißt schon –
    respektvolle Dankbarkeit zu zeigen. Ich will einfach – höflich sein.

G: Hmm. So, du hast es also hinunter an den Fuß des Berges geschafft,
    ja?

M: Oh ja. Ja, habe ich. Klar habe ich es – geschafft.

G: Bis ganz unten.

M: Ja, natürlich. Bis ganz nach unten, ja. *(mimt)* Bis in die tiefste Tiefe
    aller tiefsten – Tiefen.

G: Und du hast die Tafeln mitgenommen.

M: Ha! Weißt du, Herr, dazu ist mir ein wirklich lustiger Witz eingefallen. Also –

G: Ja, ich kenne den Witz, und er wird in dreitausend Jahren nicht witziger sein als er jetzt ist. Bleib bei der Sache. Hast du die beiden Steintafeln mit an den Fuß des Berges genommen oder nicht?

M: Ja, habe ich. Das habe ich getan.

G: Und du hast die Gebote emporgehalten, sodass jeder sie sehen konnte, wie ich es dir gesagt habe, ja?

M: Also, weißt du, was wirklich interessant ist? Du kennst das doch, wenn man sich einen Plan macht, ihn noch mal genau auf irgendwelche möglichen Probleme hin überprüft, alles scheint in bester Ordnung zu sein, und dann nach alledem –

G: Schon gut, Mose, was ist passiert?

M: Es tut mir sehr leid, das zu sagen, Herr, aber ich, nun ja, ich kann es wirklich nicht anders ausdrücken – ich habe die Gebote gebrochen.

G: *(schweigt einen Moment lang verdutzt)* Was, alle zehn? Das kann doch nicht sein. So viel Zeit hattest du gar nicht. Du warst doch bloß ein paar Stunden weg. Willst du mir erzählen, du hättest jemanden ermordet, Ehebruch begangen, Zeug geklaut, einen oder zwei Götzen angebetet, deine Eltern respektlos behandelt, deinem Nachbarn etwas Furchtbares angetan und alles, was da sonst noch drinsteht, und das alles in nicht einmal zwei Stunden? Da hättest du ja ein ordentliches Tempo vorgelegt. Ich weiß gar nicht, ob ich dich erschlagen oder dir die Hand schütteln soll. Das ist unglaublich! Das ist –

M: Nein, nein, Herr! Entschuldige, da habe ich mich missverständlich – äh, zweideutig – ungeschickt –

G: Falsch.

M: Falsch, ja. Danke, Herr. Falsch. Ich habe mich falsch ausgedrückt. Ich habe nicht alle Gebote gebrochen.

G: Das sagtest du aber doch.

M: Nein, so war das – nun ja, das habe ich gesagt, aber was ich meinte, war, dass ich unglücklicherweise – und ich möchte die zutiefst unglückliche Natur des Hergangs unterstreichen – dass ich unglücklicherweise, als ich unten am Fuß des Berges ankam, versehentlich die beiden steinernen Tafeln mit den Geboten fallen gelassen habe, und zu meinem Leidwesen muss ich sagen, dass sie in tausend Stücke zerbrochen sind. Ich habe versucht, die Teile wieder zusammenzusetzen, aber da kam dann zum Beispiel „DU SOLLST" und „EHEBRECHEN" heraus, mit einem Loch in der Mitte, wo eigentlich das „NICHT" hingehört, und ich dachte mir, du würdest sicher bemängeln, dass „DU SOLLST EHEBRECHEN" den Sinn nicht ganz trifft, und deshalb habe ich –

G: Genug! Nur damit ich das richtig verstehe. Du hast die Steintafeln, auf denen ich vierzig Tage und vierzig Nächte lang mit größter Sorgfalt Buchstabe für Buchstabe die Zehn Gebote eingraviert hatte, fallenlassen und zertrümmert?

M: Lass mich kurz überlegen. Fallengelassen und zertrümmert … (wiederholt murmelnd, was Gott gesagt hat) Ja. Perfekt formuliert, Herr. Das trifft den Nagel auf den Kopf.

G: Und du hast sie fallenlassen, sagst du.

M: (nachdenklich) Nun ja, Herr, ich muss sagen, wenn ich es genau bedenke, könnte die Möglichkeit bestehen, dass ich den, äh, natürlichen Ablauf des Fallens durch ein wi i i nziges Quäntchen eines zusätzlichen beschleunigenden Impulses ergänzt habe.

G: (mit ruhiger Gewissheit) Mose, du hast sie hingeschmissen, stimmt's?

M: Also gut, schön, ja, das habe ich! Schau, ich bin stinkwütend geworden, weil mein bescheuerter Buder Aaron ein goldenes Kalb gemacht hat, und –

G: Stopp! Darüber reden wir – Was?! Was, sagtest du, hat Aaron gemacht?

M: Er hat –

G: Nein! Lass gut sein. Wir reden später darüber, was Aaron getan hat.

Zuerst, mein stinkwütender Herr Mose, liegt da drüben ein Meißel. Such dir zwei neue Steintafeln, genau so wie die letzten, graviere den ganzen Text neu und bring sie hinunter zum Fuß des Berges.

M: Ja, natürlich, Herr. Ich mache mich sofort an die Arbeit. Es wird mir ein – Vergnügen sein. Ähm. Ich hätte da noch einen originellen kleinen Vorschlag. Nur so eine Idee, wie man eine halbe Tonne Gestein den Berg hinauf- und hinunterschaffen könnte. Ich weiß, dir liegt viel daran, dass das jetzt rasch erledigt wird. Wie wär's – und das ist nur so ein Gedanke –, es ist ja doch ein ganzes Stück Weg den Berg hinunter, und da könntest du doch vielleicht – eine Rutsche erschaffen?

G: Eine Rutsche?

M: Ja, eine Rutsche, breit genug, damit ich und die Steintafeln damit hinunter ins Tal rutschen können. Oder! Noch besser! Wie wär's mit einer Wasserrutsche? Da könnte ich auf den Tafeln hinuntersurfen, in Null Komma …

G: *(leise drohend)* Mose.

M: *(nervös)* Ja, Herr?

G: Fang an zu meißeln. Und während du meißelst …

M: Ja, Herr?

G: … denkst du einfach darüber nach, was du getan hast.

M: Ja, Herr.

8.

Die Schatten der Schatten

Ich habe zwei Schattendoktor-Bücher geschrieben. Eines heißt einfach „Der Schattendoktor", und auf dieses erste folgte ein zweites: „Der Schattendoktor: Der weiße Stein". Im Schreiben dieser beiden Romane habe ich die Freiheit gefunden, zu erkunden, was all das Zeug praktisch zu bedeuten hat, das mir in den letzten fünfzig Jahren über meinen Versuch, Jesus nachzufolgen, durch den Kopf gegangen ist.

Beide Schattendoktor-Bücher sind Erzählwerke, deren Hauptfiguren Christen sind. Dieser Nebensatz klingt etwas schwerfällig, was daran liegt, dass es mir widerstrebt, diese beiden Romane als „christliche Bücher" zu bezeichnen. Die Bücher, so wichtig sie mir auch sind, sind nur Bücher, hergestellt aus Papier und Pappe und Druckerschwärze und was immer sonst noch alles zur Herstellung von Lesestoff benötigt wird. An sich enthalten oder vermitteln sie keinerlei besondere Kraft oder Bedeutung oder Magie. Sie sind einfach – Bücher. Man nimmt sie im Buchladen in die Hand, überfliegt ein paar Zeilen und stellt sie dann entweder zurück ins Regal oder kauft sie für gutes Geld. Vielleicht liest man sogar mal eines.

Dessen ungeachtet gibt es für einen Christen, der sich bemüht, auf Wahrheit gegründete Erzählungen über das Leben christlicher Figuren zu schreiben, eine große Falle, die er vermeiden muss. Ich spreche natürlich von der Versuchung, Gott selbst irgendein willkürliches Handeln oder Eingreifen zuzuschreiben, um die Geschichte in Gang zu halten, das Spannungslevel zu halten oder – o Graus – nichtgläubige Leserinnen und Leser zum Glauben zu führen. Allzu viele Erzählungen über Gott versuchen krampfhaft, dem Schöpfer ein gutes Zeugnis auszustellen, indem sie dafür sorgen, dass alle losen Enden säuberlich verknüpft werden und dass Jesus immer siegt. In Wirklichkeit weiß jeder, der versucht, im Glauben ehrlich zu sein, dass überall lose Enden herumflattern und dass es auf frustrierende, aufregende, faszinierende Weise schwierig ist, sich ein klares Bild davon zu machen, was Jesus selbst in konkreten Situationen unter einem „Sieg" verstehen könnte.

Die gute Nachricht für Autoren und Redner wie mich ist, dass aus Offenheit und Verletzlichkeit eine klarere und wirkungsvollere Wahrheit hervorzugehen scheint als aus korrekten, aber seelenlosen theologischen Aussagen. Jedenfalls ist das meine Erfahrung. Der Bereich zwischen diesen gegenüberliegenden Schützengräben scheint ein Niemandsland zu sein, in dem, um eine Metapher aus dem Ersten Weltkrieg zu bemühen, Dinge sich verändern können – sogar etwas völlig Absurdes und Kongeniales wie ein Fußballspiel lässt sich dort möglicherweise organisieren. Die unverdiente Freundlichkeit Gottes spürt jeden Weg auf, der zu einer lohnenden Begegnung mit den Herzen einzelner Männer und Frauen führen könnte – ob er nun alltäglich ist oder seltsam oder bisweilen auch bizarr. Diese Begegnung ist es letzten Endes, worum es in diesen Büchern geht.

In den Schattendoktor-Büchern gibt es zwei Hauptfiguren. Die eine ist der Schattendoktor selbst, ein geheimnisvoller Mann in seinen Sechzigern, der in einer entlegenen Hütte am Rande eines Waldes lebt, zwei oder drei Meilen von Wadhurst in der englischen Grafschaft Sussex entfernt. Doc, wie er meistens genannt wird, bietet Rat und Hilfe für Männer, Frauen und hin und wieder auch für Kinder an, die mit emotionalen oder geistlichen Schatten in ihrem Leben zu kämpfen haben. Seine Methoden sind – gelinde gesagt – etwas ungewöhnlich. Vielleicht ist er Christ, aber es gibt Momente, in denen seine unorthodoxe Sprache und seine Haltung zur Lösung von Problemen es Menschen, die ängstlich auf Rechtgläubigkeit bedacht sind, schwer macht, sich da ganz sicher zu sein.

Als dem Schattendoktor bewusst wird, dass er zu einem Einzelgänger geworden ist, der niemandem Rechenschaft schuldig ist, lädt er einen jungen Mann namens Jack Merton ein, ihn bei seiner Arbeit zu unterstützen. Aber er gibt ihm kaum Hinweise darauf, was das praktisch bedeuten könnte. Jack, inzwischen Anfang dreißig, ist die meiste Zeit seines Lebens Christ gewesen. Er hat sich eine Rolle angeeignet, in der er Lösungen für die Probleme anderer Leute zusammenzimmert, hauptsächlich als Mittel, um sein eigenes geistliches Vakuum zu füllen, das ihn an den Rand der Verzweiflung bringt. Die ersten Risse zeigen sich bereits. Warum in aller Welt, fragt er sich ständig, sollte ein so tiefer, vielschichtiger Mensch wie Doc Interesse an einem so hohlen Gefäß von einem Menschen wie ihm haben, der kurz vor dem Zusammenbruch ist?

Fasziniert von der unberechenbaren, einfallsreichen Umgangsweise des älteren Mannes mit den Bedürfnissen anderer (darunter Jacks kürzlich verstorbene Großmutter), erklärt er sich zu seiner eigenen Überraschung und Beunruhigung schließlich bereit, in das Haus des Schattendoktors einzuziehen. Doch die Rätsel häufen sich. Woher kommt dieser merkwürdige Mensch? Wovon lebt er? Wer ist dieser George, der sich nie blicken lässt, von dem aber ständig die Rede ist? Was wird die Zukunft bringen? Hat Jack einen großen Fehler begangen?

Das zweite Buch der Schattendoktor-Reihe versucht, ein Stück in die dunkleren Geheimnisse rund um Jacks neuen Freund und Kollegen einzudringen. Im Zuge dieser Offenbarungen wird Jack Zeuge von Begegnungen, die ihm den Atem nehmen, ihn in Tränen ausbrechen lassen und zutiefst verwirren und ihm zugleich neue und völlig unverhoffte Türen öffnen, die womöglich zu seinem eigenen Überleben als Christ und Mensch führen könnten.

Ich hatte viel Freude daran, diese beiden Bücher zu schreiben, und bin sehr glücklich über das Ergebnis. Freilich hatte ich nicht damit gerechnet, wie intensiv die beiden Hauptfiguren in meinen Gedanken weiterleben würden. Sie sind für mich lebendig geworden, und um ehrlich zu sein, ich vermisse es, Zeit mit ihnen zu verbringen. Wie manche anderen Autoren stelle ich fasziniert fest, dass man bei echten Figuren nie weiß, wie sie sich verhalten werden, es sei denn, man schreibt so lange weiter, bis man es herausgefunden hat. In meinen Gedanken haben sich verschiedene Szenarien abgespielt. Hier sind ein paar Beispiele.

Miriams Witz

Wer die Bücher gelesen und herausgefunden hat, dass Doc Witwer ist, möchte vielleicht gerne mehr über die Frau erfahren, die er so sehr geliebt hat. Hier ist eine Geschichte über Miriam. Neben anderen, ernsteren Dingen schildert sie die Geburt und den Tod des einzigen Witzes, den sie sich je selbst ausgedacht hat.

„Sie lachte gern, Jack, aber Witze erzählen konnte sie nicht besonders gut. Soweit ich mich erinnere, hat sie sich in all den Jahren, die ich sie kannte, nur ein einziges Mal einen ausgedacht."

„Wissen Sie noch, wie der ging?"

„Natürlich. Wenn etwas einzigartig ist, vergessen wir es nicht, oder? Es war ein fürchterlich schlechter Witz, miserabel erzählt und viel zu kompliziert. Das war übrigens ungefähr zwei Wochen bevor sie krank wurde. Ich glaube, ich habe über Miriams einzigen Ausflug in die Welt des Witzeerfindens mehr gelacht als über irgendeinen anderen Witz vorher und nachher."

„Vielleicht hat sie ihn deshalb so schlecht gemacht, damit Sie etwas zu lachen haben."

„Nett von Ihnen, Jack. Aber nein, fürchte ich. Ich weiß, ein paar Tage nachdem sie ihn mir erstmals erzählt hatte, bekamen ein paar gute Freunde von uns ihn zu hören, und die hätten ihn gern noch einmal gehört, auch gern noch mehrere Male, wenn es möglich gewesen wäre. Irgendwann jedoch trat Miriam auf die Bremse. Sie verbat sich jede weitere Erwähnung ihres berühmten Witzes, und damit hatte es sich. Und damit … damit hatte es sich so ziemlich."

Doc sprach so leise, als er den letzten Satz wiederholte, dass Jack die Worte kaum verstehen konnte.

Ob ich den Witz wohl hören darf?

„Darf ich Miriams Witz hören, Doc? Ich verspreche auch, nicht zu lachen."

Der Schattendoktor wandte seinem Gefährten das Gesicht zu, dessen trostloser Ausdruck sich in ein Lächeln verwandelte, als er registrierte, was Jack gesagt hatte.

„Ach, darum brauchen Sie sich keine Sorgen zu machen, mein Freund. Dieses Versprechen werden Sie ohne jede Mühe halten können. Nein, ich bin eher um Sie besorgt. Dieser Witz kann seltsame Dinge mit Ihrem Verstand anstellen."

Jack nickte langsam, bevor er antwortete.

„Ich werde es überleben. Dass Sie das sagen, erinnert mich ein bisschen an einen Mann, den ich mal kannte, der beim Special Air Service gewesen war. Bei dieser Einheit für die ganz harten Burschen, wissen Sie. Er hatte schreckliche Angst vor allem, außer vor den Dingen, vor denen normale Leute Angst haben, die nicht beim SAS sind. Zum Beispiel hatte er Angst davor, seine Milch in den Kühlschrank seiner WG zu stellen, weil seine Mitbewohner sie sich womöglich unter den Nagel reißen könnten, und er hatte nicht die leiseste Ahnung, wie er damit umgehen sollte, außer den Milchdieb zu erschießen oder zu erwürgen. Dieser Kerl hätte nicht gewusst, wie er mit Miriams Witz klarkommen sollte. Aber ich habe damit kein Problem. Nur zu, Doc."

Doc kratzte sich am Kopf.

„Wissen Sie, Jack, es gibt Momente, in denen ich mir einfach eingestehen muss, dass ich Sie eigentlich überhaupt nicht kenne." Er richtete sich in seinem Sessel auf. „Okay! Das Ganze spielte sich in Yorkshire ab, und ich muss Ihnen ein bisschen Hintergrund liefern, sonst ergibt der Witz noch weniger Sinn als ohnehin schon. Fertig? Gut.

Miriam und ich waren in Yorkshire im Urlaub. Wir wurden es nie leid, dort oben hinzufahren, und manche Orte wuchsen uns sehr ans

Herz. York selbst, die Dales, Otley, Ilkley und all diese Ortschaften. Malham Cove, wenn wir es schafften, dort hinzukommen, eine Gegend wie aus dem Herrn der Ringe. So ziemlich die ganze Umgebung von Richmond. Das alles haben wir geliebt. Manche Orte freilich waren aus anderen Gründen etwas ganz Besonderes für uns. Einer dieser besonderen Orte war eine Kathedrale ganz am Rand einer wunderhübschen Kleinstadt. Ripon. Sie waren schon einmal in Ripon, oder, Jack?"

Jack nickte. Die Kathedrale von Ripon war der Ort, wo er zum ersten Mal eine Ahnung davon verspürt hatte, dass sich in seinem Leben etwas verändern könnte. Aus irgendeinem Grund hatte er Doc von diesem Erlebnis nie ausführlich erzählt, und jetzt wurde ihm abrupt klar, dass er diese Verbindung auch selbst nie richtig hergestellt hatte.

An einem Regentag, nach einer langen Fahrt in den Norden und einem geplatzten Termin im Zusammenhang mit seiner Arbeit für das Gemeindezentrum Bromley, hatte Jack Zuflucht in der Kathedrale an der Minster Road gesucht. Jacks Vater hatte die Liebe zu Kathedralen an seinen Sohn weitergegeben.

Nach einem verträumten Rundgang durch das Gebäude war er der Versuchung erlegen, zum ersten Mal etwas Besonderes zu tun. In den kirchlichen Kreisen, in denen Jack aufgewachsen war, galt das Anzünden von Kerzen in einer solchen Umgebung als allzu mechanische Krücke für Andacht und Gebet und deshalb als unweise und unangebracht. Dennoch hatte ein wortloses Gebet sich schluchzend den Weg aus seinem Innersten gebahnt, als er wagemutig eine kleine Kerze entzündete und sie neben die anderen stellte. Etwas Unerwartetes geschah, während er die kleine Flamme betrachtete. Es war ganz allein seine. Sie tanzte und flackerte und veränderte sich ohne Bezug zu etwas oder jemand anderem. Einzigartigkeit. Für ein paar Augenblicke hatte die Verheißung einer Befreiung sein Herz erfüllt. An diesem Punkt seines Lebens hatte er weder die Natur dieser Verheißung noch das Bedürfnis nach Freiheit verstanden.

Im Stillen stellte er sich nun eine Frage. Hätte er gewusst, was die

Zukunft bringen würde, hätte er dann das Flackern ausgelöscht, bevor es zu einer Flamme werden konnte? Wie auch immer die Antwort auf diese Frage lauten mochte, jetzt war nicht der richtige Zeitpunkt, um dem Schattendoktor von seiner Erinnerung zu erzählen.

„Ich war schon einmal in Ripon, ja, nur das eine Mal, als ich Sachen fürs Gemeindezentrum kaufen sollte. Aber der Termin wurde abgesagt. Der ganze Weg nach Norden für nichts."

„Für nichts?"

Gut gemacht, Jack. Idiot. Er räusperte sich.

„Also, was war es denn, das Sie und Miriam an der Kathedrale so sehr mochten?"

Der Schattendoktor zog die Augenbrauen hoch, kam aber offenbar zu dem Schluss, dass Jacks unausgesprochene Wahrheit warten konnte.

„Es war nicht nur die Kathedrale selbst, auch wenn sie wirklich einen Zauber entfaltet, wenn man sich darin aufhält. Sie schafft es, gleichzeitig majestätisch und behaglich zu wirken. Nicht schlecht für ein Gebäude, dessen Geschichte bis ins siebte Jahrhundert zurückreicht. Wir fanden es herrlich dort. Nein, der Punkt war eher, dass es uns zur Gewohnheit geworden war, sie aufzusuchen, wann immer wir oben im Norden waren. Dort konnten wir sitzen und über alles Mögliche sprechen, konnten beten, wenn wir etwas nicht recht einzuordnen wussten, was in unserem Leben los war – solche Sachen."

„Und dort erzählte dann Miriam ihren Witz?"

„Nein, immer langsam. Kontext. Wir haben noch nicht den ganzen Kontext. Das kommt schon noch."

„Entschuldigung."

„Kein Problem, es wird sich alles offenbaren – bedauerlicherweise –, wenn Sie den Witz hören."

„Okay, Sie gingen also in die Kathedrale."

„Wir gingen in die Kathedrale, weil wir beide – wie soll ich das ausdrücken? Wie hätten wir es damals ausgedrückt? Wir beide sehnten uns danach, uns hinzugeben an das, was Gott von uns und für uns wollte, was immer es war – nicht ganz die Sprache, die ich heute verwenden würde, wie Sie wissen, Jack, aber damals empfanden wir es so."

„Sie gingen also in die Kathedrale, um darüber zu beten."

Doc stieß einen tiefen Seufzer aus.

„Jack, haben Sie irgendeinen Termin, der Ihnen im Nacken sitzt, denn wenn ja, kann ich – nein? Oh, gut. Wir standen auf dem großen freien Platz vor dem Gebäude und sprachen übers Frühstück."

„Übers Frühstück?"

„Ja, übers Frühstück. Wir hatten noch nicht gefrühstückt, hauptsächlich, weil wir es so genossen hatten, in unserem Hotel im Bett liegen zu bleiben, bis es zu spät war. Jetzt überlegten wir, ob wir irgendwo in Ripon einen Bissen essen wollten, bevor wir in die Kathedrale gingen, um zu beten, oder umgekehrt. Passen Sie auf, Jack, das ist jetzt wichtig für den Witz. Wir hatten einen Bärenhunger, aber ich glaube, wir spürten beide, dass wir in dieses Gebäude gehen und mit Gott reden mussten, bevor wir irgendetwas anderes taten. Also haben wir es so gemacht. Wir waren sehr brav. Wir setzten uns auf unseren üblichen Platz am Ende der ersten Reihe im Kirchenschiff, neben eine der dicken, freundlichen Säulen, und wir gaben Gott ein Versprechen. Würde ich heute so nicht mehr empfehlen. Es ist so eine Enttäuschung für ihn und für uns, wenn wir es vermasseln. Das weiß ich aus Erfahrung. Wollen Sie wissen, was wir ihm versprachen?"

Jack hatte das Gefühl, als hätte sich ganz plötzlich etwas verändert. Hätte ihn jemand gefragt, so hätte er gesagt, dass Doc selbst gerade neue Zusammenhänge erkannte, während er seinen Erinnerungen nachspürte.

„Was haben Sie ihm versprochen, Doc?"

Der tiefste Seufzer von allen.

„Wir versprachen ihm als die in Selbsttäuschung vernebelten Kinder, die wir waren, wir würden überall hingehen, alles tun und mit Freuden jeden Preis für das zahlen, was immer Gott von uns wollte. Natürlich meinten wir das nicht ernst. Das tut wohl niemand. Aber wir dachten, es wäre so." Er starrte trübsinnig in die Ferne. „Vielleicht hat er sich verhört. Oder vielleicht waren wir es, die sich verhört haben." Noch so ein tiefer Seufzer. „Jedenfalls, als wir die Kathedrale verließen, mit stolzgeschwellter Brust, wenn ich ehrlich bin – ziemlich zufrieden mit uns, weil wir das Richtige getan hatten –, war es schon bald Mittagszeit. Inzwischen hatten wir solchen Hunger, dass Gefahr bestand, dass wir uns gegenseitig auffressen würden. Also liefen wir zurück zum Sainsbury's-Parkplatz, stiegen ins Auto und fuhren die zwölf oder dreizehn Meilen nah Thirsk."

„Wo James Herriot lebte."

„Lebte und arbeitete. Genau. Wir hatten uns Thirsk fürs Mittagessen ausgesucht, als wir am Tag zuvor unsere Pläne machten. Eine halbe Stunde später saßen wir also im „Black Bull" an der Ecke des Marktplatzes, machten uns über unser Mittagessen her und fühlten uns – ziemlich gut. Hinterher bestellten wir Kaffee, und mir fiel auf, dass Miriam ein bisschen geistesabwesend wirkte, während sie an ihrer Tasse nippte. Danach verlief unser Gespräch nach meiner Erinnerung folgendermaßen."

„Kommt jetzt der Witz?"

„Ja, Jack, jetzt kommt der Witz. Danke für Ihre Geduld, Jack, aber ich muss Sie warnen, dass er mir immer weniger witzig vorkommt, je näher wir ihm kommen. Also, Miriam sagte mit staunend geweiteten Augen wie ein Straßenkind aus der viktorianischen Zeit, das zwischen seinen Pennys einen Sovereign findet und sein Glück nicht fassen kann: ‚Michael, ich glaube, mir ist gerade ein Witz eingefallen – also, so eine Art Witz. Willst du ihn hören?'

Nun muss ich zugeben, dass meine Sinne nach dem üppigen Essen ein wenig sediert waren, aber ich war auch fasziniert. Miriam erzählte nur sehr selten die Witze anderer Leute, weil sie fest damit rechnete, sie zu ruinieren. Damit hatte sie auch recht, nebenbei bemerkt. Aber selbst einen zu erfinden – das war noch nie dagewesen.

‚Ja, Schatz', sagte ich, ‚ich bin gespannt! Ich möchte ihn sehr gern hören.'

‚Nun, weißt du, was heute passiert ist?‘

‚Heute ist eine Menge passiert. Was meinst du denn?‘

‚Na, alles, du weißt schon. Wir haben das Frühstück verschlafen, dann haben wir entschieden, dass es richtig war, beten zu gehen, bevor wir etwas aßen, und dann sind wir mit knurrendem Magen nach Thirsk gefahren und haben hier im Black Bull reichlich gegessen.‘

‚Mja-a-a.‘

‚Mir kam gerade der Gedanke, dass Gott wohl sehr zufrieden mit uns sein muss, weil wir einen ganzen Vers aus der Bibel wahr gemacht haben – nun ja, wir haben ihn allerdings ein bisschen umgeschrieben.‘

‚Haben wir das?‘

‚Ja, er will uns sicher segnen, weil wir gerecht gehandelt haben, als wir beten gegangen sind, obwohl wir solchen Hunger hatten, und dann nach Thirsk gegangen sind und uns ein großes Mittagessen einverleibt haben.‘

‚Okay, und was ist der Witz?‘

‚Der Witz ist ein leicht veränderter Bibelvers. Aus den Seligpreisungen. Du weißt schon, in der Bergpredigt.‘

‚Ja, danke schön, ich habe davon gehört. Wie genau lautet denn nun der neue Vers?‘

Ich sehe noch vor mir, wie sie tief durchatmete, Jack.

Dann sagte sie: ‚Selig sind, die da hungert in Thirsk nach der Gerechtigkeit, denn sie sollen satt werden. Und es hat uns gehungert in Thirsk, nachdem wir gerecht gehandelt hatten, und jetzt sind wir satt geworden. Das ist doch ein Witz, oder, Michael? Oder etwa nicht?‘

Das war’s. Das war ihr Witz, Jack. Finden Sie ihn witzig?"

Jack kratzte sich am Kopf.

„Witzig ist nicht ganz das richtige Wort, Doc." Er suchte nach dem richtigen Ton. „Es kommt mir eher so vor, als wäre ich eine Woche lang in einer Wüste umhergeirrt und hätte dann ein Schnapsglas mit abgestandenem Wasser gefunden."

Der Schattendoktor nickte ernst.

„Sie hätte sich sehr gefreut, das von Ihnen zu hören, Jack. Das ist vermutlich das höchste Lob, das ihr Witz je geerntet hat."

Aelwen

An Liebesgeschichten habe ich mich nur sehr selten versucht. Da kann man viel zu viel falsch machen. Das schreckt mich ein bisschen ab. Trotzdem kam mir der Gedanke, dass der (relativ) junge Jack sich in jemanden verlieben sollte. Deshalb betritt im zweiten Schattendoktor-Buch Aelwen die Bühne. Nach kurzer Bekanntschaft beginnen die beiden jungen Leute sich in eine Beziehung vorzutasten. Als Jack nervös Aelwens Namen im Internet nachschlägt, um sicherzugehen, dass er ihn richtig schreibt, erfährt er, dass es ein walisischer Name ist und so viel wie „schöne Stirn" bedeutet. Außerdem entdeckt er ein Gedicht, das schlicht mit „Aelwen" überschrieben ist. Dieses Gedicht kommt im Buch nicht vor, aber es erklärt vielleicht die ungewöhnlich künstlerische Art, in der Jack von ihrem Haar spricht.

Aelwen war die Tochter einer Freundin meiner Mutter.
Sie putzte unsere Stube eines Samstags, während sie im
Vorderzimmer ihren Tee genossen.
Ich hörte gern, wie sie bei ihrer Arbeit sang.
Die Wahrheit läutete aus ihr hervor,
eine schön gegossene Glocke,
nichts Künstliches, Gemachtes war daran.
Ihr weiches Haar, die Farbe wie das Innere einer Muschel,
wurde am Tag ihrer Geburt in Wasser von geschmolzenen
Eisbergen getaucht,
doch keine Scherbe harten Eises, nein, eine Krume von der
Erde Edens blieb zurück;
sie neigte nicht zum Stolpern oder Fallen, rannte vor flammendem Stahl nicht weg.

Nein, sie war schön.
Doch Gott und Mutters Freundin waren wild wie Möwen
mit einem gestohlenen Knochen.
Aelwen leuchtete wie Glas, vollkommen, sonnenhell auf
Ufersand.
Ich lauschte und ich schaute,
doch während ich noch träumte von Herbstwanderungen
und Sommernächten,
war ich mir traurig und seltsam erleichtert sehr bewusst,
sie würde niemals mein sein.

Das Sieb

Im Laufe seiner Bekanntschaft mit dem Schattendoktor kommen Jack viele Fragen in den Sinn. Manchmal fallen Docs Antworten darauf überraschend simpel aus. Bei anderen Gelegenheiten kommt es Jack vor, als folgten sie wirr verschlungenen, labyrinthartigen Pfaden zu einem Zentrum, das, hatte er es erst verstanden, das lange Warten lohnte.

In dieser dritten fantastischen Reise ist es später Vormittag und die beiden Männer freuen sich auf eine Kanne ihres geliebten Kaffees, den Jack gerade aus der Küche bringt. Das Sieb wird heruntergedrückt, das dunkle Mysterium wird ausgeschenkt, und der Schattendoktor hat etwas zu sagen.

„Gestern Abend haben Sie mir eine Frage gestellt, Jack. Es ging in etwa darum, wie Christen überleben können, wenn das Leben voller Ängste und Unklarheiten ist und man allen Grund hat, ganz aufzugeben. Kriege. Wirtschaftskrisen. Pandemien. All dieser Kram. So ungefähr."

Er nippte an seinem Kaffee, runzelte die Stirn und setzte die Tasse behutsam wieder ab, bevor er fortfuhr.

„Es gelingt Ihnen immer noch nicht ganz, die Stärke dieses Kaffees genau richtig zu dosieren, nicht wahr, Jack? Haben Sie ihn richtig abgemessen oder haben Sie einfach nach Gefühl etwas in die Kanne gegeben und das Beste gehofft, wie Sie es immer gemacht haben, bevor Sie mir begegnet sind?"

„Weder noch", erwiderte Jack gelassen.

„Weder noch? Interessant." Nachdenklich legte Doc einen Moment lang seine Fingerspitzen gegeneinander. „Das hört sich an wie eines der Rätsel, mit denen ich Sie manchmal quäle. Sie haben den Kaffee in der Kanne also nicht irgendwie abgemessen?"

„Nein."

„Und sie haben auch nicht geraten oder grob geschätzt, wie viel hineinkommt."

„Nein."

„Aha. Und dennoch steht der Kaffee hier vor uns." Er blickte auf. „Jack, das reicht jetzt. Sie sehen mir viel zu vergnügt aus. Spucken Sie's aus."

„Nana. So schlecht ist der Kaffee nun auch wieder nicht."

„Wie haben Sie den Kaffee in die Kanne getan?"

„Gar nicht. Sie haben das gemacht. Gestern Abend sind Sie in die Küche gegangen, um Kaffee zu machen, aber dann sind Sie nach ein paar Minuten zurückgekommen und haben gesagt, Sie seien zu müde. Ich stimmte Ihnen zu und wir vergaßen das Ganze. Vor fünf Minuten habe ich Ihr perfekt abgemessenes Kaffeemehl in der Kanne mit nicht ganz kochendem Wasser aufgegossen. Tut mir leid, dass er Ihnen nicht schmeckt."

Beide Männer schwiegen kurz und brachen dann in Gelächter aus. Im Stillen pries Jack den Tag, an dem er entdeckt hatte, dass der Schattendoktor zwar fast immer recht hatte, aber offenbar großes Vergnügen daran fand, sich zu irren. Jack beruhigte sich als Erster wieder.

„Wo waren wir? Ach ja, bei meiner Frage von gestern Abend. Sie haben sie eigentlich noch gar nicht beantwortet. Sie gingen in die Küche, um —"

„Ja, ja, ich kapituliere bedingungslos in der Kaffeesache. Aber um ehrlich zu sein, es gab einen guten Grund dafür, dass ich nicht einmal versucht habe, Ihre Frage vor dem Schlafengehen zu beantworten."

„Ach ja?"

„Ja. Ich hatte mir nämlich erhofft, nach einer ordentlichen Mütze Schlaf könnten Sie sich vielleicht dazu durchringen, die Frage zu stellen, die Sie wirklich beschäftigt."

Der Schattendoktor stieß einen übertrieben genussvollen Seufzer aus, nachdem er sich zurückgelehnt und noch einen gemächlichen Schluck von seinem Kaffee genommen hatte. Einen Moment lang fragte sich Jack, ob die ganze Sache mit dem Kaffee vielleicht nur ein Manöver gewesen war, um dem armen kleinen Jack einen winzigen Triumph zu verschaffen. Doch der Zweifel verflog im Nu. Nein, so verhielt sich Doc nicht. Schon der Gedanke war unwürdig. Er bat Gott, das Universum und alle Fische in den finstersten Tiefen der See um Vergebung und all die pelagischen Fische zur Sicherheit gleich mit.

Aber war es tatsächlich so, dass er eigentlich eine ganz andere Frage hatte stellen wollen? Verdammter Kerl. Er schlug leicht mit der offenen Hand gegen die Knöchel seiner halb geschlossenen Faust, während er sprach. Fang bloß nicht an zu heulen.

„Okay, ich denke, ich habe die konkreten Probleme mit meiner eigenen Vergangenheit etwas verallgemeinert. Als Christ, meine ich. Sie kennen ja meine ganze Geschichte – das meiste davon jedenfalls. Im Rückblick war das alles ein bisschen trostlos, und als ich Sie kennenlernte, fiel es schon schwer zu glauben, dass da überhaupt noch etwas übrig war. Ich kam mir vor wie einer dieser alten Weinschläuche, von denen Jesus spricht. Eigentlich fühle ich mich immer noch so. Total vertrocknet, sodass nichts Neues eingefüllt werden kann. Ich würde platzen."

„Was wollen Sie wirklich über Ihre Vergangenheit wissen, Jack?"

Jack schaute auf und suchte mit seinen Blicken alle Winkel des Zimmers ab, fand aber nichts, was ihm weiterhalf.

„Na ja – war das alles nur vergeudete Zeit? Die Jahre, seit ich Ja gesagt habe. Das Gebet gesprochen habe. Sie wissen schon. Glaube, Gott, Liebe. Ist irgendetwas davon in mir noch übrig? War überhaupt jemals etwas davon da? Gab es irgendwelche guten Erfahrungen? Was ist daraus geworden?" Er ließ seine Hände auf die Tischplatte sinken und beugte sich vor. „Doc, Ihnen ging es dreckig, nachdem Miriam gestorben war. Wir sind uns nicht sehr ähnlich, Sie und ich, aber ich weiß, dass Sie das durchgemacht haben, weil Sie es mir erzählt haben. Und dann sind Sie zurückgekommen. Aber wie?"

Der Schattendoktor konzentrierte sich auf die Zimmerdecke. Eine Minute verging. Endlich senkte er seinen Kopf wieder und schien zustimmend zu seinen eigenen Gedanken zu nicken.

„Ich glaube, wenn wir unseren Kaffee ausgetrunken haben, sollten wir in die Küche gehen. Die Antwort auf Ihre Frage ist teilweise kulinarischer Natur. Ich möchte Ihnen ein Rezept vorstellen."

Jack musste lächeln, trotz allem.

„Noch eine Zwiebelpredigt?"

„Lieber Himmel, nein. Es geht um mein eigenes sorgfältig ausgearbeitetes Rezept, das einzige, das ich je zusammengestellt habe, und ich glaube, es könnte helfen."

„Obwohl Sie es kaum schaffen, ein Ei zu kochen."

„Jack, mein alter Weinschlauch. Mir ist bewusst, dass es in diesem Haus nur einen gibt, der kochen kann, und ich bin völlig zufrieden mit dieser Situation. Trotzdem, dieses Rezept von mir müssen Sie unbedingt probieren. Vertrauen Sie mir. Ich gehe jetzt in die Küche. In ein paar Minuten rufe ich Sie. Einverstanden?"

„Oui, Chef", sagte Jack.

Fünf Minuten waren vergangen. Doc deutete auf die Gegenstände, die er auf der Arbeitsfläche unter dem Küchenfenster aufgereiht hatte.

„So, Jack, wie Sie sehen, habe ich bereits alles zusammengestellt, was wir für unser Rezept brauchen. Als Erstes haben wir hier ein Sieb – eigentlich ein bisschen zu klein für unseren Zweck, aber es wird schon gehen. Und wie Sie sehen, habe ich darunter eine Schüssel gestellt, um alles aufzufangen, was wir durch das Sieb geben. Als Nächstes haben wir –"

Jack unterbrach. „Ich sehe aber keine Zutaten – was wollen Sie denn kochen?"

„Im Gegenteil", sagte der ältere Mann streng. „Wir haben alle Zutaten, die wir brauchen."

„Wo denn?"

Doc tippte mit einer Fingerspitze gegen Jacks Stirn. „Es ist alles da drin", sagte er. „Machen wir weiter?"

Jack zuckte hilflos die Achseln.

„Gut! Nun, als Nächstes haben wir unseren hervorragenden neuen Mixer, unerlässlich für das Gelingen meines Rezepts, einen kleinen Porzellankrug, und schließlich …" Er hielt ein großes Cognacglas in das Licht, das durch das Küchenfenster hereinkam, sodass es funkelte wie ein Silberkelch. „Schließlich haben wir dieses schöne Behältnis, das die Früchte unserer Bemühungen aufnehmen wird."

Er stellte das Glas zurück auf den Tresen und drehte sich um. Seine Stimme war voller Freundlichkeit, als er weitersprach.

„Jack, ich nehme Ihre Frage sehr ernst. Ich fürchte – vielleicht bin ich auch erleichtert darüber –, ich muss Ihnen sagen, dass ich keine Plattitüden für Sie habe. Mir ist klar, dass Tausende von Christen, mich selbst eingeschlossen, die Erfahrung gemacht haben, dass sie verzweifelt nach einem Glauben suchen, der ihnen einst alles bedeutete, aber nun aus den unterschiedlichsten Gründen kaum zurückzuholen ist.

Folgendes habe ich gemacht. Vielleicht wirkt es bei Ihnen nicht so wie bei mir, aber eines kann ich Ihnen mit Sicherheit sagen: Was immer der Christ namens Jack Merton nach all den Jahren noch in seinem Herzen oder seinen Eingeweiden oder im Kopf hat – oder wo auch immer solche Sachen aufbewahrt werden –, das gehört unbestreitbar nur ihm allein. Was ich damit sagen will: Wenn Sie erst einmal den Kern dieser Einzigartigkeit entdecken, dann haben Sie einen Punkt, von dem aus Sie starten können. Wir gläubigen Menschen verbringen so viel Zeit damit, uns vorschreiben zu lassen, wie wir denken und fühlen und uns verhalten sollen. Das Wissen, von dem ich spreche, gehört Ihnen, und Sie können damit machen, was Sie wollen."

„Verstehe – oder besser gesagt, ich glaube, ich verstehe nicht. Ich meine – wie stelle ich das denn an?"

„Tja, da kommt mein Rezept ins Spiel. Ich werde es Schritt für Schritt mit Ihnen durchgehen, und dann liegt es an Ihnen, es auszuprobieren, wenn Sie meinen, es könnte helfen."

Er wedelte mit der Hand in Richtung der Gegenstände vor ihm.

„Jack, es gibt keine richtigen, physischen Zutaten für dieses Rezept, weil es im Wesentlichen eine Übung der Vorstellungskraft ist. Machen Sie nicht so ein ängstliches Gesicht. Wenn Sie erstmal drin sind, macht es Ihnen bestimmt Spaß. Los geht's."

Er deutete auf das Sieb.

„Also, als Erstes stellen wir uns vor, dass wir ein riesiges Sieb füllen. Tausendmal größer als dieses hier. Da kommt die ganze Bibel hinein, jedes einzelne Wort darin und jeder einzelne Gedanke, den Sie sich je darüber gemacht haben. Die Stellen, die Sie mögen, die Stellen, die Sie nicht mögen, die Stellen, die Sie nicht glauben, die Stellen, die Ihnen unendlich viel bedeuten, die Stellen, die Sie am liebsten ignorieren würden. Alles kommt hinein. Jedes i-Tüpfelchen. Von der Genesis bis zur Offenbarung.

Als Nächstes kommen alle Kirchengemeinden hinein, mit denen Sie je zu tun hatten. Gemeinden, die tun, was sie tun sollten, Gemeinden, die anscheinend nicht einmal tun wollen, was sie tun sollten, und alle anderen dazwischen. Jede Gruppe von Christen, die Sie irgendwie berührt hat, ob im Guten oder im Schlechten. Keine Ausnahmen. Alle kommen hinein.

Gut, nun geben wir noch jede Erfahrung hinzu, die Sie je mit Christen jeglicher Couleur gemacht haben. Vom erbärmlichsten Elend bis zur höchsten Verzückung. Gefolgt von jedem einzelnen Buch oder Pfarrbrief oder Traktat oder Kommentar, die Sie je gelesen haben. Und dann noch ein komplett ungekürztes lebenslanges Denken und Wundern und Sehnen und Begeistertsein sowie alles Scheitern und Gelingen, alle Enttäuschungen und Erleichterungen und alles Niedergeschlagensein. Alles das kippen wir in dieses riesengroße Sieb. Kommen Sie! Schnappen Sie sich dieses lächerliche kleine Siebchen, Jack. Gut so. Halten Sie es gut fest. Und jetzt schütteln Sie das Ganze mal ordentlich durch. Schütteln, schütteln, schütteln, schütteln, schütteln! All die geschmacklosen, hässlichen Klumpen der Enttäuschung und Verwirrung und der schlechten Erfahrungen und alles andere, was nicht durch die Löcher passt, bleibt im Sieb und kann nachher weggeworfen werden. Aber immer schön über der Schüssel bleiben – von dem guten Zeug soll nichts verlorengehen."

Er streckte eine Hand aus.

„Sie können jetzt aufhören zu schütteln, Jack. Ich glaube, Sie merken schon, worauf es ankommt. Und jetzt kommt alles, was in der Schüssel gelandet ist, in den Mixer, bis zum letzten Tropfen. Bevor Sie den Mixer einschalten, kratzen Sie einfach mit dem Löffel die Schüssel aus, damit auch alles verarbeitet wird. Jeder Krümel zählt.

Und nun halten Sie den Deckel fest zu und mixen Sie alles ordentlich durch. Noch ein bisschen. Ausgezeichnet. Deckel ab. Jetzt wird's interessant. Wir haben ein Püree hergestellt, Jack. Aber wir haben keine Ahnung, wie es schmeckt. Gießen Sie die Flüssigkeit in diesen kleinen Krug, und dann geben Sie ein bisschen davon vorsichtig in dieses Cognacglas – nicht vergessen, jeder Tropfen zählt –, und jetzt kommt der entscheidende Moment.

Nehmen Sie einen ganz kleinen Probeschluck. Das ist die übriggebliebene Essenz Ihrer gesamten christlichen Erfahrung mit Gott, Kirche und allem, was daran hängt, und wie gesagt, sie gehört ganz und gar nur Ihnen."

Jack griff nach dem leeren Glas und starrte es wie hypnotisiert an. „Was denken Sie denn, was für Geschmacksnoten bei mir herauskommen würden?"

Der Schattendoktor schüttelte den Kopf und lächelte. „Ich kann nur über meine etwas sagen. Ihre werden anders sein. Es sind ja Ihre. Meine? Nun, als ich das gemacht habe, war das Destillat meiner Erfahrungen jedenfalls nicht fade. Was das angeht, was von Gott übrigblieb, schmeckte ich vor allem ein deutliches, nostalgisches Aroma der Freundlichkeit heraus. Dann – warten Sie mal – eine frische, verlockende Mischung aus kompromissloser Wahrheit und einem leichten Nachgeschmack lächelnder Flexibilität. Vielleicht war da sogar eine faszinierende Ahnung davon, was das, was wir Orthodoxie nennen, bedeuten könnte, wenn wir sie richtig verstehen.“

Sie schwiegen einen Moment. Jack stellte das Cognacglas vorsichtig zurück auf die Arbeitsfläche.

„Und gab es am Ende irgendeine Geschmacksnote, die deutlich im Vordergrund stand?“

„Jack, ich kann zu meiner Freude sagen, dass die vorherrschende Note, die fast alles andere überdeckte, Jesus war.“

Er spähte durchs Fenster hinauf zum Himmel.

„Also, was meinen Sie, Jack? Wollen Sie es mal selbst probieren?“

„Das Sieb hat mir Spaß gemacht. Ja, ich denke schon …“

9.
Liebe ist Grund zum Leben

Manche der besten und nützlichsten Geschenke, die ich von einem überaus liebevollen Gott bekommen habe, kamen ohne Unterschrift. Bei einigen dieser sorgfältig verpackten anonymen Wohltaten fand ich erst Jahre später heraus, wie gut durchdacht und praktisch sie waren und immer noch sind. Das Geschenk, aus dem ich fast alles gelernt habe, was ich über die unverdiente Freundlichkeit Gottes wissen muss, oder seine Gnade, wie sie allgemein genannt wird, hatte mit Eiscreme zu tun, ob Sie es glauben oder nicht. Ich war erst sechs.

Ich werde nicht leicht rot, aber über meine bleichen Wangen streicht ein Glühen, wenn ich daran denke, wie leichtfertig ich früher entscheidende Erfahrungen und Begegnungen mit Menschen als irrelevant abtat, nur weil sie meinen Weg gekreuzt hatten, bevor ich CHRIST GEWORDEN WAR! Wie sollte auch meine elende heidnische Vergangenheit irgendetwas Brauchbares zu meiner glaubensstarken Gegenwart und meiner überragenden geistlichen Zukunft beitragen können? Ich muss wirklich ziemlich unausstehlich gewesen sein.

Unverdiente Wohltaten, unverdiente Wohltäter, unverdiente Wohltatenempfänger und alle anderen, die in irgendeiner Weise und in irgendeinem Maße mit unverdienten Wohltaten zu tun haben, sie alle sind unendlich wichtig für Gott, für die Menschen und für unzählige Welpen, die Tricks und gutes Benehmen lernen sollen.

Die folgende Geschichte ist absolut wahr.

Frühstücksüberraschung

Haben Sie schon einmal von den Adirondacks gehört? Bridget und ich nicht, jedenfalls nicht bis Mitte November vor ein paar Jahren. Die Adirondack-Berge sind ein Massiv im Nordosten des Staates New York, dessen Umrisse mit den Grenzen des Adirondack-Parks zusammenfallen, einer Gegend, in der wir ein paar kurze, aber beglückende Tage mit unserem ältesten Sohn und seiner Frau verbrachten, die damals in Brooklyn lebten. Das Wetter war äußerst winterlich, aber wir hatten eine urgemütliche Hütte gemietet, und die Berglandschaft war wunderschön. Matthew und Elena nahmen einmal morgens ein kurzes, aber sehr belebendes Bad im eiskalten Wasser des Sees, der am Ende unseres schneebedeckten Gartens lag. Wir verzichteten darauf, wir schauten lieber staunend zu.

Im Allgemeinen haben wir alle vier gerne Abwechslung in unserem Leben, aber es gibt auch Grenzen. Im Urlaub legen wir Wert darauf, dass uns, wenn möglich, das Frühstück jeden Morgen von denselben Leuten am selben Ort um etwa dieselbe Uhrzeit zubereitet wird. In diesem Fall hatten wir großes Glück. Am Fuß unseres Hügels an der Cemetery Road befand sich das Southern Adirondack General Store & Café.

Dieses vorzügliche Geschäft, das einzige seiner Art in der unmittelbaren Umgebung, betrieben von Steve und Cheryl, hatte alles zu bieten, was man an Lebensmitteln und praktischen Utensilien je brauchen könnte – ganz zu schweigen von solchen Kuriositäten wie einem Bärenfellteppich, der schwer an einer Wand hing. Das Café – oder der Diner, wie wir erfahrenen Amerikareisenden es nennen – sah sehr einladend aus, als wir es bei unserem ersten morgendlichen Besuch betraten. Als wir an einem der langen aufgebockten Tische Platz nahmen, fiel uns ein Mann auf, der am Nebentisch saß. Wir kamen ins Plaudern und erfuhren, dass er Don hieß, in dieser Gegend geboren war und davon ausging, den Rest seines Lebens dort zu verbringen.

„Dann waren Sie also", fragte einer von uns, „noch nie außerhalb des Staates New York?"

Don lächelte und erklärte uns mit seiner warmen, freundlichen Stimme, er sei ein paar Jahre bei der Armee gewesen und habe bei seinen Auslandseinsätzen besonders die Besuche in England genossen und herzliche Freundschaften mit den Leuten geschlossen, die er dort kennenlernte.

Die Begegnung mit Don war ein echtes Vergnügen, und es tat gut, zu wissen, dass er gute Erinnerungen an unser Land hatte. Als es serviert wurde, widmeten wir uns unserem leckeren Frühstück, und als wir es verputzt hatten, war Don schon wieder weg.

Als wir Cheryl um die Rechnung baten, sagte sie lächelnd: „Sie brauchen nichts zu bezahlen. Don hat bereits alles beglichen."

Überraschend. Liebenswürdig. Leicht beunruhigend.

Am nächsten Morgen sahen wir Don an einem Tisch in der Nähe des Eingangs sitzen, als wir zum Frühstück kamen. Natürlich bedankten wir uns bei ihm für seine unerwartete Großzügigkeit. Er lächelte nur und nickte auf seine stille Art, und bald darauf muss er gegangen sein, denn als wir Cheryl um die Rechnung baten, war er verschwunden.

„Nein", sagte Cheryl und lächelte noch breiter als zuvor, „Don hat heute auch bezahlt."

„Also", sagten wir, nachdem wir unsere Münder wieder geschlossen hatten, „das ist wirklich sehr, sehr nett von ihm, aber morgen werden wir ihn nicht bezahlen lassen, egal, was passiert."

Wir waren gespannt, wie der nächste Morgen verlaufen würde. Wir wussten nur, dass wir die Dollars in der Tasche hatten und dass unser neuer Freund die Rechnung diesmal nicht übernehmen würde. Wir würden hart bleiben.

„So! Die Rechnung bitte, Cheryl. Diesmal kriegt Don sie nicht in die Finger."

„Braucht er auch nicht", lächelte Cheryl. „Steve und ich laden Sie heute zum Frühstück ein."

Wir fingen an, diesen Teil von Amerika zu mögen. Die Leute waren umwerfend. Aber unsere Verlegenheit nahm zu.

Nun frage ich Sie: Wären Sie am nächsten Morgen, dem letzten Tag dieses Urlaubs, wieder in diesen Diner gegangen? Wir hatten dreimal umsonst gefrühstückt. Durften wir uns das noch ein viertes Mal erlauben? Es war unsere letzte Chance, ein bisschen Geld loszuwerden, bevor wir zurück in die Stadt aufbrachen. Wir trafen unsere Entscheidung. Wir würden es tun. Diesmal rechneten wir uns selbst aus, was wir schuldig waren, und ließen mehr als genug Geld auf dem Tisch liegen, um die Summe zu begleichen, und nachdem wir uns kurz, aber herzlich bei unseren freundlichen Gastgebern Steve und Cheryl bedankt hatten, machten wir uns mit einem Anflug von Wehmut auf den Weg in einen anderen Teil des Staates, wo man sein Frühstück fast immer selbst bezahlen muss.

Also, was war da vor sich gegangen? Schwer zu sagen, aber eine Sache haben Bridget und ich gelernt, besonders in den letzten beiden Jahrzehnten. Die meisten Menschen finden selten eine Gelegenheit, ihre Geschichte zu erzählen und dabei das Gefühl zu haben, dass ihnen jemand wirklich zuhört. Wir alle haben Don ins Herz geschlossen. Wir hören gern die Geschichten anderer Menschen. Wir trinken sie genussvoll wie ein Wanderer in der Wüste einen Gin Tonic, der ihm unverhofft serviert wird. Wir müssen da nichts vorspielen.

Vielleicht feierte Don genussvoll ein inneres Wiedersehen mit einem Land, das er in einer anderen Phase seines Lebens besucht und lieben gelernt hatte. Wir werden es nie erfahren. Wir werden auch nie wissen, ob in Wirklichkeit er es war, der auf dem Umweg über Cheryl die dritte Rechnung bezahlt hatte, weil er wusste, dass wir uns nicht noch ein drittes Mal von ihm einladen lassen würden.

Nur eines weiß ich. Es waren alles liebenswerte Leute. Falls Sie je in die Adirondacks kommen, schauen Sie unbedingt im General Store & Café an der Cemetery Road vorbei. Dort wird ein herrliches Frühstück serviert.

Hinter der verschlossenen Tür

Krimis, die hinter verschlossenen Türen spielen, sind immer wieder faszinierend, nicht wahr? Besonders interessant sind sie, wenn sie tatsächlich passiert sind. Hier ist ein solcher rätselhafter Fall, von dem Bridget und ich kürzlich gehört haben. Was, meinen Sie, können wir daraus über Liebe lernen?

Ganz oben im Norden Englands, nicht weit vom Meer, liegt ein uraltes, hübsches Städtchen, das früher einmal einen Bahnhof hatte. In den 1960er Jahren machte ein Regierungsmitglied namens Beeching Furore mit seiner Entscheidung, viele der am wenigsten lukrativen, aber landschaftlich schönsten Bahnstrecken der Britischen Inseln stillzulegen. Eine davon führte zu dem erwähnten Städtchen, wo Passagiere an einem Bahnhof gleich außerhalb der Ortsmitte ein- und aussteigen konnten.

Nach der Stilllegung der Bahnlinie wurden die Bahnhofsgebäude verschlossen und zum Kauf angeboten. Schließlich kaufte jemand das verlassene Anwesen und machte daraus den großartigsten Secondhand-Buchladen, den ich je gesehen habe. Ich könnte stundenlang von diesem Wunder schwärmen. Es mag genügen, wenn ich sage, dass die außergewöhnliche Bandbreite der Bücher, die herzliche, gastliche Atmosphäre, der jederzeit verfügbare Kaffee mit einer Kasse des Vertrauens neben der Maschine, die verschiedenen Café-Nischen, in denen vorzügliche Speisen angeboten werden, und das allgemeine Empfinden, im Bücherhimmel angekommen zu sein, diese aufs Herrlichste wiederbelebte Ruine zu einem unserer liebsten Ausflugsziele machen.

Bei einem unserer Besuche dort erzählte uns eine Mitarbeiterin des Buchladens eine Geschichte. Hier ist sie, so wie wir sie gehört haben.

Eines Tages bemerkte jemand, dass ein kleiner Raum in dem alten Bahnhof immer noch verschlossen war, vermutlich schon seit dem Erwerb der Gebäude und des Geländes vor ein paar Jahrzehnten. Nach einigen Nachforschungen fand sich ein Schlüssel, der zu dem Schloss passte, und die Tür wurde geöffnet. Wie aufregend! Was würde man darin wohl finden?

Tatsächlich befand sich nur eine Sache in dem Raum. Es war eine Pflanze. Eine sehr große Pflanze. Dieses erstaunliche lebende Relikt wurzelte irgendwo in der Nähe eines alten Kamins und muss wohl von dem kleinen Oberlicht genügend Licht und durch ein winziges Leck im Dach genügend Wasser bekommen haben, um ohne jede menschliche Hilfe zu gedeihen und zu überleben.

Das machte uns nachdenklich. Es muss wohl unzählige Christen geben, die sich sagen, dass ihre leidenschaftlichen Träume von einst schon lange vertrocknet und gestorben sind. Das werden natürlich bei jedem Menschen andere Träume sein. Manche haben davon geträumt, ihre kreativen Talente und Fähigkeiten zu nutzen. Andere stellten sich vor, eines Tages vielleicht wunderbare Dinge für Gott zu tun. Aber irgendwo unterwegs haben sich diese Hoffnungen zerschlagen. Einsame Menschen glaubten daran, dass die wahre Liebe kommen würde. Aber sie kam nicht. Einige haben überhaupt keine Ahnung, was Liebe bedeutet oder wie sie überhaupt aussieht, und haben es aufgegeben, nach Verständnis und Erfüllung zu streben. Viele Nachfolger Jesu sehnten und sehnen sich nach der Gewissheit, dass Gott sie liebt.

Infolge solcher Enttäuschungen wurde diese Sehnsucht vielleicht in einem kleinen Raum eingeschlossen und geriet nahezu in Vergessenheit.

Hier ist ein Gedanke: Könnte es vielleicht sein, dass Gott, der sich von Schlössern und anderen Hindernissen nicht abschrecken lässt, insgeheim diese verlorenen Träume mit Licht und Wasser versorgt hat, sodass sie nicht sterben können – nicht sterben werden? Und wenn es so ist und uns dann das Glück einen Schlüssel zu der Kammer schenkt, in der unsere Träume immer noch stark und erreichbar bleiben, werden wir dann den Mut und die selige Torheit haben, zu glauben, dass entgegen aller Wahrscheinlichkeit das Beste doch noch kommen wird?

Ich kann nichts versprechen, aber es kommt vor. Wir haben es mit eigenen Augen gesehen. Solche Schlüssel gibt es in vielfältiger Form. Was alle Schlüssel gemeinsam haben, ist, dass sie die Türen nicht selbstständig öffnen können. Wir müssen darum bitten, dass uns ein Schlüssel ausgehändigt wird, und selbst dann gibt es noch eine Sache zu tun. Dazu brauchen wir vielleicht etwas Mut: Wir müssen den Schlüssel benutzen.

Der Wald gehörte uns

Lieben lernen ist ein wesentlicher Teil des Heranwachsens. Bei vielen von uns beschränkt sich das nicht darauf, nur diejenigen zu lieben, die uns nahestehen – seien es Menschen oder Haustiere oder gar imaginäre Freunde. In mir, der ich mich in einem frühen Gedicht beschrieb als einen kleinen Jungen „mit Ohren, die weithin einen Kopf voller Notfälle verkündeten", brannte eine Leidenschaft für bestimmte Orte in der Landschaft rund um das Dorf in Kent, wo wir wohnten. Diese anheimelnden ländlichen Winkel schienen mir ebenso zu gehören wie alles, was ich tatsächlich besaß. Aber waren die Gedanken und Gefühle, die ich mit diesen Orten in Verbindung brachte, so real und bedeutsam, wie ich es in Erinnerung habe? Vielleicht bedeuteten sie in Wirklichkeit gar nichts? Sollte das so sein, würde es mir das Herz brechen.

Der Wald gehörte uns, als wir noch Kinder waren.
Es schmeichelte uns, wenn im Frühsommer
die neuen Buchenblätter uns besuchen kamen,
so weich und frisch und flatternd
wie eine ganze Schar von hübschen Mädchen,
grün und golden, wenn die Sonne ihnen stolz aufs Antlitz
schien.
Ach, könnten wir euch doch auf Bildern zeigen, wo wir
spielten,

besonders unser Lager drüben auf dem andern Bachufer,
dort, wo ein alter Baum es ächzend aufgegeben hatte, je den
Himmel zu erreichen,
und uns zuliebe starb, zufrieden damit, uns ein Obdach zu
gewähren.
Du brauchst kein Grundbuch, keine Hypothek, wenn du
noch keine zehn bist.
Unser Heim aus Zweigen war geheimes Habitat, heilige Zuflucht von zu Hause.
Älter und klüger und viel törichter geworden, würden wir
einst diesen unsern Grund und Boden zwangsversteigern,
uns einbilden, wir könnten voller trauriger Gewissheit
erkennen, dass all dies in unsern Köpfen nur geschehen war,
bevor der Spielverderber kam und uns ins Herz die Lüge
pflanzte,
dass alles, was wir lieben und verlieren,
von Anfang an aus seinen Teilen nur bestand.

Ich liebe dich bis zum Mond und zurück

Ich bin verrückt genug, zu glauben, dass die Liebe am Ende die besseren
Karten hat. In gewissem Sinne hat sie das Spiel bereits gewonnen, aber
es gibt noch viel zu tun.

Diese verrückte Überzeugung, die ich wohlgemerkt mit vielen anderen teile, ist ein rührender, wunderbar romantischer Gedanke, aber ich
vermute, er muss wohl tief in der Wirklichkeit verwurzelt sein. Ein kleiner Wortwechsel, wie er im Hause Plass jederzeit zu erwarten ist, könnte etwa folgendermaßen ablaufen. Viel härter kann man wohl nicht auf
dem Boden der Tatsachen landen.

ADRIAN: *(nachdenklich)* Ich habe dir das noch nie gesagt, aber du sollst wissen: Ich liebe dich bis zum Mond und zurück.

BRIDGET: *(nachdenklich)* Gut. Gut. Das ist wunderbar. Wunderbar. Es ist Montag. Nur so aus Interesse, hast du die Mülltonne rausgestellt? Und den Recyclingmüll und die Glasflaschen?

A: *(Pause)* Äh, ja, in gewissem Sinne.

B: In gewissem Sinne?

A: Na ja, in dem Sinne, dass ich alle notwendige – du weißt schon – Mühe und Verantwortung und Entscheidungskraft für diese Aufgabe aufgewendet habe, aber …

B: Aber was?

A: Ich glaube – jetzt, wo du danach fragst und wo ich gerade darüber nachdenke, habe ich möglicherweise nur den Restmüll tatsächlich rausgestellt.

B: Warum?

A: *(langsam und nachdenklich)* Warum? Nun – das ist eine sehr gute Frage. Eine sehr gute Frage.

B: Schön. Wenn du mich wirklich so sehr liebst, wie du sagst, bis zum Mond und zurück, könntest du mir einen Gefallen tun?

A: *(besorgt)* Ja-a-a. Wahrscheinlich.

B: Auf deinem Weg zum Mond, meine ich.

A: Auf meinem Weg zum –? Ach ja. Ja.

B: Meinst du, du könntest die Recyclingtonne und den Karton mit den Flaschen mitnehmen und draußen vor der Haustür abstellen?

A: Hmm, ich denke schon, ja.

B: Und dann, auf deinem Rückflug, kurz vor – vor deinem Wiedereintritt in die Atmosphäre sozusagen?

A: Hmmm ja?

B: Meinst du, du könntest es schaffen, die Restmülltonne wieder mitzunehmen und *(wie zu einem kleinen Kind)* in ihre schöne Plastikbox im Garten zu stellen?

A: Ja, ja, natürlich. Ja, das kriege ich hin.

B: Gut. Das wird ein kleiner Schritt für einen Menschen sein und ein Riesensprung dahin, dass wir nicht auf einem Berg von Recyclingmüll sitzenbleiben.

A: Ha! Das ist gut. Sehr witzig.

P.S.: Dieser Sketch verdankt seine Inspiration einer Freundin von uns, die inzwischen anglikanische Pfarrerin in unserer Gegend ist. Nachdem ihr Mann sie verlassen hatte, sagte jemand in der Kirche zu ihr: „Nun, wenigstens hat Gott Sie nicht verlassen."

Ihre Antwort lautete: „Nein, aber es ist immer noch keiner da, der den Müll rausbringt."

Ich glaub, ich will zurück

Viele Menschen, denen wir begegnen, berichten uns davon, dass sie irgendwann in der Vergangenheit eine zarte und zaghafte Begegnung mit Jesus erlebt haben. Irgendwie jedoch ist ihnen diese Empfindung eines neuen Lebens und einer neuen Beziehung im Lauf der Zeit abhandengekommen. Was fast alle diese Leute gemeinsam haben, ist die Hoffnung, dass es möglich sein könnte, zurückzukehren an den Ort, wo etwas wirklich Wunderbares in ihrem Leben geschah.

Da war etwas so Gutes. Dahin wollen sie zurück. Ich hoffe, es gelingt ihnen.

Ich glaub, ich will zurück
zu der Zeit, als ich erfuhr, du willst mein Freund sein.
Das ist schon lange her,
Erinnerung verblasst,
obwohl ihr Widerhall
mir oft das Herz erfasst.

Dann bin ich wehrlos gegen deinen Blick.
Ich brauche meinen Freund. Nimmt er mich wohl zurück?

Ich glaub, ich geh zurück
zu der Zeit, als ich die Angst noch überwinden konnte.
Ja, Schatten gab es damals auch;
oft konnte ich kaum etwas sehen,
doch als die Nacht kam, fachtest du
ein Licht an, und ich konnte gehen.
Dein Licht brauche ich jetzt, beleuchte mir den Weg ein
Stück.
Ich komme heim, wenn du mich wieder haben willst.

Ich glaub, ich komm zurück
zu der Zeit, als ich noch offen war, so wie ein Kind.
An manchen Tagen damals,
einen Moment lang bloß,
konnte ich fast dein Lächeln sehn,
wenn ich die Augen schloss.
Dein Lächeln ist es, was mir fehlt zum Glück.
Das weiß ich jetzt. Ich glaub, ich komm zurück.

Jesus liebt mich, ganz gewiss,
denn die Bibel sagt mir dies.
Jesus liebt mich,
Ja, so ist's, er liebt mich,
die Bibel sagt mir dies.

Glaub es mir

Die Geschichte vom barmherzigen Samariter

Und siehe, da stand ein Gesetzeslehrer auf, versuchte ihn und sprach: Meister, was muss ich tun, dass ich das ewige Leben ererbe? Er aber sprach zu ihm: Was steht im Gesetz geschrieben? Was liest du? Er antwortete und sprach: „Du sollst den Herrn, deinen Gott, lieben von ganzem Herzen, von ganzer Seele und mit all deiner Kraft und deinem ganzen Gemüt, und deinen Nächsten wie dich selbst." Er aber sprach zu ihm: Du hast recht geantwortet; tu das, so wirst du leben.

Er aber wollte sich selbst rechtfertigen und sprach zu Jesus: Wer ist denn mein Nächster? Da antwortete Jesus und sprach: Es war ein Mensch, der ging von Jerusalem hinab nach Jericho und fiel unter die Räuber; die zogen ihn aus und schlugen ihn und machten sich davon und ließen ihn halb tot liegen.

Es traf sich aber, dass ein Priester dieselbe Straße hinabzog; und als er ihn sah, ging er vorüber. Desgleichen auch ein Levit: Als er zu der Stelle kam und ihn sah, ging er vorüber. Ein Samariter aber, der auf der Reise war, kam dahin; und als er ihn sah, jammerte es ihn; und er ging zu ihm, goss Öl und Wein auf seine Wunden und verband sie ihm, hob ihn auf sein Tier und brachte ihn in eine Herberge und pflegte ihn. Am nächsten Tag zog er zwei Silbergroschen heraus, gab sie dem Wirt und sprach: Pflege ihn; und wenn du mehr ausgibst, will ich dir's bezahlen, wenn ich wiederkomme.

Wer von diesen dreien, meinst du, ist der Nächste geworden dem, der unter die Räuber gefallen war? Er sprach: Der die Barmherzigkeit an ihm tat. Da sprach Jesus zu ihm: So geh hin und tu desgleichen!

(Lukas 10,25-37)

Nun denn. Das Gleichnis vom barmherzigen Samariter.

Wenn ich in den Himmel komme, ist es durchaus möglich, dass Jesus die eine oder andere Anmerkung dazu macht, wie wir professionellen

Christen dazu neigen, endlos an seinen Gleichnissen herumzudeuteln und sie zurechtzubiegen, obwohl sie doch den Leuten, die sie vor zweihundert Jahrzehnten hörten, und denen, die sie heute lesen, eine wunderbar klare und relativ leicht verständliche Aussage zu bieten haben. Ich kann beinahe seine Stimme hören: „Die Sache ist die, dass meine Gleichnisse keine psychologischen Romane sind, oder? Oder? Nein, das sind sie nicht. Sie sind kleine Geschichten mit einer simplen Moral, fest verwurzelt in der Lebenswelt der Leute, die sie als Erste zu hören bekamen. Wir müssen uns zum Beispiel wirklich nicht den Kopf darüber zerbrechen, welche Auswirkungen die Rückkehr des verlorenen Sohnes auf das gemästete Kalb hatte. Zugegeben, es hatte in der Geschichte eher das Nachsehen – aber darum geht es nicht! Verstehst du, was ich damit sagen will?"

Nun habe ich natürlich keine Ahnung, ob er das wirklich sagen wird oder nicht, aber wenn er es tut – wenn er das sagt und ich seine Miene dabei so deuten darf, als ob er eine Antwort begrüßen würde, werde ich sagen:

„Schön, Ich verstehe schon, was du meinst, aber ich habe dir nur drei Worte zu sagen."

„Und zwar?"

„Der barmherzige Samariter."

„Was ist denn mit dem barmherzigen Samariter?"

„Aha, ich bin froh, dass du mich das fragst. Ich werde es dir erklären."

Hier ist also die Erklärung, die ich liefern werde, und ich verspreche ihnen, dass es am Ende wirklich, ehrlich und wahrhaftig – möglicherweise etwas zum Nachdenken mitzunehmen gibt. Versprochen.

Das Gleichnis vom barmherzigen Samariter stand schon immer in der Gefahr, von gegnerischen Fraktionen quasi für sich vereinnahmt zu werden. Ich erinnere mich zum Beispiel daran, wie ein bekannter rechter Tory-Politiker einmal im Radio erklärte, der Samariter sei nur deshalb in der Lage gewesen, so umfassend Hilfe zu leisten, weil er sich offensichtlich mit unternehmerischen Aktivitäten von der Art befasste, wie sie die gegenwärtige konservative Regierung fördern und begünstigen wollte.

Wie zu erwarten, gab kurz darauf ein Vertreter des Labour-Schattenkabinetts seiner lange gehegten Überzeugung Ausdruck, dass Jesus mit der Geschichte vom Samariter in Wirklichkeit unterstreichen wollte, dass Reichtum dazu da war, geteilt zu werden und die Kluft zwischen Arm und Reich zu schließen.

Ich verstehe nicht viel von solchen Dingen, aber was ich sagen will, ist Folgendes.

Okay, offensichtlich hat das Gleichnis eine sehr starke, einfache Botschaft. Nicht gerade eine leichte für manche von uns, aber eine einfache. Wenn jemand in Not ist, hilfst du ihm, egal, um wen es sich handelt und wie anders diese Person auch sein mag. Du hilfst ihm. Du bist sein Nächster. Klar? Kapiert.

Aber die Sache ist die – darauf sind Sie wahrscheinlich schon vor Jahren gekommen, aber mir ist es jetzt erst aufgefallen –, dass das Gleichnis in gewissem Sinne auch davon handelt, die Liebe und Aufmerksamkeit anzunehmen und zu empfangen.

Ein Gesetzeslehrer gibt den Anlass zu der Geschichte, indem er Jesus eine vermeintliche Fangfrage stellt. (Kleiner Tipp unter Freunden: Stellen Sie Gott niemals Fragen, wenn Sie nicht wirklich eine Antwort wollen. Im Ernst. Lassen Sie es.) Folgende Frage stellt der Mann: „Wer ist mein Nächster?"

Das ist die Frage. Was ist die Antwort?

Die Geschichte kennen wir alle. Ein Typ wird ausgeraubt und halb tot geschlagen. Ein Priester kommt vorbei und tut nichts. Ebenso ein Levit. Ein Samariter (also ein Feind aus Sicht der Juden) krempelt die Ärmel hoch und setzt sich mit allem, was er hat, dafür ein, dem armen Kerl zu helfen.

„So", sagt Jesus zu dem Gesetzeslehrer, „wer von den Dreien war dem Mann, der ausgeraubt und verletzt wurde, ein Nächster?"

Der Mann bringt es nicht einmal über sich, das schmutzige Wort

„Samariter" auszusprechen. „Nun, der, der ihm Barmherzigkeit zeigte", murmelt er.

„Genau" sagt Jesus. „Und jetzt geh und handle genauso."

Aber was bedeutet das? Wenn er genau dasselbe täte wie der Samariter, würde er jemandem helfen, der Jude ist wie er selbst. Das würde er wahrscheinlich sowieso tun.

Wir konzentrieren uns immer auf den klaren und wesentlichen Punkt, dass wir alle jeder Person Hilfe leisten sollten, die Hilfe braucht, egal, wer er oder sie ist. Meine Frage ist folgende: Legt Jesus diesem Mann, der ihn herausfordern wollte, etwas noch Anstößigeres nahe? In der Geschichte ist der Samariter klar als der Nächste genannt, der Hilfe leistet, und diese klare Antwort auf die ursprüngliche Frage könnte den jüdischen Gelehrten auf einen womöglich noch abscheulicheren Gedanken gebracht haben.

Will dieser verrückte Rabbi etwa im Ernst andeuten, dass ein Mann wie er bereit sein sollte, Hilfe von einem so widerwärtigen Fremden anzunehmen?

Niemals! Es müsste geradezu ein Wunder geschehen, damit das passiert.

Genau.

Ich selbst musste neulich, als ich das Gleichnis wieder einmal las, sehr gründlich über diese Frage nachdenken: Gibt es Menschen, von denen ich nur ungern Hilfe annehmen würde? Wenn ja – warum eigentlich? Wenn ich dadurch, dass ich Großzügigkeit oder Nächstenliebe annehme, jemandem das größte Geschenk machen könnte, warum fällt mir das bei bestimmten Menschen so schwer? Warum sollte diese Aussicht mich abstoßen oder sogar anwidern?

Verstehen Sie mich nicht falsch. Ich mag Menschen. Ich tue auch gern Dinge für sie. Das macht mir Freude. Das ist okay. Aber ich muss mich wohl mit dem auseinandersetzen, was hinter den eben erwähnten Antworten steckt. Ich werde mein Bestes tun.

Es würde mich sehr interessieren, zu hören, wie andere mit dieser

Herausforderung umgehen. Es wird bei jedem von uns anders sein, aber eines steht fest: Wir alle werden Nutzen daraus ziehen, uns der Wahrheit zu stellen. Am Ende wird sie uns frei machen, aber es kann sein, dass wir auf dem Weg dahin ein paar überraschende, schmerzhafte und beängstigende Schläge einstecken müssen.

Die allgemein verständliche Moral des Gleichnisses bleibt natürlich erhalten – aber wie üblich hatte Jesus uns mehr als eine wichtige Lektion zu erteilen.

Im Sterben umso schöner

Auferstehung geschieht – in vielfältiger Form.

Ich kenne jemanden, der sich als kleiner Junge vor dem Herbst fürchtete. Es waren die Bäume, die ihm Angst einjagten. Anfang November sahen die meisten davon aus, als wären sie tot oder zumindest als wäre etwas mit ihnen passiert, das sie verloren und irgendwie verlegen wirken ließ. Es war ja schön und gut, wenn die Erwachsenen sagten, dass in ein paar Monaten wieder frisches Grün die dürre Nacktheit schmücken würde, aber mein Freund blieb im Hinblick auf solch fragwürdige Baumtheologie ein Agnostiker. Irgendwann beruhigte ihn dann die gelassene Beharrlichkeit der Natur. Der Frühling kommt zurück. Der Sommer sprießt und blüht. Alles in Ordnung.

Auferstehung geschieht.

Das Scargill House feierte kürzlich seinen sechzigsten Geburtstag, obwohl es vor etwas über einem Jahrzehnt geschlossen wurde und beinahe „gestorben" wäre. Mit viel Liebe und dank der unermüdlichen Anstrengungen vieler, vieler Freunde und Unterstützer wurde durch die Gnade Gottes diesem Haus neues Leben eingehaucht. Scargill erholte sich und gedieh. Wir sind zutiefst dankbar dafür, dass uns die Chance gegeben wurde, zu diesem Wiedergeburtsprozess einen winzigen Beitrag zu leisten.

Auferstehung geschieht.

Manchmal ändert sich das Schicksal, auch wenn die Wunden noch nicht verheilt sind.

Noomi, die Schwiegermutter von Ruth, verlor die drei Menschen auf der Welt, die sie am meisten liebte: ihren Mann und zwei Söhne. Zum ersten Mal in ihrem Leben lernte sie den sauren, bitteren Geschmack tiefster emotionaler Zerstörung kennen. Ruths Loyalität und Liebe war es, die sie wieder zu sich selbst kommen ließ. Eine neue Familie, ein neues Leben. Die Wunden waren noch nicht verheilt und die Narben würden immer schmerzen, aber auf ihrem Knie saß ein Enkelkind. Der kleine Obed war ein Gnadenzeichen, das sie körperlich umarmen konnte. Für den Moment war das genug.

Auferstehung geschieht. Sie kann eine zweite Chance bieten.

Ein Mann aus unserer Bekanntschaft ging auf seinen achtzigsten Geburtstag zu. Die Ärzte sagten ihm, wegen seiner beständigen Herzprobleme sei es sehr unwahrscheinlich, dass er das Alter von einundachtzig Jahren noch erreichen würde. Doch dann erwies sich die Behandlung als überraschend wirkungsvoll. Dem Patienten wurde gesagt, er könne gut und gern noch weitere zehn Jahre leben. Er war außer sich vor Freude.

„Wisst ihr", sagte er zu uns, „ich bin so begeistert, dass ich gerade der Tatsache ins Auge gesehen habe, dass ich zwar schon immer allen gesagt habe, ich hätte eine Beziehung zu Jesus, aber überhaupt nicht sicher bin, dass das stimmt. Ich habe ein Jahrzehnt geschenkt bekommen, zehn ganze Jahre, um dem Meister ganz neu nahezukommen. Ich bin so begeistert!"

Neues Leben mit achtzig. Uns wurden die Herzen warm.

Auferstehung geschieht.

Kurz vor Weihnachten in dem Jahr bevor dieses Buch erschien, wachte ich eines Montagmorgens auf der Intensivstation eines Krankenhauses in unserer Nähe auf und hatte nicht die leiseste Ahnung, wie ich dort hingekommen war.

Inzwischen kann ich mir nebelhaft in Erinnerung rufen, dass ich am Donnerstag der vorhergehenden Woche bei unserem Hausarzt gewesen war, gewappnet mit einer von Bridget geschriebenen Liste meiner gesundheitlichen Probleme der letzten Zeit. Auf der Liste standen mehrere Stürze, zunehmende Verwirrung und heftige Kopfschmerzen. Wie mein Sohn, der mich hinbrachte, mir berichtet, machte ich aus der Präsentation meiner Liste eine Art Monolog im Stil Lawrence Oliviers. Vielleicht trug das dazu bei, dass meine Symptome nicht so ernst genommen wurden, wie es angebracht gewesen wäre.

Ich weiß nach wie vor nichts mehr von dem darauffolgenden Freitag, an dem ich anscheinend ein EEG bekam und mein Blutdruck gemessen wurde, vom Samstag, als ich ausrutschte und stürzte, oder gar vom Sonntag, an dem Rettungssanitäter mich nach einem schweren Sturz, nach dem mein Gehirn offenbar aufhörte, mit dem Rest meines Körpers zu kommunizieren, in die Notaufnahme brachten. Schon gar nicht erinnere ich mich daran, dass ich es wohl zum Schreien komisch fand, allen, die mir begegneten, in einem breiten Lancashire-Akzent zu erklären: „Ich bin dreiundsiebzig, wissen Sie."

Ich weiß auch nichts mehr davon, wie ich mit dem Krankenwagen in diese neurologische Intensivstation transferiert wurde, wo eine Notoperation aufgrund einer „raumgreifenden Blutung im Gehirn" vorgenommen wurde.

An diesem konfusen Montagmorgen hatte ich keinen Schimmer, wo ich war, und mir fielen nur drei Möglichkeiten ein. Eine davon war, dass ich von Außerirdischen entführt worden war, was vermutlich all die grellen Lichter ringsum und die vielen Augenpaare erklärte, die diverse Teile von mir eingehend studierten.

Oder vielleicht steckte ich nur mitten in einem außergewöhnlich lebhaften Traum?

Meine dritte Vermutung, ob Sie es glauben oder nicht, war, dass Gott mich in diese unerklärliche Situation gebracht hatte, weil es hier für mich etwas zu tun gab. Was das über meine Vorstellung von Gott aussagt, ist durchaus interessant.

Die Wahrheit – dass nämlich jemand zwei Löcher in meinen Kopf gebohrt hatte, um den durch eine Blutung in meinem Gehirn entstandenen Druck abzulassen – kam mir nie in den Sinn. War vielleicht auch besser so.

Natürlich waren meine Operation und jene Woche auf der Intensivstation (die erste Krankenhausübernachtung meines Lebens) offensichtlich das Beste, was mir passieren konnte, aber ich muss sagen, dass das Ganze zugleich eines der grausigsten Erlebnisse meines Lebens war. Die Verwirrung bei diesem ersten Aufwachen war zutiefst beängstigend, aber damit war der Albtraum noch nicht zu Ende.

Was mir an diesem Montagmorgen große Angst einjagte, war, nicht zu wissen, wer, was oder warum ich war.

Dann, während der zweiten Nacht, transportierte man das gesamte Krankenhaus hinunter nach Hailsham in Sussex, wo wir früher wohnten, und stellten es auf ein Feld, auf dem wir hin und wieder spazieren gegangen waren.

In der nächsten Nacht flogen sie es zurück nach Middlesbrough und ließen es ungefähr zwanzig Meter über seinem vorherigen Standort schweben. Mit der Zeit ließen diese durch Medikamente bedingten, aber ungemein lebensechten Halluzinationen nach, aber am Tag vor meiner Entlassung wurde ich auf eine sogenannte Männerstation verlegt. Da würde es mir gefallen, sagte man mir, weil ich „mit anderen Männern zusammen sein" würde. Es gefiel mir überhaupt nicht. Stattdessen fragte ich mich, was es eigentlich bedeutet, ein Mann zu sein.

Da wegen der Pandemiebestimmungen keinerlei Besuche gestattet waren, waren E-Mails und Kurznachrichten ungemein wichtig für mich, und das Krankenhauspersonal kümmerte sich wunderbar um mich. Eins kann ich dir aber mit Sicherheit sagen: Dorthin will ich nie,

nie wieder zurück. Man hat mich angewiesen, meinem Gehirn Ruhe zu gönnen. Genau das versuche ich zu tun, und bisher lebe ich noch.

Erst vor Kurzem, als ich wieder ins Krankenhaus ging, um ein CT vornehmen zu lassen und mit dem Chirurgen zu sprechen, der meine Operation leitete, erfuhr ich, wie nahe ich dem Tod tatsächlich gekommen war. Auf einem Scan, der unmittelbar vor der Operation angefertigt wurde, war zu sehen, dass fast mein ganzes Gehirn durch Blut und andere Flüssigkeiten, die abgelassen werden mussten, in einer Hälfte meines Schädels zusammengepresst wurde. Ein grauenhafter Anblick. Mein neuer Scan, den der Chirurg sichtlich zufrieden an die Leuchttafel hefte, zeigte wieder alles an seinem richtigen Ort.

„So", sagte er, „sieht ein perfektes Gehirn aus."

Auferstehung geschieht. Sie kann einen glücklichen Ausgang möglich machen.

Vor zweitausend Jahren saß ein Mann an einem Feuer am Ufer eines Sees. Er hatte Fische auf lange Spieße gesteckt und briet sie. Während er sie langsam über der Glut drehte, brannte in seinem Herzen eine freudige Erwartung. Ein Fischerboot näherte sich dem Ufer. Ein Ruf ertönte, etwas platschte ins Wasser, und dann hörte man jemanden in Richtung Ufer waten. Der Mann mit den Fischen stand neben dem Feuer auf. Ein paar Minuten später frühstückten die beiden Männer zusammen. Das Leben eines Fischers veränderte sich vollkommen und für immer durch ein kurzes, intensives Gespräch.

Es war gelungen. Die Auferstehung war gelungen.

Ich bin so froh, dass mein Freund, von dem ich vorhin erzählt habe, gelernt hat, an ein Leben nach dem Herbst zu glauben. Für mich ist diese Jahreszeit von einer wehmütigen Schönheit und zugleich hoffnungsvoller als jeder andere Zeit. In ihr spiegelt sich eine uralte, essenzielle Verheißung, dass der Tod – und wir erleben ja viele verschiedene Arten des Sterbens – eine Gelegenheit sein kann für die Ankunft einer verheißenen Art von Leben, die anders nie zustande kommen könnte.

Vor ein paar Jahren schrieb ich einige Zeilen über die Zauberkräfte

des Herbstes und über meine Furcht, eine wichtige Freundschaft könnte vernachlässigt worden und nun dem Tode nahe sein. Ich schickte die
Zeilen meinem Freund, zusammen mit einem Brief, und es wird dich
sicher freuen, zu hören, dass der Patient sich wieder vollkommen erholt
hat. Unsere Freundschaft ist quicklebendig. Hier ist das Gedicht.

Der Herbst ist eine strenge Antwort
an den, der immerfort dein grüblerisches Herz verleugnet.
Die Sonne sinkt in Todesflammen,
Lust, Schmerz und Traurigkeit, wie jedes Jahr gemulcht,
ein Ast hat seine Kleider ausgezogen,
schwebend zieht der Regen seinen Bogen,
im Sterben umso schöner lichtumzogen.
Mit letztem Atem leise flüsternd: „Nun genug."
Doch auch Erinnerungen fallen wie die Blätter
hinab auf grobe Pflastersteine.
Solche Lieblichkeit,
schau, wie mein Atem stillsteht in der Luft,
und du, mein alter Freund, bist da.
Wir geh'n gemeinsam durch die hohen Tore des Parks,
nehmen den kurzen Weg hinunter in die Stadt.
Ein Windhauch lässt die Kinderschaukeln schwingen,
weich ist die Erde, dunkel, voller Saft,
ein früher Weihnachtskuchen.
Wir wissen, dass das Gras nicht mehr geschnitten wird –
nicht dieses Jahr.
Über das alte Straßenpflaster geht's hinunter
durch Menschenströme,
als Ziel vielleicht ein heißer Tee.
Cafés sind anders jetzt, als wir sie kannten,
auch wenn die herbstlich frühe Dämmerung
genauso hungrig durch die Butzenscheiben späht.

Wir wärmen uns an stromgetrieben imitierter Glut,
froh, hier zu sitzen und Tee zu trinken,
glücklich, dass wir wieder lachen miteinander,
erleichtert, wieder wir zu sein.
Ich hatte schon befürchtet, alles wäre längst dahin,
der Freundschaft Fingerspitzen kalt und taub.
Doch Herbst ist eine Jahreszeit, die wiederkehrt
mit Ahnungen, dass auch der Schmerz einst stirbt,
und wiederkehren, Freund, werden auch wir.
Geist, du hast gut gegrübelt,
die Schönheit deines Herbstes, magisch-melancholisch,
und jenseits deines Winters kommt der Frühling.

Der Unterstützungsfonds

Auf viele Fragen über den Glauben werden wir diesseits des Grabes keine Antwort bekommen. Eins scheint aber immerhin klar zu sein: Wir wollen Gott, und so unwahrscheinlich es auch erscheinen mag, er will uns noch mehr.

Manche Menschen haben sich in einer Wüste verirrt, die aus der Überzeugung besteht, dass Gott ihnen nie vergeben wird.

„Er kennt mich zu gut", sagen sie. „Er weiß, was ich getan habe. Er weiß, was ich nicht getan habe. Er weiß, wie sehr ich versagt habe. Er wird mich nicht im Himmel haben wollen. Ja, ich weiß alles über Buße, Auferstehung und Erlösung, aber in meinem Fall macht das alles keinen Unterschied. Ich komme nicht in den Himmel."

Ein Gedanke dazu.

Ähnlich wie viele andere christliche Tagungsstätten bietet das Scargill House einen Unterstützungsfonds an. Dieser Fonds speist sich aus

Beiträgen der Gäste und wird verwendet, um denen, die wenig Geld haben, einen Aufenthalt in Scargill zu ermöglichen. Wichtig dabei ist: Scargill verliert nichts. Die Rechnungen werden bezahlt. Dazu ist der Unterstützungsfonds da. In dem Fonds befindet sich eine ganze Menge Geld. Die Menschen sind sehr großzügig.

Zurück zu denjenigen, denen angeblich nicht vergeben werden kann. Einer davon, nennen wir ihn Raymond, geht mit hängenden Schultern die Straße zum Himmel hinauf und begegnet Gott.

„Mach dir keine Mühe mit mir, Gott", sagt er traurig. „Mich willst du nicht im Himmel haben. Du weißt ja alles, was in mir vor sich geht. Ich gehöre nicht an diesen perfekten Ort."

Gott sagt: „Da hast du absolut recht. Volltreffer. Du bist nicht gut genug. Du passt hier nicht hin."

Raymond will sich schon niedergeschlagen abwenden, als Gott weiterspricht.

„Das ist die schlechte Nachricht, Raymond", sagt er. „Die gute Nachricht ist, dass mein lieber Sohn Jesus, den ich in die Welt gesandt habe, einen gigantischen Unterstützungsfonds aufgebaut hat. Das reicht aus, um für alles zu bezahlen, was du und alle anderen je getan haben. Einfacher kann ich es nicht erklären, aber wenn du mich heute zum Lächeln bringen willst – nimm das Geld. Ich möchte, dass du nach Hause kommst und bei mir bist. Bitte nimm das Geld. Nimm es. Mach mich froh. Komm nach Hause."

Bitte kommt nach Hause

Vielleicht können die folgenden Worte uns frei dafür machen, die Liebe und Verletzlichkeit der Sehnsucht Gottes in die Tiefen unserer eigenen Bedürftigkeit hineinsprechen zu lassen. Ich hoffe es. Wenn der richtige Moment kommt, wird uns eine schlichte Botschaft in den Ohren klingen: Ich liebe euch. Bitte, bitte kommt nach Hause.

Bitte kommt nach Hause,
eure Zimmer sind geputzt,
eure Betten sind gemacht,
und schaut – freie Plätze an meinem Tisch.

Oh, ihr müsst nach Hause kommen,
bringt eure Freunde mit,
eure Familien,
eure ganze Nachbarschaft, wenn sie kommen wollen.

Macht euch auf den Weg nach Hause,
begegnet mir auf der Straße und trocknet meine Tränen.
Die Lichter zur Begrüßung brennen noch und werden
immer brennen
durch alle Tränennächte.

Fast zu Hause,
horcht einen Moment, hört ihr alte Freunde und Engel
im Haus jenseits des Hügels singen?
Sie singen und feiern und hoffen erwartungsvoll auf euch.

Ich will euch hier zu Hause,
euer Schmerz ist mein Schmerz,
liebe Söhne, kostbare Töchter,
wie kann Himmel Himmel sein, wenn ihr anderswo seid?
Bitte, wenn ihr bereit seid,
kommt nach Hause.

Meine Liebe zu dir

Wir riskieren Verluste, wenn wir lieben, aber das Wissen darum hilft nicht, wenn es passiert. Wie kleine Kinder, die von der Dunkelheit überrascht werden, suchen wir hektisch nach irgendetwas, woran wir uns festhalten können. Nach irgendeiner Spur von dem, was da war, bevor das Licht verschwand. Am Ende mag es leichter sein, einfach unsere Augen zu schließen und uns zu erinnern.

Meine Liebe zu dir
Einzigartig
Form des Gesichts
Klang der Schritte
Ton der Stimme

Dich vermissen
Uns
Dunkelheit
Wirre Lichtblitze
Träumen, dass alles gut ist
Wachen
Albtraum

Dich suchen
Foto
Standbild
In der Vergangenheit
Verschwunden

Nach dir ausstrecken
Warme Tränen
Seltsam hoffnungslose Hoffnung

Hände
Arme
Leer

Ich liebte dich
So sehr
Liebe dich
So sehr
Werde dich lieben
So, so sehr
Immer

Aus dem Herzen von 1. Korinther 13

Der erste Korintherbrief ist sowohl in der säkularen als auch in der frommen Welt zu einem ikonenhaften Status gelangt, besonders (aus offensichtlichen Gründen) bei Hochzeitsfeiern.

Dagegen ist überhaupt nichts einzuwenden. Im Gegenteil, ich freue mich wirklich darüber, dass das so ist. Nein, es ist nur so, dass mich in letzter Zeit die Frage beschäftigt, was diese berühmte Anatomie der Liebe eigentlich bedeutet. Ausgehend von der Grundwahrheit, dass Gott Liebe ist, habe ich mich gefragt, wie Gott wohl anhand der Worte und Gedanken, die Paulus hier so sorgfältig zusammenstellte, sein eigenes Wesen ausgedrückt haben könnte.

Hier ist mein Versuch, diese Frage zu beantworten. Auf mich wirkt er in nahezu gleichem Maß erschreckend und ermutigend. Das Folgende ist nicht einfach nur eine Neuformulierung des dreizehnten Kapitels von 1. Korinther. Ich bin gespannt, was Sie davon denken.

Liebe tut weh

Gott spricht aus dem Herzen von 1. Korinther 13

Ihr alle redet in den Sprachen der Menschheit, und manche von euch reden in den Sprachen der Engel. Beides ist auf seine Weise wunderbar, aber welche Sprache auch immer ihr sprecht, egal wie bescheiden oder wie eindrucksvoll, wenn ihr keine Liebe habt, seid ihr nichts. Ihr seid nur ein widerhallender Gong. Nur eine klirrende Zimbel. Ein leeres Geräusch.

Selbst wenn ihr die Gabe der Prophetie habt und alle Geheimnisse und alle Erkenntnis ergründen könnt und wenn ihr einen Glauben habt, der Berge versetzen und zum Einsturz bringen kann. Was seid ihr, wenn ihr keine Liebe habt? Nichts. Ihr seid nichts.

Hört zu. Wenn ihr alles verschenken würdet, was ihr besitzt, wenn ihr wirklich alles verkaufen und das Geld bis zum letzten Heller an die Armen verteilen würdet, und wenn ihr eure Leiber allen möglichen zermürbenden Strapazen aussetzen würdet, um den Respekt und die Bewunderung anderer zu erringen, soll ich euch sagen, was ihr damit gewinnen würdet?

Nichts.

Wenn ihr all diese Dinge tut und keine Liebe habt, verschwendet ihr nur eure Zeit. Denn ihr gewinnt nichts damit. Nichts.

Was also ist Liebe? Ich bin Liebe.

Liebe kommt von mir. Sie kehrt zu mir zurück. Sie lebt in mir. Liebe ist nie vergeudet. Ich bin nie vergeudet.

Ich bin Liebe.

Ich bin geduldig. Ich kann warten. Ich kann wirken. Ich kann leben – nicht ohne Schmerz –, aber ich kann leben mit der Traurigkeit und Verwirrung derer, die einfach nicht sehen können, was am Ende des Weges liegt, dem sie folgen müssen. Sie sind manchmal sehr, sehr enttäuscht von mir. Ich verstehe das. Ich bin geduldig. Ihr müsst

Geduld lernen. Das ist nicht leicht, aber um eurer selbst willen: Ihr braucht sie.

Ich bin freundlich. Das bin ich wirklich. Ich habe die Freundlichkeit erfunden. Jede faszinierende kleine Wendung und Facette in jeder einzelnen menschlichen Geschichte ist mir unendlich wichtig. Meine Freundlichkeit ist nicht so einfach zu erkennen, wie viele es sich wünschen, aber tatsächlich fließe ich über vor Freundlichkeit. Das tue ich wirklich. Ich bin freundlich. Versucht ihr es auch einmal. Ich gebe euch dazu, was euch fehlt. Dann werdet ihr ganz und gar freundlich sein. Das kann Wunder bewirken. Buchstäblich.

Ich bin nicht neidisch. Alles, was ich will, ist, dass mein Traum Wirklichkeit wird. Alle sicher zu Hause. Ich freue mich nicht darüber, wenn irgendjemand verloren geht. Also träume ich. Ich bin nicht neidisch. Neid ist hungrig. Er kann eure Herzen verzehren. Keine Frage. Zögert nicht, mir zu sagen, was ihr wollt, aber bitte gebt euch Mühe, mit dem zufrieden zu sein, was ich euch gebe.

Ich gebe nicht an und ich bin nicht stolz. Was hätte das auch für einen Sinn? Mit wem sollte ich mich vergleichen? Ich habe das Universum erschaffen. Es wäre absolut lächerlich, wenn ich angeben würde. Trotzdem hoffe ich, dass euch manche der Dinge, die ich gemacht habe, gefallen und dass ihr Freude daran habt. Nein, anzugeben wäre widerwärtig. Angeben ist widerwärtig. Ich gebe nicht an und ich bin nicht stolz. Bitte passt auf, passt gut auf, dass ihr eure Tugenden und Leistungen nicht an die große Glocke hängt. Das ist unattraktiv und lässt alles Wertvolle verrinnen wie abgestandenes Wasser aus einem Waschbecken.

Ich entehre andere nicht. Es gibt Menschen, die andere auf diese Weise verletzen, ja erdrücken. Ein paar berufen sich auf meinen Namen, wenn sie das tun. Sie haben nichts mit mir zu tun. Ich erhebe. Ich drücke Leute nicht herunter. Ich entehre niemals andere. Und ihr sollt das auch nicht tun.

Ich suche nicht das Meine. Fragt die Engel. Fragt meinen Sohn. Fragt die Männer, die ihn an ein Kreuz genagelt haben. Sie sind jetzt hier bei mir. Ich suche nicht das Meine. Macht ihr es genauso. Wenn ihr nur das Eure sucht, wird alles, was ihr gewinnt, zu Asche werden.

Ich werde nicht leicht zornig. Was immer auch manche über der Bibel brütenden Grüppchen von griesgrämigen Leuten sagen. Ich werde nicht leicht zornig. Zorn bereitet mir kein Vergnügen, nicht einmal, wenn er nötig wird – am wenigsten dann. Zorn hilft nur selten. Freundlichkeit hilft. Geduld hilft. Sanftmut hilft. Ich kann zornig werden, aber es ist wirklich nicht leicht, mich zornig zu machen. Bitte mich, und ich helfe dir, deinen Zorn in die richtigen Bahnen zu leiten – ja sogar nützlich zu machen –, wenn sich die Notwendigkeit ergibt.

Ich führe nicht Buch über das Unrecht. Ich könnte es, wenn ich wollte. Natürlich könnte ich das. Aber ich will nicht. Ihr seid viel besser darin, euch selbst und anderen euer Unrecht vorzuhalten, als ich es je war. Wisst ihr, der offene Glaube an die Heilung einer Seele kann die stärkste aller sich selbst erfüllenden Prophezeiungen sein. Tut das. Ich werde euch unterstützen. Ich verspreche euch, ich führe nicht Buch über das Unrecht. Das kann schwierig für euch sein. Das weiß ich. Aber versucht, es genauso zu machen.

Ich freue mich wirklich nicht über das Böse. Ich hasse es. Ich bekämpfe das Böse. Es droht die Menschen, die ich liebe, zu zerstören. Bekämpft es mit mir. Gemeinsam können wir die Pforten der Hölle angreifen und durchbrechen. Verlorene Seelen befreien.

Ich freue mich über die Wahrheit. Ich bin die Wahrheit. Versucht es mal. Öffnet euer Denken. Schmeckt die Freiheit. Am Anfang mag da ein bitterer Beigeschmack sein, aber am Ende ist sie süß und vollkommen und wird euch sehr guttun.

Auch wenn ihr es nicht merkt, ich beschütze euch unentwegt. Ihr habt keine Ahnung.

Ich vertraue stets.

Hoffe immer.

Harre aus. Immer.

Macht mit. Ich höre nie auf. Aber da gibt es ein Problem. Ich fürchte, der Weg zum Erfolg kann dunkel und schwierig sein. Ratet mal, wie dieser Weg in den schlimmsten und besten Momenten aussehen kann. Ich sage es euch: Er kann genauso aussehen wie Scheitern. Wie Kreuzigung. Versucht mir zu vertrauen.

Kopf hoch. Ich verspreche euch, eines Tages wird es anders. Dann braucht ihr keine Prophezeiungen mehr. Sie werden aufhören. Jetzt gibt es all diese verschiedenen Arten von Sprachen. Dann werdet ihr sie nicht mehr hören. Im Moment erkennt ihr ein wenig und prophezeit ein wenig. Wenn alles geklärt und vollendet ist, werden all die Dinge, mit denen ihr in diesem Leben so sehr kämpft, einfach verschwinden. Ihr braucht sie nicht mehr. Was für ein herrlicher Tag das sein wird – für uns alle.

Stell es dir so vor: Als du ein Kind warst, hast du geredet wie ein Kind. Hast gedacht wie ein Kind. Hast argumentiert wie ein Kind. Als du ein Mann oder eine Frau wurdest, hast du diese kindliche Art hinter dir gelassen.

Oder du kannst es dir auch so denken: Jetzt siehst du nur etwas, das aussieht wie eine Reflexion in einem beschlagenen Spiegel. Aber wenn es so weit ist – das ist das Aufregende –, werden du und ich uns von Angesicht zu Angesicht sehen. Stell dir das vor. Plötzlich wirst du alles genau so erkennen, wie es ist.

Das ist es also. Vergesst niemals die drei wichtigsten Dinge. Das eine ist der Glaube – glaubt an mich, so gut ihr könnt. Ist nicht immer einfach.

Das zweite ist die Hoffnung. Kopf hoch und Nerven behalten.

Das letzte und wichtigste wisst ihr bereits. Wir kommen wieder zurück zum Anfang. Natürlich – es ist die Liebe. Ohne Liebe seid ihr nichts. Ohne mich seid ihr nichts. Ergreift meine Hand. Haltet euch fest, was immer geschieht. Ich halte euch auch fest, das verspreche ich. Denkt daran: Wo immer und wann immer ihr echte Liebe in Aktion seht, egal, was für Etiketten andere ihr aufkleben, da seht ihr mich. Kommt und seid Liebe mit mir. Ich brauche eure Hilfe. Ich bin Liebe. Wir können Liebe sein.

Eine Bemerkung über Liebe

Eingedenk all dessen wird es Sie vielleicht interessieren, zu erfahren, dass ich, um irgendetwas in diesem letzten Kapitel zu überprüfen, das Wort „Liebe" in das Suchfeld für das gesamte Buch eingegeben habe. Mein Laptop gab daraufhin folgende Antwort von sich:

Es gibt zu viele Ergebnisse, um sie hier anzuzeigen.

Ich freue mich ungemein, dass mein neues Buch voller Liebe ist.

Epilog

Ich durfte meine Operation überleben. Warum? Keine Ahnung. Es gibt andere Menschen, deren viel nützlicheres Leben durch einen frühen Tod verkürzt wurde. Vielleicht gibt es für mich noch etwas zu tun. Ich hoffe es. Möglicherweise ist es nur eine Kleinigkeit. Das wäre okay. Nicht weniger rätselhaft, aber absolut okay. Gott ist manchmal wirklich seltsam.

Du bist besonders

Du bist wählerisch in deinem Eingreifen.
Nein, nicht pingelig,
nur – wählerisch.
Du bist all-liebend
und allmächtig.
Dass du auch wählerisch bist, ist ein Paradox,
kein Ochs kriegt das in eine Box,
und ich krieg's nicht in meinen Schädel.
Dennoch, trotz diesem Paradox und allen anderen, bleib ich
an dir,
ich bin zufrieden, wie dein Freund Johannes,
Kleingeld zu sein in deiner Hosentasche.
Gib mich ruhig aus, wie's dir gefällt, gib alles hin,
doch bitte achte drauf, wie demütig ich bin.
Apropos demütig:
Du hast sicher bemerkt, dass ich
mich vor dezenter Eigenwerbung selten scheue.
Ich bereue.
Die Hälfte einer Fastenzeit hielt Abstand ich davon,
bis in Versuchung ich geriet in einer Situation

besonderer Wertschätzung meiner Person.

Den Augenblick genoss ich, doch schon bald, wie in andren Momenten auch,

blieb davon nur noch Schall und Rauch.

Ach, sieh's mir nach, das ist doch sehr verständlich,

drum urteile nicht zu alttestamentlich.

Ich lebe ja umringt von lauter Rätseln,

verschlungen wie vierdimensionale Brezeln.

Such den großen Hohepriester,

wenn er frei ist, meistens ist er,

wird er, so glaub ich, leise schmunzelnd

für mich ein gutes Wort einlegen, und sei es auch stirnrunzelnd.

Den Brief an die Hebräer kannst du nicht zusammenknüllen

und aus der Bibel reißen – er ist nun mal drin nach deinem Willen.

Ich weiß, du bist allmächtig,

doch wenn es darum geht, deine Verheißungen zu ändern,

so kannst nicht einmal du gewinnen,

oder?

Ist das ein Paradox?

Doch hör mal, ich hab hier ein Lied,

und wenn du magst, dann sing doch einfach mit.

Kreationisten wird es sicher nicht gefallen,

doch die stören sich ja sowieso an allem.

Die Melodie kennst du bestimmt.

Den Text hab ich ein wenig umgeschrieben,

im Himmel werden es bestimmt bald alle lieben,

wer weiß?

Frag die Engel.

Das Lied geht so:

Charlie ist mein Darwin,
mein Darwin,
mein Darwin,
Charlie ist mein Darwin,
der nicht mehr ganz so junge, vollbärtige, frühe und bedeu-
tende Vertreter der Evolutionswissenschaft.

Sagenhaft, nicht wahr? Was ich hier beizusteuern habe.
Ein albernes Liedchen, mitunter ein Scherz.
Und du?
Was tust du dazu?
Du lenkst das Universum, den Gang der Himmelssphären.
Machst Herzen neu und heil, dass sie voll Freude dich nun
ehren.
Fängst die Enttäuschung auf, die unzähligen Schmerzens-
schreie, die Fluten hoffnungsloser Tränen.
Doch bis zu dem ersehnten Tag, da Erd' und Himmel neu
gemacht erstrahlen und all das Große, Wichtige geschieht,
treffen wir uns hin und wieder, du und ich, nicht wahr?
Ein Päuschen nur inmitten all der Alltagsdinge,
und dann – ist es nicht so? – geschieht es manchmal, dass
ich dich zum Lächeln bringe.